Der Flirtratgeber für echte Frauen

Nur für Frauen – Nix für Mädchen!

von

Charlotte Caravetti

ZEBRABUCH

Der Flirt-Ratgeber für echte Frauen

von Charlotte Caravetti

Dieses Werk entspricht der aktuellen amtlichen Regelung der deutschen Rechtschreibung von 2017.

A. 10 9 8 7 6 5 4 3 2 1 / 2021 2020 2019 2018

Redaktion Frank E. Callies

Umschlaggestaltung Jana Terstegen

Cover-Foto © deagreez – adobe stock photos

ISBN: 9783864270666

www.zebrabuch.de

Inhaltsverzeichnis

Worum geht es?

Im Film geht alles ganz einfach. Kaum betritt eine Frau die Szene, schon richten sich alle Männeraugen auf sie und warten sehnsüchtig darauf, von ihr wahrgenommen zu werden. Die besonders gut aussehenden Männer werden natürlich auch sofort selbst aktiv und sprechen die Frau mit einem unwiderstehlich romantischen Spruch an. Diese muss sich dann nur noch ein bisschen zieren, um sich dann den attraktivsten Kerl zu schnappen, der sie sofort zärtlich in seine starken Arme nimmt.

Die Wirklichkeit sieht leider für uns Normalo-Frauen ganz anders aus. Wenn wir ein Lokal betreten, sind die ganzen gut aussehenden Traummänner scheinbar gerade mal rausgegangen. Bei den restlichen passiert (von selbst) gar nichts, oder wir bekommen von den weniger hellen Lichtern auf der Herrentorte den ein oder anderen minder-intelligenten Spruch zu hören.

Manchmal entdecken wir sogar ein attraktives Exemplar und stehen uns dann prompt selbst im Weg: Sehen wir gut genug aus? Hätten wir doch bloß am letzten Weihnachten nicht all diese Schokoplätzchen gegessen! Dürfen wir als Frau überhaupt einen Mann ansprechen? Wie wirkt das auf den? Und vor allem: Was sollen wir überhaupt sagen, ohne dass es sich total blöd anhört?

Einen Mann anzusprechen und kennenzulernen ist leider gar nicht so einfach, wie uns Medien und Werbung gerne weismachen wollen. Den allermeisten Frauen fällt das überhaupt nicht leicht. Und dass uns Frauen das Flirten einfach so "im Blut" liegt, ist auch ein Ammenmärchen. Die Partnerportale sind voll mit Frauen, die offenbar nicht ständig von gut aussehenden Mr. Rights angesprochen werden, und die deshalb jede andere Chance ergreifen, einen Mann kennenzulernen, der zu ihnen passt und den sie lieben können.

Die Devise heißt also: Nicht abwarten, sondern selbst aktiv werden! Und das geht auch, ohne atemberaubend gut auszusehen. Auch eine Traumfigur braucht man dafür nicht. Nur ein bisschen Mut und das Wissen darüber, wie man auf Männer zugeht und deren Interesse weckt. Wie das geht und was man beachten muss, damit es auch funktioniert, erfährst du in diesem Buch.

Wir sprechen unter anderem über die folgenden Themen:

+ Welche wichtigen Grundlagen für erfolgreiches Flirten notwendig sind.
+ Wie und wo du (interessante) Männer kennenlernst.
+ Wie du einen Flirt startest, ohne dumme Sprüche zu benötigen.
+ Wie du Männer dazu bringst, dich anzusprechen.
+ Beispielformulierungen für jede Gelegenheit.
+ Was du beim Online-Daten beachten musst.
+ Was du bei einem Date alles richtig oder falsch machen kannst.
+ Wie du das Herz (fast) jedes Mannes erobern kannst.
+ Wie es nach dem ersten Treffen weiter geht.
+ Welche Fehler du auf jeden Fall vermeiden musst.
+ Woran du erkennst, dass ein Mann auf dich steht.

Also, jede Menge Tipps und Tricks für alle Situationen vom Kennenlernen bis zum ersten Date und darüber hinaus.

Hinweise

Beispiele

Im Buch findest du viele Beispiele von Situationen, die ich selbst oder andere Frauen so erlebt haben. Natürlich habe ich vorher deren Erlaubnis eingeholt und Namen und Orte verändert, um ihre Privatsphäre zu schützen. Alle Beispiele haben sich aber so oder ähnlich tatsächlich zugetragen und ich möchte an dieser Stelle noch einmal allen ausdrücklich für die guten und teils amüsanten Gespräche danken.

Du oder Sie?

Beim Flirten und Daten duzt man sich üblicherweise, aber nicht immer. Insbesondere unter Erwachsenen und nicht mehr ganz so jungen Menschen, bleibt es während des Kennenlernens manchmal auch beim Sie. Aus diesem Grund sind die Beispielsätze und Beispielformulierungen in diesem Buch mal in der *Du-* und mal in der *Sie*-Variante zu finden. Alle Beispiele funktionieren aber natürlich genauso gut in der jeweils anderen Anredeform.

Frau sucht Mann

Natürlich suchen nicht alle Frauen einen Mann als Partner. Frauen, die eine Frau als Partnerin suchen, kommen in diesem Buch leider nicht vor. Auch wenn viele der genannten Flirt-Tipps sicher auch bei Frauen wirken, kann ich zum Thema Frau sucht Frau ehrlicherweise nicht viel schreiben. Es fehlt mir schlicht die Erfahrung.

Das Buch

Der Verlag hält das Buch immer auf dem aktuellsten Stand. Neuerungen oder Änderungen werden regelmäßig in das Buch eingearbeitet. Das

E-Book ist immer aktuell. Und dank neuester Print-On-Demand-Technik erhältst du auch immer die zum Bestellzeitpunkt aktuellste Printversion des Buchs.

Wenn du Fragen oder Hinweise zu den behandelten Themen hast, freuen wir uns auf deine Nachricht. Die Kontaktdaten des Verlags und meine E-Mail-Adresse findest du am Ende des Buchs.

Grundlagen für erfolgreiches Flirten

In diesem Kapitel geht es um wichtige Grundlagen. Und es wird dich vielleicht erstaunen, aber hier geht es erst einmal um dich selbst! Vor allem geht es um die richtige Grundeinstellung. Denn wir wollen den Männern ja nicht hinterherlaufen oder uns als willige Schmusekätzchen anbieten. Das wäre ziemlich einfach und es wird uns in den Medien ständig vorgemacht, wie das geht. Aber welche Frau will das schon wirklich?

Wir werden in diesem Abschnitt des Buchs also darüber sprechen, was wir eigentlich wollen und darüber, wie es mit unserem Selbstbild und mit unserem Selbstvertrauen aussieht. Denn ohne eine – zumindest äußerlich – selbstsichere Ausstrahlung werden wir mit unserem Projekt nicht erfolgreich sein.

Also, legen wir los ...

Was ist Flirten eigentlich?

An dieser Stelle wirst du in vielen Flirtanleitungen einen Verweis auf die Worterklärung im Duden finden, dessen Aussagekraft ja bekanntermaßen für die Deutschen direkt nach der Bibel kommt (für manche auch vorher). Dort liest man dann:

> *“... jemandem durch ein bestimmtes Verhalten, durch Gesten, Blicke oder scherzhafte Worte seine Zuneigung bekunden und auf diese Weise eine erotische Beziehung anzubahnen suchen.”*

Oha, beim Flirten will man also nichts Geringeres als mit dem Flirtpartner ins Bett? Kein Wunder, dass einige Männer schon beim Erstkontakt mit einer Frau an nichts anderes mehr denken können. Vielleicht haben diese “Experten” ihr Flirtwissen auch dem deutschen Duden entnommen?

Also für mich – und mit Sicherheit auch für viele andere Frauen – kann Flirten sehr Vieles auf einer sehr großen Bandbreite sein. Flirten beginnt für mich damit, auf der Straße, beim Spazierengehen oder beim Einkaufen einen mir unbekannten Mann freundlich anzulächeln. Das mache ich oft und gerne bei Männern, die mir auf den ersten Blick sympathisch erscheinen. Und dabei geht es mir (fast) nie darum, “eine erotische Beziehung anzubahnen”. Ich finde es einfach schön, einem gut aussehenden und/oder besonders netten Mann so zu zeigen, dass er mir positiv aufgefallen ist. Natürlich freue ich mich dann auch darüber, wenn er mein Lächeln erwidert, aber das war es dann auch schon in den allermeisten Fällen.

Oder ich tausche mit einem Mann einfach ein paar scherzhafte Bemerkungen aus oder ich albere ein wenig herum, wenn ich merke, dass das passt. Aber auch hier habe ich in der Regel nicht vor, denjenigen in mein Bett zu locken. Das ist ja gerade das Schöne beim Flirten, dass es auch ganz unverbindlich passieren kann, ohne ernste Absichten damit zu verbinden. Das beobachte ich übrigens auch bei einigen meiner Freundinnen, die glückliche Beziehungen mit ihren jeweiligen Partnern haben. Auch die flirten ab und zu mal ganz harmlos, wenn es sich ergibt.

Du solltest also wissen, dass Flirten auf sehr unterschiedlichen Ebenen stattfinden kann und nicht auf jeder Ebene ist damit eine offensive Suche nach einem neuen Partner oder nach einer erotischen Beziehung verbunden. Flirten kann auch einfach nur “nett” sein und Spaß machen. Wenn du das im Hinterkopf behältst, bist du bei deinen Flirtversuchen auch gleich viel lockerer und entspannter. Wer ständig denkt: “Wenn ich jetzt lächele, dann passiert ES gleich!!!” ist viel zu verkrampft und hat keinen Spaß an der Sache.

Flirten kann auf viele verschiedene Arten passieren. Die einfachste habe ich schon genannt: das Lächeln. Lächeln ist eine Allround-Wunderwaffe. Lächeln bewirkt, dass du besser aussiehst, freundlicher wirkst und sogar besser drauf bist. Denn Lächeln wirkt nicht nur auf den, der dich ansieht, sondern auch auf dich selbst. Je mehr du lächelst, desto besser wird auch deine eigene Stimmung. Lächeln gehört zu jedem Flirt dazu.

Ansonsten ist jede Art der Kontaktaufnahme, bei der du ein Knistern oder sogar Schmetterlinge im Bauch spürst, auch eine Form des Flirtens. In der Regel gehört natürlich auch Blickkontakt dazu, aber das ist ja eigentlich selbstverständlich. Das alles ist auch eine Frage der Dauer. Wenn du kein wirkliches Interesse daran hast, jemanden kennenzulernen, ist das Flirten meist nach wenigen Augenblicken oder nach ein paar ausgetauschten Sätzen erledigt. Wenn es ernster werden soll, fängt hier das wahre Flirten erst an. Alles Wissenswerte dazu erfährst du in diesem Buch.

Vergiss die dummen Flirtanleitungen aus dem Internet

Ich gehe davon aus, dass du eine intelligente Frau bist, die sich nicht, um einem Mann zu gefallen, zum Affen machen will. Also tue das bitte auch nicht! Anleitungen, die dir sagen, dass bewundernde Blicke, dümmliche Fragen oder das Spielen mit deinen Haaren dazu beitragen, dass Männer dich toll finden, solltest du sofort vergessen. Auch sonstige “erotische” Signale musst du nicht aussenden, um einen Mann für dich zu interessieren.

Und mal ganz ehrlich: Selbst wenn das bei dem ein oder anderen funktionieren sollte, wolltest du so Exemplar dann wirklich an deiner Seite haben? Bei allen Bemühungen: Bleib immer du selbst und erhalte dir immer deine Selbstachtung. Wer sich klein und dumm macht, um einem Mann zu gefallen, wird auch einen bekommen, dem das gefällt ...

Ach ja, um noch einmal kurz auf den guten alten Duden zurückzukommen: Dort findest du nicht nur die eher beschränkte Definition des Flirtens, sondern auch einige interessante Synonyme für das Wort. Ein Synonym ist ein Wort, das das gleiche bedeutet wie ein anderes. Im Fall des Flirtens nennt der Duden unter anderem diese schönen Begriffe: den Hof machen, liebäugeln, schäkern, Avancen machen, schöne Augen machen; balzen, verliebte Nasenlöcher machen; tändeln; poussieren; liebeln; und scharmutzieren.

Ich weiß gar nicht, welches davon mir am besten gefällt. Ich schwanke zwischen “verliebte Nasenlöcher machen” und “scharmutzieren”. ;-)

Die richtige Einstellung

Welcher Mann sucht schon eine Frau, die einen Mann sucht?

Als ich diesen Spruch vor vielen Jahren zum ersten Mal gehört habe, erschien er mir zuerst ganz witzig zu sein. Später fand ich ihn eher dumm und heute denke ich darüber nach, ob nicht vielleicht doch ein Fünkchen Wahrheit darin steckt.

Wenn ich mich so im Kreis meiner Freundinnen umschaue, stelle ich fest, dass es da verschiedene Typen gibt:

1. Die Versorgten
   Das sind die, die einen Partner (oder eine Partnerin) haben und damit offenbar mehr oder weniger zufrieden sind.
2. Die auch ohne Partner Zufriedenen
   Auch wenn das in meinem Freundeskreis nur wenige waren, habe ich im Laufe der Jahre doch immer wieder Frauen kennengelernt, die tatsächlich keinen Partner brauchten, um zufrieden durchs Leben zu gehen. Zugegebenermaßen waren das aber meist Frauen, die in einer früheren Partnerschaft schlechte oder sogar sehr schlechte Erfahrungen gemacht hatten.
3. Die Suchenden
   Diese Gruppe wurde im Laufe der Jahre erst immer kleiner und dann irgendwann auch wieder größer. Das war zu der Zeit, als die ersten Ehen oder langjährigen Partnerschaften wieder aufgelöst wurden. In dieser Gruppe – zu der DU als Leserin dieses Buchs vielleicht auch gehörst – gibt es immer zwei sehr verschiedene Typen von Frauen. Ich nenne sie mal die “Coolen” und die “Verzweifelten”.

- a) Die Coolen
  Die Coolen wünschen sich zwar einen (neuen) Partner, betrachten das Ganze aber sehr gelassen. Sie lassen sich Zeit, haben viele eigene Interessen oder Hobbys und können auch sehr gut mal ohne einen Mann auskommen. Wenn sich etwas ergibt, überstürzen sie nichts und haben auch kein Problem damit, eine Liaison schnell wieder zu beenden, wenn es einfach nicht der richtige Mann war.
- b) Die Verzweifelten
  Die Verzweifelten hingegen sind regelrecht auf der Jagd nach einem Mann. Sie verhalten sich, als würden ihr Leben und ihr Glück ausschließlich davon abhängen, endlich (wieder) einen Mann an ihrer Seite zu haben. Und dementsprechend gehen sie auch beim Kennenlernen von Männern vor: Da wird geflirtet, als gäbe es kein Morgen mehr. Oft ohne Rücksicht auf die eigene Selbstachtung und oft auch ohne Rücksicht auf eine minimale Qualität des Objektes der Begierde. Solange es ein Mann ist, der seinen Namen fehlerfrei aussprechen kann, nehmen die Verzweifelten Alles! Oft mit unschönen Ergebnissen, großen Enttäuschungen und manchmal seelischen Narben.

Man könnte nun vielleicht annehmen, dass die Verzweifelten aufgrund ihrer viel intensiveren Bemühungen auch eher einen Mann finden als die Coolen. Schließlich ergeben sich ja automatisch viel mehr Möglichkeiten, wenn man sehr offensiv auf Männersuche geht.

Erstaunlicherweise (oder auch nicht) ist das aber nicht der Fall. Bestenfalls trifft es noch auf die Anzahl der Kontakte zu. Die sehr aktiven Verzweifelten lernen tatsächlich häufiger Männer kennen als die anderen. Aber was für welche? Tatsächlich ist das Verhältnis von Nieten und

Treffern bei den Verzweifelten denkbar schlecht. Niemand hat je so viele Loser, Alkoholiker und brutale Schläger angeschleppt wie meine Freundin Doro, die jahrelang ein Musterbeispiel für eine verzweifelt Suchende war.

Ich schreibe das alles, damit Du Dir darüber klar wirst, zu welcher Gruppe Du gehören möchtest. Zu den Verzweifelten, oder lieber zu den Coolen? Ich weiß, die Frage ist nur ein kleines bisschen suggestiv ;-) Und ich bin mir eigentlich ziemlich sicher, dass du lieber zu den Frauen gehören willst, die die Partnersuche in Ruhe und mit der nötigen Selbstachtung angehen möchten.

Es ist aber leider so, dass selbst die stärksten Frauen manchmal in Versuchung kommen, Verzweiflungstaten zu begehen. Wenn es bei dir mal dazu kommen sollte, denke daran, was wir hier besprochen haben. Es könnte dich vor unguten Erfahrungen bewahren.

Und zurück zum Zitat vom Anfang: Meiner Erfahrung nach suchen die "guten" Männer nach "guten" Frauen, also nach solchen, die ihnen unverkrampft und selbstbewusst entgegentreten. Ein Mann merkt sofort, wenn eine Frau verzweifelt auf der Suche ist. Die Guten werden davon eher abgeschreckt und die, die das gut finden und ausnutzen, willst du garantiert nicht haben.

"Im Zwischenmenschlichen ist Selbstbewusstsein

der sicherste Weg zum Ziel!"

(Sven Peter Riehn)

Wen wollen wir wirklich?

Eine scheinbar einfache Frage. Klar, wir wollen einen netten und liebevollen Mann kennenlernen, der gut zu uns passt. Aber da geht es schon los: Er sollte natürlich auch irgendwie "vorzeigbar" sein, denn was würden sonst unsere Freundinnen sagen?

Nach Möglichkeit sollte er auch noch ein gutes Einkommen haben und er sollte sich in den Kreisen unserer Freunde korrekt benehmen können. Das wäre ja zu blöd, wenn er auf einer der rauschenden Partys bei Brigitte unangenehm auffallen würde.

Ein schickes Auto wäre ebenfalls nicht schlecht. Auch wenn Mehmet Scholl in der Werbung etwas anderes behauptet: Ein Dacia taugt einfach nicht, um Eindruck zu machen.

Und überhaupt: Was erwarten unsere Freunde und möglicherweise unsere Eltern eigentlich von dem neuen Mann an unserer Seite? Erst mal wären sie vielleicht froh, dass wir jetzt überhaupt mal einen abgekommen haben. Aber dann? Für unseren Vater kommt nur ein Arzt oder ein anderer Besserverdiener infrage. Mutter ist da großzügiger, aber er dürfte auch auf keinen Fall deutlich älter sein als wir selbst. Und deutlich jünger erst gar nicht.

Und er sollte keinen langweiligen Job haben, das fänden unsere Freundinnen wahrscheinlich uncool.

Und so weiter und so weiter ...

Natürlich ist uns klar, dass das alles *eigentlich* keine Rolle spielen sollte. Natürlich wünschen wir uns *eigentlich* vor allem anderen einen Mann, der uns liebt, mit dem wir Spaß haben können (auch im Bett), der uns zum Lachen bringt und uns tröstet, wenn alles mal wieder nicht so toll läuft.

Und eigentlich finden wir einen frechen Lebenskünstler mit Tattoos auf den Armen und einer Gitarre auf dem Rücken viel cooler als einen, der von einer Vorstandssitzung zur nächsten durch die Welt jettet. Und überhaupt, es wäre viel schöner, mit einem liebevollen Partner die Welt zu umreisen, als in einem Auto mit dem Wert einer Doppelhaushälfte durch die langweilige Heimat zu gondeln.

Eigentlich (!) weißt du das alles. Und irgendwann (früher?) war es auch mal so. Da hast du dich weder darum geschert, was deine Eltern von deinen ersten Freunden hielten, noch hast du auf deine Freundinnen gehört. Tatsächlich waren im Grunde immer die am interessantesten, bei denen am meisten gemotzt und gemunkelt wurde.

Und heute? Willst du deinen Partner wirklich danach aussuchen, was deine Freunde oder deine Eltern erwarten? Glaubst du tatsächlich, du würdest mit einem Mann glücklich werden, der zu 100 % in dein Umfeld passt, dir aber nur zu 85 % wirklich gefällt?

Also: Denke gut (!) darüber nach, wen DU wirklich willst. Vergiss all die "Anforderungsprofile", deiner Umwelt. Der neue Partner soll der richtige Mann für DICH sein. Was andere darüber denken, kommt – wenn überhaupt – erst sehr viel später.

Höre immer auf dein Herz, denn dein Verstand wird dich niemals glücklich machen.

(Lebensweisheit)

Schüchtern? Na und!

Schüchternheit ist eine Form der Aufrichtigkeit.

(Christina von Schweden, 1626 – 1689)

Fast 60 % aller Männer und über 40 % aller Frauen halten sich selbst für schüchtern. Und berücksichtigt man bei diesen Zahlen noch all die, die bei entsprechenden Befragungen schlicht gelogen haben, sind es wahrscheinlich sogar noch deutlich mehr.

Schüchternheit kann in vielen Lebenssituationen unangenehm und lästig sein. Die allermeisten Menschen bekommen schon bei dem bloßen Gedanken daran, öffentlich eine Rede halten zu müssen, feuchte Hände oder Magenbeschwerden. Aber auch schon ein plötzlicher Small Talk mit Fremden lässt bei vielen von uns den Blutdruck steigen. Was soll man bloß sagen? Und vor allem: Was, wenn man etwas wirklich Dummes sagt?

Viele verstecken ihre Unsicherheit oder Schüchternheit hinter einer scheinbar selbstbewussten Fassade. Im günstigsten Fall reden sie einfach (zu) viel oder senken ihre Anspannung mit einem Bierchen, oder beides. Im schlechteren Fall brauchen sie mehr als ein Bier oder sie treten so laut und polternd auf, dass es nicht selbstbewusst, sondern unangenehm wirkt. Manche versuchen sich auch als Zyniker und in gewissen Kreisen hilft häufig auch bisschen Koks, um so richtig selbstsicher und gar nicht mehr schüchtern rüberzukommen.

Aber mal ehrlich: Wollen wir das? Wollen wir uns einreihen in die Schlange der Wichtigtuer, Großmäuler und Besserwisser? Wollen wir wirklich als Lebedame oder als Partyluder gesehen werden, wenn wir das gar nicht sind und das vielleicht sogar noch nicht einmal gut finden?

Leider ist es aber oft so, dass die Lauten, Auffälligen, Redegewandten und Offensiven in unserer Gesellschaft die meiste Aufmerksamkeit bekommen. Und nicht selten haben sie auch Vorteile davon. Ganz gleich, ob es um die Besetzung einer neuen Stelle geht, um eine Beförderung oder auch bei der Partnersuche. Menschen, die sich gut nach außen präsentieren können, werden oft bevorzugt.

Soll ich mich jetzt also doch verstellen?

Nein, zumindest bei der Partnersuche ist das keine gute Idee. Dagegen sprechen vor allem zwei Gründe:

1. Menschen, die sich verstellen, also etwas vortäuschen, wirken selten sympathisch. Das Verhalten wirkt nicht authentisch und echt. Im besten Fall wirkt es vielleicht ein wenig "komisch", im schlechtesten Fall wirkt es irritierend, verdächtig oder gar abstoßend.
2. Es wäre kein guter Start für eine Beziehung, wenn du deinem potenziellen Partner etwas vorspielst, was du nicht bist. Was nützt dir ein Mann, der auf aufgekratzte Partygirls steht, wenn du selbst genau das Gegenteil davon bist? Entweder müsstest du die Täuschung mit sehr viel Anstrengung und Frust über lange Zeit aufrechterhalten, oder dein neuer Partner würde über kurz oder lang feststellen, dass du ganz anders bist, als die Frau, in die er sich verliebt hat.

Beide Gründe sprechen eindeutig dagegen, bei der Partnersuche eine Rolle zu spielen, die nicht deiner wahren Persönlichkeit entspricht.

Was soll ich also tun?

Zunächst einmal solltest du dir klar machen, dass Schüchternheit keine Krankheit oder Behinderung ist. Ganz im Gegenteil kann ein schüchternes Auftreten auf die (richtigen) Männer durchaus positiv und reizvoll wirken. Nicht wenige werden es in einer Flirtsituation sogar als angenehm empfinden, wenn du offen zeigst, dass du nervös bist. Denn die meisten Männer sind es in einer solchen Situation ebenfalls, wenn nicht sogar noch mehr als du. Diese Männer sind dankbar sein, wenn sie feststellen, dass sie mit ihrer Nervosität nicht allein sind.

Zudem wird ein Flirtpartner, der dich und deine Gefühle ernst nimmt, spüren, dass du kein Flirtprofi bist und einfühlsam versuchen, dir deine Angst zu nehmen. Im Zweifelsfall hilft es fast immer, das Problem offen anzusprechen. Das ist ehrlich und nimmt einen großen Teil Anspannung aus der Situation. Außerdem wird dein Date mit ziemlicher Sicherheit die Gelegenheit ergreifen und sich seinerseits als nervös und angespannt outen. Oft kann man dann gemeinsam darüber lachen, womit das Schlimmste dann (für beide) schon so gut wie überstanden ist.

Deine Schüchternheit ist ein Teil deiner Persönlichkeit, den du akzeptieren solltest. Betrachte die Schüchternheit als die liebenswerte Eigenschaft, die sie ja auch tatsächlich ist.

Übung macht die Meisterin

Ich kann dir aus eigener Erfahrung versprechen, dass Nervosität und Angst von Flirt zu Flirt und von Date zu Date nachlassen werden. Jedes Gespräch, jeder Small Talk und jede Verabredung tragen dazu bei, dass du immer routinierter und selbstsicherer wirst.

Auch die körperlichen Symptome der Angst (denn nichts anderes ist deine Nervosität) lassen von Mal zu Mal nach. Das kannst du allerdings nur erreichen, indem du dich nicht zurückziehst, sondern dich den angstauslösenden Situationen (also dem Flirten und Daten) immer wieder stellst. Und ganz abgesehen davon: Ein bisschen Herzklopfen und ein paar Schmetterlinge im Bauch gehören zum Flirten auch einfach dazu.

Trau dich!

Nicht schön genug?

Manchmal überraschen einen sogar alte Freundinnen, die man gut zu kennen meint. So ging es mir mit meiner Freundin Anne, als diese mir eröffnete, dass sie "endlich" ihre Nase richten lassen wollte. Im ersten Moment dachte ich, sie macht einen Scherz. Aber es war ihr bitterernst damit. Du musst wissen, mit Annes Nase ist alles in bester Ordnung. Sie ist nicht etwa gebrochen und dann schief zusammengewachsen oder so. Bestenfalls ist sie vielleicht einen Hauch größer als die Nase eines Models, aber beileibe nicht verunstaltet oder gar hässlich.

Ganz im Gegenteil. Anne ist – wie ich finde – eine gut aussehende Frau, die nach einer geschiedenen Ehe nun wieder auf der Suche nach einem neuen Partner ist. Anne meint tatsächlich, dass ihre Chancen dabei größer seien, wenn sie ihre Nase operativ perfektionieren würde.

Leider geht es vielen Frauen (und auch einigen Männern) so, dass sie mit ihrem Aussehen unzufrieden sind. Sei es, dass sie ein paar Pfund zu viel auf den Hüften haben, sei es die Länge ihrer Beine oder die Form des Mundes. Alle glauben, in optischer Hinsicht nicht gut genug zu sein. Aber nicht gut genug für WAS? Ich meine, das Leben ist kein Laufsteg und wir sind alle keine Models, deren Existenz daran hängen würde, blendend auszusehen. Vielleicht auch einfach nicht gut genug für bestimmte Männer, deren größter Wunsch darin besteht, sich mit einer toll aussehenden Frau zu schmücken?

Falls du zu den Frauen gehörst, die glauben, nicht schön genug zu sein, habe ich hier ein paar Gedanken, die dir vielleicht dabei helfen, von diesem – für dich schädlichen – Trip wieder runter zu kommen.

Kein Vergleich mit Fake-Schönheiten!

Viele Frauen leiden darunter, dass sie sich ständig mit Stars und Sternchen aus dem Kino, Fernsehen oder aus der Werbung vergleichen. Die sehen (fast) alle toll aus. Sie haben eine makellose Haut und einen perfekten Körper. Man, die haben es gut. Ich hingegen ... STOPP!

Es ist in der psychologischen Forschung schon lange bekannt, dass es kaum etwas gibt, das unzufriedener und unglücklicher macht, als der Vergleich mit anderen. Es ist also generell nicht besonders klug, sich mit wem auch immer zu vergleichen. Noch schädlicher ist es allerdings, auf die gefakten "Schönheiten" hereinzufallen, die uns im Fernsehen, in der Werbung oder in der "Cosmopolitan" präsentiert werden.

Die Gesichter und die Körper, die dort gezeigt werden, sind durch die Bank Fakes, also Täuschungen, die mithilfe von Photoshop und anderen digitalen Hilfsmitteln erzeugt werden. Mithilfe digitaler Bildbearbeitung verschwinden nicht nur Hautunreinheiten, Falten und Fältchen: In der Regel wird sogar der ganze Körper neu "geshaped". Das heißt, überflüssige Pfunde verschwinden plötzlich und die Gesichtsform verändert sich hin zu einem optimalen Aussehen. Auch Cellulitis wird so "beseitigt" und fehlende Haare oder fehlende Haarlänge werden mal eben korrigiert. Die Haarfarbe natürlich sowieso. Denn, wer will schon eine Kim Kardashian mit grauen Strähnen oder mit herausgewachsenem Haaransatz in der falschen Farbe sehen?

Aber das weiß man doch und nimmt es nicht ernst ...

Das ist leider das wirklich Schlimme daran. Auch, wenn du denkst, dass du dich davon nicht beeinflussen lässt, tust du es doch und viele andere leider auch. Durch die ständige Präsenz der gefakten Schönheiten in sämtlichen Medien, entsteht nach und nach auch bei dir die Vorstellung, dass das "normal" und ein erstrebenswertes Schönheitsideal sei.

Leider sind wir Frauen von diesem Phänomen stärker betroffen als die Männer. Und je jünger du bist, umso mehr beeindruckt dich dieses falsche Bild von anderen Frauen. Die falschen Schönheitsideale setzen sich auch in deinem Gehirn fest und plötzlich – oder ganz langsam und schleichend – hast du die Idee, dass du nicht gut genug aussiehst. Wenn du deinen Körper im Spiegel betrachtest, schleichen sich die Bilder aus den Medien in deine Gedanken und du bist frustriert, weil du (und übrigens auch kaum eine andere Frau) diesem Schönheitsideal nicht entsprichst und wahrscheinlich auch nie entsprechen wirst.

Abgesehen davon, dass es hilfreich ist, das zu wissen, hilft dir vielleicht auch noch die folgende Information: Viele der blendend aussehenden Superstars sehen in der Realität überhaupt nicht besonders gut aus. Die meisten würdest du auf der Straße noch nicht einmal erkennen, weil sie tatsächlich ungeschminkt und unbearbeitet völlig normal und bestenfalls durchschnittlich aussehen. Wenn du dir davon mal selbst ein Bild machen willst, empfehle ich dir, einen Blick in die Online-Ausgaben der britischen Boulevard-Presse. Zum Beispiel in "The Sun", "Daily Mail" oder in die "Daily Mirror".

Diese Zeitungen haben nämlich – im Gegensatz zu vielen deutschen Zeitschriften – überhaupt keine Hemmungen, Fotos der Stars in Alltagssituationen zu zeigen. Wenn du einmal gesehen hast, wie Madonna, Heidi Klum, Nicole Kidman und viele andere Stars aussehen, wenn sie morgens ungeschminkt in Schlabberklamotten mit dem Hund rausgehen, wirst du nie mehr an DEINEM Aussehen zweifeln. Was man da zu sehen bekommt, ist zum Teil erschreckend und hat so rein gar nichts mit den gefakten Bildern zu tun, die wir täglich zu sehen bekommen. Wie gesagt: Du würdest diejenigen wahrscheinlich gar nicht erkennen, so völlig anders sehen sie nämlich im echten Leben aus.

Du bist gut so, wie du bist!

Also, denke immer daran: Vergleiche dich nicht mit anderen. Du bist gut so, wie du bist! Glaube nicht, was dir in den Medien vorgegaukelt wird. Auch Medienstars sehen im wirklichen Leben ganz normal aus. Sie haben genau wie wir alle Übergewicht, Pickel oder Cellulitis. Kein Mensch ist perfekt und du bist genau richtig so, wie du bist. Das Schönste an einem Menschen liegt ohnehin darin, wie er denkt und handelt. Wenn du mit dir selbst zufrieden bist, verbesserst du deine Ausstrahlung mehr als durch eine Schönheits-OP! Und mit einem Lächeln im Gesicht sieht JEDER Mensch gut und liebenswert aus.

Äußere Schönheit ist eine Ansichtssache, innere Schönheit eine Herzensangelegenheit.

(Ernst Ferstl)

Nur keine Angst

Angst ist kein schönes Gefühl und manchmal kann uns Angst dabei behindern, etwas zu tun, was wir eigentlich gerne tun wollen. Das kann zum Beispiel beim Flirten der Fall sein, oder sogar schon vorher, wenn es nur darum geht, mit einem Mann ins Gespräch zu kommen. Viele Menschen (Frauen und Männer gleichermaßen) kennen dieses ungute Gefühl, das einen beschleicht, wenn man sich nicht sicher ist, ob man sich jetzt trauen soll oder nicht.

Es gab in der Vergangenheit bereits viele wissenschaftliche und halbwissenschaftliche Umfragen zu diesem Thema. Und wenig überraschend, kam dabei heraus, dass fast 80 % der befragten Männer angaben, ziemliches Herzklopfen zu haben, wenn sie eine fremde Frau ansprechen wollten. Bei den Frauen war es ähnlich, nur dass sich ein großer Teil GAR NICHT vorstellen konnte, überhaupt jemals einen fremden Mann anzusprechen.

Natürlich spielen dabei gesellschaftliche Rollenklischees eine wichtige Rolle. Beim Kennenlernen ergreift natürlich der Mann die Initiative und spricht die Frau an – nicht umgekehrt. Ja toll, dann können wir Frauen uns ja ganz gemütlich zurücklehnen und darauf warten, dass etwas passiert ...

Nein, natürlich nicht! So funktioniert das im 21. Jahrhundert nicht mehr. Und – wenn wir ehrlich sind – hat das eigentlich noch nie wirklich gut funktioniert. Bestenfalls noch für die Männer. Für uns Frauen war diese passive Rolle schon immer von Nachteil. Schließlich bedeutet "Abwarten und Tee trinken." in diesem Fall, dass wir tatenlos darauf warten mussten, dass endlich mal ein Kerl auf uns aufmerksam wurde. Und wenn das tatsächlich passierte, war es leider selten der Richtige und fast nie derjenige, den WIR uns selbst ausgesucht hätten.

Also Schluss mit dem Unsinn! Werden wir selbst aktiv ...

Ich traue mich aber nicht, auf einen Mann zuzugehen

Die meisten Menschen sind zumindest ein wenig nervös, wenn es darum geht, einen Fremden anzusprechen. Und es gibt nicht wenige, die dabei sogar echte Angst empfinden. Das ist bis zu einem gewissen Grad auch völlig normal. Schließlich wissen wir nicht, wie der derjenige auf unsere Kontaktaufnahme reagieren wird. In den meisten Fällen ist die dabei gefühlte Angst tatsächlich eine Angst vor Zurückweisung. Schließlich spüren wir in "unverfänglichen" Situationen, zum Beispiel bei der Begrüßung eines Unbekannten auf einer Party keine Angst. Sobald aber etwas davon abhängt und wir vielleicht sogar emotionale Absichten damit verbinden, wird es viel schwieriger. Wir öffnen uns in diesem Moment und sind dadurch verletzlich. Wird unser Kontaktversuch nun zurückgewiesen, trifft uns das persönlich, weshalb wir Angst davor verspüren.

Hinzu kommt noch, dass wir Frauen aufgrund uralter Rollenzuweisungen oft das Gefühl haben, nicht das Recht dazu zu haben, einfach so einen fremden Mann anzusprechen. Es kommen dann bewusst oder unterbewusst Gedanken auf wie: "Eine Frau / ein Mädchen tut so etwas nicht." oder "Was macht das denn für einen Eindruck?" oder "Was soll der Mann nur von dir denken?". Schließlich möchte man ja nicht wie "so eine" erscheinen, wobei unklar bleibt, was denn "so eine" für eine Frau ist. Und auch, wenn wir modernen Frauen glauben, dass wir solche dummen Sprüche längst überwunden haben, haben diese "Weisheiten" von Eltern, Großeltern und sogar Freundinnen immer noch einen großen Einfluss auf unser Denken und Handeln. So leicht wird man jahrhundertelange Unterdrückung von Frauenwünschen nicht los.

Manchmal – wenn auch selten – können wir aber sogar von den überkommenden Rollenklischees profitieren. Das ist zum Beispiel beim Flirten der Fall. Viele Männer sind nach wie vor davon überzeugt, dass der Mann den ersten Schritt beim Kennenlernen machen muss oder zumindest sollte. Das kannst du – gerade, wenn du ein wenig ängstlich bist – für dich nutzen. Denn oft reicht es schon aus, einem Mann ganz subtil zu signalisieren, dass du an ihm interessiert bist. Ein kurzer Blickkontakt und ein nettes Lächeln reichen häufig schon aus, um den Mann zu "aktivieren".

Trotzdem solltest du dich mit dieser Rolle nicht zufriedengeben, wenn du den für DICH perfekten Mann kennenlernen willst. Denn, wie so oft im Leben musst du auch bei der Partnersuche selbst aktiv werden, um zu bekommen, was bzw. *wen* du willst. Dafür lohnt es sich, deine Ängste zu überwinden. Die folgenden Gedanken können dir vielleicht dabei helfen:

1. Unsicherheit und ein bisschen Nervenflattern gehören zum Flirten einfach dazu. Das ergeht jedem so, du bist also kein Einzelfall. Betroffen sind Frauen und Männer gleichermaßen. Betrachte deine Nervosität einfach als aufregenden Bestandteil des Flirtens. Kennenlernen und Flirten SIND einfach aufregende und spannende Dinge. Und Flirten ohne Unsicherheit gibt es nicht. Es wäre ja auch ziemlich langweilig, wenn man schon vorher genau wüsste, wie es ausgeht. Das macht ja gerade einen Teil des Flirtens aus. Beide Flirtpartner befinden sich ein Stück weit im Ausnahmezustand. Dadurch wird es aber gerade erst richtig spannend. Und mit ein bisschen Routine macht das sogar richtig Spaß. Versprochen!

2. Männer sind immer (!) geschmeichelt, wenn eine Frau auf sie aufmerksam wird. Selbst, wenn der Mann bereits vergeben ist oder du einfach nicht sein Typ bist: Du kannst dich darauf verlassen, dass du so

gut wie nie eine wirklich negative Reaktion erleben wirst. Du bist beim Versuch, einen Mann kennenzulernen also sozusagen automatisch auf der "sicheren Seite". Insbesondere musst du dir keine unnötigen Sorgen machen. Schlimmstenfalls ist der Mann nicht interessiert. Na und? Das passiert täglich millionenfach und gehört einfach auch zum Spiel mit dazu. Einen Korb zu bekommen, ist nichts Schlimmes.

3. Ohne ein bisschen Mut schrumpfen deine Chancen darauf, den Richtigen zu finden erheblich. Wer nicht wagt, der nicht gewinnt. Das gilt bei der Partnersuche noch mehr als im übrigen Leben. Einfach passiv darauf zu warten, dass DU von deinem Traummann angesprochen wirst, kann funktionieren. Sehr wahrscheinlich ist es aber nicht, wenn du nicht selbst aktiv etwas dazu beiträgst. Vergiss nicht: Du hast jedes Recht dazu, dir den Mann auszusuchen, den du haben willst. Das funktioniert oft nicht beim ersten Mal und das ist auch nicht schlimm. Schlimmer wäre es, wenn du passiv daneben sitzt, während eine andere Frau den Partner abschleppt, der genau der Richtige für DICH gewesen wäre.

4. Nicht nur du hast Angst. Die Wahrscheinlichkeit, dass deinen potenziellen Flirtpartner die gleichen oder ähnliche Unsicherheiten quälen, ist sehr groß. Womöglich ist der Mann heilfroh, dass du die Initiative ergreifst, weil er sich selbst nicht getraut hat? Man kann nie sicher sein, aber du wirst es nur herausfinden, wenn du deine Komfortzone verlässt und auf ihn zugehst.

Was wäre das Leben, hätten wir nicht den Mut, etwas zu riskieren?

(Vincent van Gogh)

Übung macht die Meisterin

Wie (fast) alles im Leben kann man auch das Ansprechen fremder Menschen üben. Und wie bei jeder Übung wird man dabei von Mal zu Mal besser. Wenn du also ein schüchterner, zurückhaltender Mensch bist, habe ich hier eine hilfreiche Übung für dich:

Fremde Menschen auf der Straße ansprechen.

Beginne so einfach, dass es sich für dich gut anfühlt. Wichtig ist dabei, dass das am Anfang Menschen sein sollten, an denen du keinerlei Flirtinteresse hast. Wenn du SEHR schüchtern bist, beginne mit Frauen oder älteren Menschen.

Stelle einfache Fragen wie:

> *"Können Sie mir bitte sagen, wie spät es ist?"*
>
> *"Ich suche die XY Straße. Wissen Sie, wie ich da hinkomme?"*
>
> *"Fährt hier der Bus Richtung Innenstadt ab?"*

Du sollst mit den Angesprochenen keine tiefschürfenden Gespräche führen (es sei denn, das ergibt sich und macht dir Spaß). Es muss auch nichts Intelligentes sein, was du sagst. Im Grunde ist es sogar völlig egal. Das Wichtige ist, dass du Übung darin bekommst, mit fremden Menschen zu sprechen.

Am einfachsten geht das erfahrungsgemäß mit Fragen. Frage einfach nach der Uhrzeit oder danach, wie du zum Bahnhof oder zu einem anderen Ort kommst. Menschen werden immer gerne gefragt, insbesondere, wenn sie meinen, die richtige Antwort zu kennen.

Bei deinem "Ansprechtraining" musst du dir übrigens überhaupt keine Sorgen machen. Von einer Frau angesprochen zu werden, empfindet so gut wie niemand als Bedrohung (anders als bei Männern). Andere

Frauen freuen sich, dir helfen zu können, und Männer fühlen sich sowieso geschmeichelt, wenn sie von einer Frau angesprochen werden und ihr etwas erklären können ;-)

Unterschätze nicht die Wirkung dieses Trainings. Du wirst dabei auf die unterschiedlichsten Menschen treffen und von Mal zu Mal mehr Sicherheit dabei erlangen. Irgendwann kennst du alle denkbaren Reaktionen und kannst dich leicht darauf einstellen. Du wirst so im Laufe der Zeit eine Menge von Floskeln und Small Talk beherrschen lernen. Beides kann dir sehr helfen, wenn es "ernst" wird, wenn du also tatsächlich einen Mann ansprechen wirst, an dem du interessiert bist.

Es macht Sinn, bei diesen Übungen, den Schwierigkeitsgrad langsam aber stetig zu steigern. Beginne einfach mit dem Ansprechen von Frauen. Das sollte dir leichtfallen. Wenn du später beginnst, Männer anzusprechen, suche dir zuerst solche aus, an denen du überhaupt kein Flirtinteresse hast. Zum Beispiel solche, die viel zu alt (oder zu jung) für dich sind oder solche, die offenbar in Begleitung einer Partnerin oder eines Partners unterwegs sind. Dann musst du dir keine Gedanken darüber machen, dass deine Kontaktaufnahme falsch verstanden werden könnte. Arbeite dich langsam voran, bis du irgendwann genug Sicherheit gewonnen hast, auch echte Flirtversuche zu starten. Auch, wenn du jetzt vielleicht noch das Gefühl hast, davon weit entfernt zu sein, kann ich dir versichern, dass du es mit der nötigen Übung schon bald hinbekommen wirst.

Ein Mensch würde nie dazu kommen, etwas zu tun, wenn er stets warten würde, bis er es so gut kann, dass niemand mehr einen Fehler entdecken könnte.

(John Henry Newman)

Einen Korb bekommen? Macht nichts!

Über den Ursprung der Redewendung "Einen Korb bekommen" gibt es viele Geschichten, von denen einige zutreffender sind als andere. Eine der Glaubwürdigeren besagt, dass es in alten Zeiten üblich war, dass Männer einer Frau einen Antrag machten, indem sie ihr einen Korb mit Geschenken zukommen ließen. Wurde der Korb abgelehnt und kam zum Mann zurück, wusste dieser woran er war.

Einen Korb bekommen bedeutet also bei dem Versuch, einen Partner für sich zu gewinnen, abgewiesen zu werden. Und abgelehnt zu werden – besonders in einer Herzensangelegenheit – ist kein besonders schönes Gefühl. Was es aber mit Sicherheit NICHT ist, ist ein Drama. Ganz im Gegenteil: Körbe zu bekommen gehört zum Flirten und Kennenlernen einfach dazu. Es ist tatsächlich völlig normal, dass Flirtversuche häufiger scheitern als gelingen. Selbst wenn zwei Menschen aufeinandertreffen, die beide auf Partnersuche sind, bedeutet das noch lange nicht, dass sie auch zusammenpassen. Manchmal stellt sich das sofort heraus und manchmal dauert es ein paar Tage oder Wochen. Nur im Ausnahmefall treffen sich zwei Partnersuchende, verlieben sich auf der Stelle und sind auch danach noch lange Zeit miteinander glücklich.

Ganz wichtig ist dabei, dass du dir immer klar machst, dass es weder deine noch die Schuld des anderen ist, wenn eine Kontaktaufnahme oder ein Zusammensein nicht funktioniert.

Jeder Fehlschlag ist auch ein Erfolg:

+ Du hast dich getraut, jemanden anzusprechen.
+ Du hast trainiert, dich einem Mann gegenüber positiv zu präsentieren.
+ Du hast Erfahrungen gesammelt.

+ Du hast gelernt, was du beim nächsten Mal besser machen kannst oder solltest.

Ein erfolgloser Flirtversuch ist eine kostenlose Trainingseinheit! Je mehr Übung und Routine du darin erlangst, mögliche Partner anzusprechen, desto besser wird es dir von Mal zu Mal gelingen. Und desto selbstsicherer und entspannter kannst du beim nächsten Mal auftreten. Betrachte deshalb jeden Fehlschlag als einen (notwendigen) Schritt zum Erfolg. Jeder Flirtversuch macht dich besser – unabhängig davon, ob er erfolgreich war oder nicht.

Es muss dir auch absolut nicht peinlich sein, einen Korb zu bekommen. Männer freuen sich so gut wie immer, wenn eine Frau sich für sie interessiert. Umgekehrt ist das nicht immer so. Aber das ist einer der wenigen Fälle, wo es tatsächlich ein Vorteil ist, eine Frau zu sein. Es wird also sehr wahrscheinlich nie passieren, dass sich ein Mann durch deine Kontaktaufnahme belästigt fühlt. Es wird eher das Gegenteil eintreten und er wird es möglicherweise sogar sehr bedauern, dass er zurzeit nicht für dich frei ist. Mach dir also keine großen Gedanken darüber, wenn du mal einen sprichwörtlichen Korb bekommst. Das ist normal und gehört einfach zum Flirten dazu.

Wer einen Korb bekommt, sollte damit einkaufen gehen.

(Andreas Bechstein)

Haltung und Körpersprache

In diesem Abschnitt geht es darum, dir zu zeigen, wie du mithilfe von Körpersprache und Kleidung Selbstsicherheit ausstrahlst und gewinnst. Und um das sofort klarzustellen: Du wirst von mir NICHT erfahren, wie du dich besonders niedlich oder kleinmädchenhaft verhältst, um damit Männer zu beeindrucken. Ich erkläre dir auch nicht, wie du besonders unschuldig oder dümmlich gucken kannst, weil manche Männer es gut finden, wenn sich Frauen so verhalten.

Nein, hier geht es um DICH. Du erfährst, was du tun kannst, um dich auf eine bessere und selbstbewusste Art und Weise so zu zeigen, wie du bist. Das hat wenig mit Verstellen zu tun, sondern mehr damit, auf bestimmte Dinge zu achten und dich selbst ganz bewusst wahrzunehmen. Denn viele Frauen wissen gar nicht, welche manchmal ungünstigen Signale sie mit ihrer Körperhaltung oder mit Gestik und Mimik aussenden. Diese Verhaltensweisen haben wir uns oft schon während der Kindheit angeeignet und ich beobachte häufig Frauen, die solche Verhaltensmuster auch als Erwachsene unbewusst weiterhin zeigen, ohne das wirklich zu wollen.

Lächeln

Über kaum eine körperliche Ausdrucksform ist schon so viel gesagt und geschrieben worden wie über das Lächeln. Tatsächlich ist schon so viel darüber geschrieben worden, dass ich kurz darüber nachgedacht habe, diesen Abschnitt des Buchs mit ein paar kurzen Sätzen abzuhandeln. Weiß denn nicht mittlerweile jede und jeder über die vielen positiven Wirkungen des Lächelns Bescheid? Und wahrscheinlich hast auch du schon mehr als einmal irgendetwas mehr oder weniger Sinnhaftes über das Lächeln gehört.

Sprichwörter und Redewendungen wie …

Lächle, und die Welt lächelt mit dir.

Jeder Tag, an dem du nicht lächelst, ist ein verlorener Tag.

… begegnen einem so oft, dass man sie kaum noch ertragen kann. Dazu kommt das mittlerweile überall anzutreffende künstliche Grinsen, das erstaunlich viele Menschen zustande bringen, wenn sie eins der schier unendlich vielen Fotos oder Selfies anfertigen, die zu allen passenden und unpassenden Gelegenheiten entstehen.

Kurz: Es gäbe mehr als einen Grund, auf ein Kapitel über das Lächeln zu verzichten, oder es zumindest auf einen minimalen Umfang einzudampfen. Leider geht das nicht! Ein Buch zum Thema Flirten ohne einen ausdrücklichen Hinweis auf die Wichtigkeit des Lächelns, wäre wie ein Bilderbuch ohne Bilder oder der Versuch, Spaghetti Bolognese ohne Nudeln zu kochen.

Flirten IST Lächeln

Denn Lächeln ist nicht nur ein wichtiger Bestandteil des Flirtens. Nein, Flirten wäre ohne Lächeln gar nicht möglich. JEDER Flirt beginnt mit einem Lächeln. Wer das nicht weiß, braucht mit dem Flirten gar nicht erst anzufangen. Schon ein Lächeln allein kann – richtig eingesetzt – ein vollständiger Flirt sein. Zumindest jedoch ist ein Lächeln die Grundlage jedes erfolgreichen Flirts, weshalb seine Wichtigkeit gar nicht überbetont werden kann.

Darüber hinaus hat Lächeln noch eine ganze Reihe weiterer zum Teil erstaunlicher Wirkungen auf deine Umgebung aber auch auf dich selbst.

1. Lächeln macht schön

Es gibt bereits eine ganze Reihe von wissenschaftlichen Untersuchungen zu diesem Thema. Menschen, die lächeln, werden von ihren Mitmenschen als attraktiver, gesünder oder einfach als schöner wahrgenommen. In verschiedenen Studien wurden Testpersonen Fotos von Menschen vorgelegt, deren Attraktivität sie beurteilen sollten. Bei allen Untersuchungen wurden Fotos derselben Person immer deutlich attraktiver eingeschätzt, wenn sie auf dem Foto lächelte. Fotos desselben Menschen mit neutralem Gesichtsausdruck erhielten deutlich weniger Punkte auf der Attraktivitätsskala.

2. Lächeln wirkt freundlich und offen

Menschen mit einem Lächeln werden als offener und freundlicher eingeschätzt, als solche, mit neutralem oder gar traurigem Gesichtsausdruck. In Umfragen zeigte sich, dass die Befragten viel eher bereit waren, eine lächelnde Person anzusprechen als dieselbe Person ohne Lächeln. Um das zu verstehen, braucht man natürlich auch keine Wissenschaftler. Achte mal auf der Straße auf die Gesichter der Passanten. Wen würdest du eher ansprechen: Einen, der griesgrämig auf sein Handy schaut oder jemanden, der dich anlächelt? Lächeln erleichtert also die Kontaktaufnahme, weshalb es auf unserer Flirt-ToDo-Liste immer ganz oben stehen sollte.

3. Lächeln verbessert die Stimmung

Und zwar gleich doppelt: Menschen, die lächeln, verbessern dadurch ihre eigene Stimmung, aber auch die der Menschen, die sie anlächeln. Dabei spielen tief im Gehirn verankerte Verknüpfungen und kulturell überlieferte Verhaltensmuster eine wichtige Rolle. Das funktioniert sogar, ohne es zu wollen. Versuche zeigen: Die Stimmung verbessert sich messbar, wenn man lächelt. Sogar dann, wenn es ein absichtliches Lächeln ist, obwohl einem eigentlich gar nicht danach zumute ist.

4. Lächelnde Personen werden von positiv denken Menschen besser wahrgenommen.

Jemand, der gut drauf ist, richtet seine Wahrnehmung automatisch verstärkt auf andere Menschen, auf die das auch zutrifft. Das heißt, jemand, der gut gelaunt ist (und damit vielleicht in Flirtlaune) wird dich viel eher bemerken, wenn du lächelst. Interessanterweise wirkt das Prinzip auch umgekehrt: Die Stimmung bei Versuchspersonen, die die Aufgabe erhalten hatten, nach lächelnden Menschen Ausschau zu halten, verbesserte sich spürbar.

Du siehst, Lächeln spielt in unserem (Zusammen-)Leben eine viel größere Rolle, als du vielleicht bisher gedacht hast. Lächelnde Menschen werden besser und positiver wahrgenommen als andere. Zudem wirken sie auf andere offener und kontaktfreudiger. Lächeln verbessert deine Flirtchancen um 100 %. Und wenn du bisher noch nicht viel gelächelt hast, ist jetzt (!) der Zeitpunkt, damit anzufangen. Auch Lächeln kann man lernen. Je öfter man es trainiert, desto besser klappt es und je öfter entsteht es auch von selbst.

Zum Schluss noch ein Wort zu einer Sache, auf die mich eine Freundin beim Lesen beim Lesen des Manuskripts für dieses Buch aufmerksam gemacht hat: Anscheinend gibt es tatsächlich Ratgeber, die Frauen das "richtige" Lächeln erklären und beibringen wollen. So war zum Beispiel diese Freundin mit dem Spruch "Nur Zähne – kein Zahnfleisch!" aufgewachsen. Gemeint ist damit wohl, dass Frauen (!) beim Lächeln, die Lippen nicht zu weit öffnen sollten, sodass man nur ihre (wohlgeformten und weißen) Zähne sehen kann, nicht aber ihr Zahnfleisch.

Mal ganz ehrlich: Sowas ist natürlich totaler Quatsch! Ein Lächeln sollte im besten Fall spontan sein und von Herzen kommen. Wer sich beim Lächeln Gedanken darüber macht, ob und wie weit er bzw. sie die Lippen dabei bewegen darf, wird garantiert kein herzliches oder freundliches Lächeln zustande bringen. Ich habe es übrigens ausprobiert. Das Ergebnis war, dass ich mich vor meinem eigenen Bild im Spiegel erschreckt habe ;-)

Also: Vergiss solchen Unsinn und lächle, ohne groß darüber nachzudenken. Je öfter, desto besser!

Sicherheit ausstrahlen

Vielleicht denkst du jetzt “Wieso Sicherheit? Ich will doch Flirten lernen ...” Das stimmt, und genau darum wird es auch gehen. In vielen sogenannten Flirtratgebern wirst du vielleicht auch lesen, dass es für uns Frauen besonders günstig sei, beim Flirten einen unsicheren oder sogar hilflosen Eindruck zu machen, um die Männer anzulocken. Ich weiß nicht, wer so einen Unsinn schreibt. Mit Sicherheit keine Autorin, die nach 1950 geboren ist und in vielen Fällen stecken wahrscheinlich ohnehin eher Männer hinter solchen dummen Anleitungen. Vermutlich werden solche beschämenden Anleitungen von denselben Menschen geschrieben, die auch ein *Duckface*für einen besonders attraktiven Gesichtsausdruck bei Frauen halten.

Also Schluss mit dem Quatsch! Ich gehe davon aus, dass du eine zumindest halbwegs erwachsene Frau bist und auch als solche behandelt werden möchtest. Sollte ich mich völlig in dir täuschen und du tatsächlich lieber ein nettes, dummes Girlie sein möchtest, ist dieses Buch vielleicht wirklich nicht das Richtige für dich. In diesem Fall gibt es aber Hunderte, wenn nicht Tausende von Webseiten, die dir erklären, wie man sich als Frau möglichst klein und dumm anstellt, um die (dazu passenden) Männer zu beeindrucken.

Also Sicherheit bzw. Selbstsicherheit. Die ist beim Flirten auch und sogar besonders für Frauen wichtig. Ohne ausreichende Selbstsicherheit wirst du nämlich nur mit großem Glück einen Mann finden, der dich als Frau und als Person ernst nimmt und als gleichberechtigt betrachtet. Frauen, die Unsicherheit ausstrahlen oder nicht wissen was bzw. wen sie wollen, werden leider viel zu oft zur leichten Beute für Männer, die sich diesen Frauen überlegen fühlen.

Simone

Ein gutes Beispiel dafür war eine Freundin aus Schulzeiten, nennen wir sie Simone. Simone war – so lange ich zurückdenken kann – immer schon sehr zurückhaltend, schüchtern und unsicher. Simone ist einfach das, was man als einen "sehr netten Menschen" bezeichnet. Leider hat ihr das alles im Hinblick auf Männer nicht viel Glück gebracht. Denn Simone war nicht nur unsicher, sondern strahlte das auch nach außen aus. Man könnte jetzt natürlich sagen, dass es doch gut ist, wenn sich ein Mensch nach außen – ganz authentisch – so zeigt, wie er oder sie auch tatsächlich ist.

Ja, aber: In Simones Fall führte diese nach außen sichtbare Unsicherheit und Verletzlichkeit leider immer wieder dazu, dass sie an die falschen Männer geriet. Oft waren es solche, die ihre Wehrlosigkeit ausnutzten oder welche, die eine schwache Frau brauchten, um ihr eigenes Ego pflegen zu können. Es war aber über viele Jahre hinweg keiner dabei, der eine gleichberechtigte Partnerin gesucht hätte. Das änderte sich erst, als Simone vor einigen Jahren völlig überraschend beschloss, ihre Festanstellung als Grafikerin zu kündigen und als Freelancerin um die Welt zu reisen. Sie begann zunächst ganz vorsichtig mit kurzen Aufenthalten im benachbarten Ausland und war nach einigen Monaten häufiger in Großbritannien und in den USA unterwegs als zu Hause in Berlin. In dieser Zeit hat sich Simone zu einer starken und selbstbewussten Frau verändert, die genau weiß, was sie will und was nicht. Auf einer ihrer Reisen hat sie auch einen netten Mann kennengelernt, mit dem sie mittlerweile zwei entzückende Kinder hat.

Was ich dir mit diesem Beispiel sagen will, ist, dass Frauen, die sich bei der Partnersuche unsicher präsentieren leider nur allzu oft die dazu "passenden" Männer abbekommen. Im "besten" Fall solche, die eine schwache Partnerin brauchen, um sich selbst besser zu fühlen. Nicht selten aber auch solche, die ihre Partnerin ausnutzen oder gar unterdrücken wollen. Es lohnt sich also auf jeden Fall, daran zu arbeiten, wie du bei der Partnersuche auftrittst. Je mehr Sicherheit zu ausstrahlst und umso besser du weißt, was du willst und was nicht, desto größer sind deine Chancen, einen Partner zu finden, der wirklich zu dir passt und mit dem du glücklich werden kannst.

Körpersprache

Unsere Körpersprache, also die Art und Weise wie wir stehen, gehen, sitzen oder unseren Kopf halten, sagt sehr viel über uns aus. Sie ist ein ganz wesentlicher Bestandteil unserer Kommunikation mit anderen Menschen. Unsere Gedanken, unsere Gefühle und Einstellungen zeigen sich in unserer Körpersprache, ohne dass wir auch nur ein Wort sagen müssen. Die Signale, die dadurch ausgesendet werden, werden deshalb oft auch als nonverbale, also nicht-sprachliche, Kommunikation bezeichnet.

Der amerikanische Psychologe, Albert Mehribian, beschreibt in seinem Buch „Silent messages“, dass weit mehr als 50 % des Inhaltes einer Kommunikation ausschließlich durch Gestik und Mimik transportiert werden. Andere Wissenschaftler gehen gar von einem Anteil von 80 % oder mehr aus.

Der bekannte Pantomime und Experte für Körpersprache, Samy Molcho, meint dazu:

„Worte können lügen, der Körper aber nicht!“

Wenn du also beim Flirten oder auch generell beim Kennenlernen anderer Menschen einen selbstsicheren Eindruck machen willst, ist es wichtig, dass du dir deiner eigenen Körperhaltung und deiner Bewegungen bewusst bist. Du kannst noch so forsch daherreden, wenn dein Körper dabei Unsicherheit oder gar Unterwürfigkeit signalisiert, nützen all deine Worte nichts.

So wirkst du positiv und selbstbewusst:

+ gerade und aufrecht stehen
+ Kopf hoch
+ Schultern entspannt (nicht nach vorne ziehen)

+ Brust raus (nicht übertreiben!)
+ Arme nicht vor dem Körper verschränken
+ Hände in einer offenen Position halten
+ freundlich gucken
+ Lächeln!
+ den Körper leicht zu deinem Flirtpartner hin drehen (Hinwendung)

Tipp: Ein bisschen schräg ist oft besser!

Eine starre und sehr gerade Kopfhaltung wirkt unflexibel und manchmal sogar dominant. Wenn du deinen Kopf insbesondere beim Zuhören ganz leicht schräg hältst, wirkt das viel offener und sympathischer. Insbesondere zeigst du so, dass du wirklich an dem anderen bzw. an dem, was er gerade sagt, interessiert bist. Diese leicht schräge Kopfhaltung ist dabei keineswegs unnatürlich. Beobachte einmal andere Menschen während einer Unterhaltung. Du wirst feststellen, dass die Schräghaltung des Kopfes ein ganz natürliches Zeichen von Interesse und Hingewendetheit ist. Wenn du ganz entspannt bist, wirst du das automatisch so machen, wenn es dich interessiert, was jemand sagt. Leider vergessen wir das manchmal, wenn wir nervös und angespannt sind und wirken dann mit unserer unflexiblen Kopfhaltung möglicherweise sogar unfreundlich oder desinteressiert.

Flirten ist kein Betteln!

Es ist wichtig, dass du dir das immer wieder klar machst. Ganz gleich, wie dringend du einen neuen Mann kennenlernen möchtest, eine unterwürfige Körperhaltung, durch die du dich der Gnade des Mannes auslieferst, wirkt nicht besonders sympathisch. Insbesondere "verkaufst" du dich dadurch unter deinem Wert und wirkst eher auf die falschen Männer anziehend.

Bewege dich beim Flirten also immer so, wie du auch von deinem Gegenüber wahrgenommen werden möchtest. Zeige dich interessiert aber selbstbewusst. Denke daran, dass deine Körpersprache das Erste ist, was ein Mann an dir wahrnimmt. Noch bevor ihr das erste Wort geredet habt, gibst du so ein ganz bestimmtes Bild von dir ab. Es liegt an dir, dass dieses Bild so wirkt, wie du es möchtest.

Die richtige Körperhaltung macht selbstsicher

Wir haben schon darüber gesprochen, wie die Haltung unseres Körpers auf andere wirkt. Ich habe jetzt eine gute Nachricht für dich: Ähnlich wie beim Lächeln ist auch die Körpersprache keine Einbahnstraße. Eine selbstbewusste und aufrechte Körperhaltung wirkt nämlich nicht nur positiv auf unser Gegenüber, sondern auch auf uns selbst.

Überprüfe bitte einmal kurz deine Körperhaltung, während du diese Zeilen liest. Sitzt du aufrecht, oder eher zusammengesunken? Ist deine Wirbelsäule gerade oder vornüber gekrümmt? Was ist mit deinen Schultern? Sind sie entspannt oder nach vorne gezogen? Wie auch immer deine Körperhaltung in diesem Moment ist, sie beeinflusst zu einem erheblichen Teil, dein Selbstbewusstsein und dein Wohlbefinden. Je aufrechter, gerader und entspannter du sitzt, desto besser, selbstsicherer und tatkräftiger fühlst du dich.

Das wussten schon unsere Mütter:

Nicht umsonst wurden wir als Kinder und Jugendliche immer wieder dazu aufgefordert „gerade" zu sitzen. Psychologische Studien haben jetzt gezeigt, dass wir uns beim aufrechten Sitzen und Stehen nicht nur selbstbewusster fühlen, sondern auch tatsächlich bessere Leistungen erbringen und eine insgesamt positivere Ausstrahlung haben als mit einer zusammengesunkenen Körperhaltung.

Und natürlich ändert sich dadurch auch die Art und Weise, wie du auf Männer wirkst:

Das geschieht ganz unbewusst, sodass wir in der Regel nichts davon bemerken. Mehrere groß angelegte Untersuchungen haben das gezeigt. Die Körperhaltung, das Selbstbewusstsein, und wie attraktiv wir auf andere wirken, sind eng miteinander verbunden. Und die Verbindung wirkt nicht nur in eine Richtung! Es ist nicht ausschließlich so, dass selbstbewusste und attraktive Menschen eine besonders aufrechte Körperhaltung einnehmen. Nein, auch der umgekehrte Fall trifft zu. Menschen, die eine aufrechte Körperhaltung einnehmen, fühlen sich danach selbstbewusster und wirken attraktiver!

Wir haben hier also ein ganz einfaches Mittel an der Hand, das dir hilft, deine Wirkung auf mögliche Partner mit geringstem Aufwand und innerhalb kürzester Zeit messbar zu verbessern.

Trick – Aufrechte Körperhaltung

Um eine gute, aufrechte Körperhaltung einzunehmen, hilft folgender Trick. Stell dir vor, dass die höchste Stelle deines Kopfes an einem Band aufgehängt ist. Richte deinen Körper nun so auf, dass er sich möglichst in einer geraden Linie mit dem Band befindet. Halte deine Körper und deinen Kopf so, dass sie ganz leicht an dem Band hängen.

Du kannst dabei ganz locker und natürlich bleiben. Du willst ja nicht aussehen, als kämst du gerade aus der Augsburger Puppenkiste ;-) Du wirst schon nach wenigen Minuten spüren, wie gut das funktioniert.

Blickkontakt – Liebe auf den ersten Blick?

Fast jeder Flirt beginnt mit den Augen

Der erste Kontakt zu einem Menschen findet immer über die Augen statt. Das gilt umso mehr beim Flirten. Oft hast du gar keine andere Chance, zu einem Mann Kontakt aufzunehmen, als ihm durch Blickkontakt zu zeigen, dass du interessiert bist. Das funktioniert überall da besonders gut, wo du keine Gelegenheit hast, den Mann direkt anzusprechen. Ganz gleich ob in der Bahn, im Kaufhaus oder über mehrere Tische hinweg im Café oder Restaurant: Wenn du einen Mann entdeckst, der dir gefällt, ist Blickkontakt das Mittel der Wahl. Du zeigst dem Mann damit nicht nur, dass du an ihm interessiert bist, sondern kannst auch sofort erfahren, ob dein Interesse auf Gegenseitigkeit beruht oder nicht.

Hält der Mann den Blickkontakt aufrecht, stehen deine Chancen nicht schlecht. Schaut er sofort weg oder weicht deinem Blick aus, kannst du davon ausgehen, dass nichts läuft. Unterbrich den Blickkontakt deshalb nach einiger Zeit und versuche es ein wenig später noch einmal.

Spätestens, wenn dein Blick auch diesmal erwidert wird, solltest du den nächsten Schritt wagen und den Mann ansprechen.

„Schau mir in die Augen Kleines."

Die Art und Weise, wie du selbst mit einem Blickkontakt umgehst, verrät übrigens jedem Mann eine ganze Menge über dich. So strahlt ein ruhiger Blickkontakt Souveränität und Selbstbewusstsein aus. Dem Blickkontakt auszuweichen, erzeugt hingegen einen Eindruck von Unsicherheit und mangelnder Glaubwürdigkeit. Aus diesem Grunde solltest du üben, dem Blickkontakt mit anderen Menschen generell und beim insbesondere beim Flirten, standzuhalten.

Das ist nicht immer ganz einfach, mit ein bisschen Übung kann man es aber lernen. Bleib auf jeden Fall am Ball, auch wenn es anfangs vielleicht ein wenig anstrengend ist. Die Fähigkeit, souverän dem Blickkontakt mit einem Mann standzuhalten, ist für erfolgreiches Flirten unerlässlich!

Übrigens spielt der Blickkontakt nicht nur zum Beginn eines Flirts eine wichtige Rolle. Auch beim ersten Date und generell im Gespräch mit deinem Flirt-Partner, solltest du immer wieder den Blickkontakt zu ihm suchen.

Du signalisierst auf diese Weise, dass du aufmerksam bei der Sache bist und deine Aufmerksamkeit voll und ganz auf deinen Gesprächspartner richtest. Beides wirkt sowohl sympathisch als auch intelligent und wach. Suche auch dann immer wieder den Blickkontakt, wenn du selbst sprichst. Nur so kannst du sofort feststellen, ob dein Gesprächspartner noch bei der Sache ist, oder ob du ihn womöglich gerade mit deinem Lieblingsthema langweilst.

Ein spannendes Experiment:

Wie wichtig der Blickkontakt ist, zeigt auch ein bereits vor einigen Jahren durchgeführtes psychologisches Experiment, das die Erfolgsautoren, Barbara und Allan Pease, durchführten. In einer Partnervermittlungsagentur wurden Partnersuchende per Zufall zusammengeführt. Die Paare hatten jeweils eine Stunde Zeit, in einem Interview ihren Blind-Date Partner kennenzulernen.

Die Partnersuchenden wurden in zwei Gruppen aufgeteilt. Den Teilnehmern der ersten Gruppe teilte man mit, dass ihr jeweiliges Blind Date in der Kindheit eine Augenverletzung erlitten habe, die es verhindere, dass das verletzte Auge korrekt fokussieren könne. Man wisse aber nicht, welches von beiden Augen betroffen sei. Die zweite Gruppe bekam diese Information nicht.

Nach Abschluss der Interviews wurde verglichen, wie hoch die Bereitschaft der Teilnehmer war, ihren Interviewpartner bei einem zweiten Date zu treffen. Man stellte fest, dass dies bei den Teilnehmern der ersten Gruppe (die mit der falschen Information über das verletzte Auge) doppelt so häufig der Fall war, wie bei der zweiten Gruppe. Als Ursache konnte man eindeutig den intensiveren und häufigeren Blickkontakt der Interviewpartner ausmachen, der zustande kam, weil die Teilnehmer bewusst oder unbewusst versuchten, herauszufinden, welches Auge Ihres Gegenübers betroffen war.

Du siehst also, dass allein ein intensiver und häufiger Blickkontakt bereits einen deutlich positiven Effekt darauf hat, wie dein Flirtpartner dich wahrnimmt. Ja, man kann ohne zu übertreiben behaupten, dass du durch den richtigen Blickkontakt aktiv beeinflussen kannst, wie sympathisch du auf einen Mann wirkst.

Vorsicht: Nicht übertreiben!

Wie bei allen Flirtregeln gilt auch beim Thema Blickkontakt, dass man es nicht übertreiben sollte. Wenn du deinen Flirtpartner fokussierst und womöglich anstarrst, wirkt das nicht nur seltsam, sondern unter Umständen auch bedrohlich.

Vorsicht: Multikulti

Wie bei fast allen Körpersignalen gibt es auch beim Blickkontakt große kulturelle Unterschiede. Während die Kontaktaufnahme über Blicke bei uns, in Westeuropa, völlig normal ist, gibt es zum Beispiel einige afrikanische, asiatische und arabische Länder, in denen es als äußerst unhöflich gilt, einer fremden Person intensiv in die Augen zu schauen. Wie immer in solchen Fällen gilt: Informiere dich sich über die besonderen Gepflogenheiten, bevor du ein fremdes Land bereist.

Trick: Verliebte Blicke

Der amerikanische Psychologe, Zick Rubin, fand heraus, dass sich verliebte Paare in Gesprächen häufiger und länger anschauten, als Gesprächspartner, die nicht ineinander verliebt waren. Wie schon in dem Experiment von Barbara und Allan Pease gezeigt, funktioniert dieser Effekt auch ebenfalls auch umgekehrt. Wenn du deinen Gesprächspartner also häufig anschaust, steigerst du die Chance, dass sich dieser in dich verliebt!

Sei mutig!

Traue dich, im Alltag Blickkontakt mit Männern zu suchen, die dir sympathisch sind. Es lohnt sich: Die Erfolgsquote ist hoch und ganz ohne das Flirten mit den Augen stehen deine Chancen sehr schlecht, Kontakt zu einem Mann zu bekommen.

Sei du selbst!

Dieser Rat sollte eigentlich gar nicht notwendig sein. Betrachtet man viele Flirtanleitungen im Netz, in Zeitschriften oder in Büchern, ist er es leider doch. Dort wird Frauen oftmals sehr ausführlich erklärt, wie sie sich am besten so verstellen können, damit Männern das gefällt.

Du findest dort Anleitungen, die dir erklären wollen, dass du dich möglichst "sexy" kleiden solltest, wie du einen Mann anschauen solltest (von unten nach oben) oder sogar, wie du deine Stimme verändern kannst, damit sie möglichst hoch und kleinmädchenhaft klingt. Je nach kultureller Ausrichtung bekommst du zum Beispiel Tipps, wie du dich wie ein Schulmädchen (!) kleidest, weil zum Beispiel japanische Männer darauf stehen.

Also mal ganz ehrlich: Wer will ernsthaft einen Mann, der auf Schulmädchen steht? Oder einen, dessen Balzprogramm anspringt, wenn ihn eine Frau mit piepsiger Stimme von schräg unten betrachtet? Und nur der Vollständigkeit halber: Es gibt solche Männer und die genannten Tipps funktionieren bei diesem Typ Mann vielleicht sogar. Aber stell dir mal vor, du müsstest mit so einem Kerl den Rest deines Lebens verbringen!

Also: Sei du selbst und stehe zu dir selbst. Auch beim Flirten. Alles andere funktioniert auf Dauer ohnehin nicht. Wenn du auf der Suche nach mehr als einem One-Night-Stand bist, wirst du so eine Fassade nicht lange aufrechterhalten können, selbst, wenn du es wolltest. Spätestens nach ein paar Wochen wirst du feststellen, dass du dich zunehmend unwohl fühlst in einer Rolle, die dir nicht gerecht wird. Und auch dein Partner wird schon bald bemerken, dass du nicht das liebe kleine Mädchen bist, als das du dich beim Kennenlernen präsentiert hast. Es macht übrigens wenig Sinn, dann darauf zu hoffen, dass sich dein Partner dann an dein “neues” Ich gewöhnen wird oder dass du ihn sogar irgendwie ändern oder “umerziehen” könntest. Das hat noch nie funktioniert und wird es auch nie. Viel wahrscheinlicher ist, dass deine Beziehung dann auf unschöne Art und Weise endet.

Viel besser ist es, von Anfang an die Karten auf den Tisch zu legen. Sprich: Zeig dich schon beim Flirten so, wie du wirklich bist, und stehe dazu. Denn wie soll ein zukünftiger Partner oder sogar Ehemann auf die Idee kommen, dass du die Richtige bist, wenn du da selbst nicht sicher bist? Du bist gut so, wie du bist! Dein zukünftiger Partner sollte dazu passen und dich so lieben, wie du bist. Mehr gibt es dazu nicht zu sagen.

Perfektion ist langweilig

Ich habe schon viele Frauen getroffen, die eine ungesunde Menge an Energie darauf verwenden, nach außen hin perfekt zu erscheinen. Das beginnt natürlich beim Aussehen, an dem mit allen erdenklichen Mitteln gearbeitet wird und endet beim Erstellen von gefakten Facebook-Seiten, auf denen das eigene Leben in den schillerndsten Farben präsentiert wird.

Aber auch das ist natürlich nicht die Wirklichkeit. Jeder Mensch hat eine ganze Menge von Unperfektheiten und das ist auch gut so. Wie langweilig wäre die Welt und wären wir selbst, wenn wir alle perfekt wären? Und ganz unter uns: Wer mag schon perfekte Menschen? Ich hatte auch schon die in oder andere Freundin, die zumindest *meinten* perfekt zu sein. Es gibt nichts Schlimmeres als “perfekte” Menschen! Außer vielleicht Menschen, die *glauben* perfekt zu sein, aber genauso unperfekt sind, wie du und ich.

Stehe bitte auch zu den Teilen deiner Person oder deines Körpers, von denen du meinst, dass sie nicht optimal oder perfekt sind.

Klar kannst du immer an deiner Gesundheit arbeiten, indem du ein paar Pfund abnimmst. Und natürlich sollst du auch deinen Hautunreinheiten zu Leibe rücken, wenn sie DICH stören. Vergiss aber bitte alle Optimierungsmaßnahmen, die du nur unternimmst, um anderen zu gefallen oder andere zu beeindrucken. Für so einen Unsinn ist das Leben zu kurz. Genieße es und akzeptiere dich so, wie du bist.

PS

Das Gleiche gilt natürlich für deine Flirtpartner, die du auch so nehmen musst, wie sie sind. Es gibt keinen zuverlässigeren Flirtkiller, als schon beim ersten Date am anderen herumzukritisieren. Jemand, den du nicht so akzeptieren kannst, wie er ist, ist nicht der Richtige für dich. Und jemand, der dich nicht so akzeptiert, wie du bist, erst recht nicht.

Keine falsche Bescheidenheit

Bescheidenheit ist eine schöne Eigenschaft. Menschen, die bescheiden sind, gelten als angenehm im Umgang und sind vorzügliche Freunde. Beim Flirten und Kennenlernen geht es aber um etwas anderes. Hier willst du einen Mann davon überzeugen, dass es sich lohnt, sich auf dich einzulassen. Auch wenn der Vergleich natürlich etwas hinkt, aber beim Flirten geht es auch darum, sich gut zu verkaufen.

Ein Verkäufer, der die positiven Eigenschaften seiner Waren verheimlicht, wird nicht sehr erfolgreich sein.

Vergiss nicht, dass dein Flirtpartner dich ja noch gar nicht kennt. Er weiß also nicht, dass du ein liebenswerter Mensch mit ganz vielen guten Eigenschaften bist. Und da er das nicht weiß, ist es also an dir, ihm das zu zeigen, und zwar in der kurzen Zeit, die bei einem Flirt über Erfolg oder Misserfolg entscheidet.

Das heißt natürlich nicht, dass du mit deinen Leistungen oder Eigenschaften prahlen sollst. Genauso falsch wäre es aber, bei einem Date dein Licht unter den Scheffel zu stellen. Wenn du also irgendetwas besonders gut kannst oder etwas Beeindruckendes geleistet hast, darfst und sollst du auch bei einem Rendezvous darüber sprechen.

So ein erstes Treffen oder ein Date ist in dieser Hinsicht auch immer wie ein Bewerbungsgespräch für beide Seiten. Genau wie du, will auch dein Date-Partner herausfinden, ob der jeweils andere, der bzw. die Richtige für den "Job" ist. Und genau wie bei einem Bewerbungsgespräch wäre es nicht besonders klug, die eigenen Leistungen zu verschweigen. Und bitte: Lass dir niemals von jemandem einreden, dass Männer es mögen, wenn Frauen sich dumm stellen. Es gibt tatsächlich solche Männer. Aber glaube mir: Du möchtest keinen von denen als Partner oder gar als Ehemann haben.

Eine gescheite Frau hat Millionen geborener Feinde: alle dummen Männer

(Marie von Ebner-Eschenbach)

Was Männer beeindruckt

Die Zeiten, in denen eine Ehefrau oder Partnerin für einen Mann bestenfalls schmückendes Beiwerk war, sind glücklicherweise vorbei. Heutige Männer (zumindest die intelligenteren Exemplare) wünschen sich eine Frau, die sie wirklich als gleichberechtigte Partnerin betrachten können. Eine Frau, auf die sie sich verlassen und auf die sie auch stolz sein können. Im Grunde also fast dasselbe, was auch die meisten Frauen von einem Partner oder Ehemann erwarten. Wahrscheinlich das Gleiche, was du auch von deinem neuen Partner erwartest.

Ich habe hier mal einige Dinge aufgezählt, von denen ich weiß, dass kluge Männer sie bei Frauen mögen. Das bedeutet natürlich nicht, dass du all diese Eigenschaften vorweisen musst, um einen Mann zu beeindrucken. Wenn du aber – wovon ich überzeugt bin – die ein oder andere davon besitzt, dann raus damit. Keine falsche Bescheidenheit. Die bringt dich hier nicht weiter.

+ Selbstständigkeit
  Moderne Männer stehen auf selbstständige Frauen. Wenn du einen Beruf ausübst, den du magst, dann sprich darüber. Wenn du dein Leben meisterst und unabhängig bist, macht das Eindruck. Insbesondere beugst du damit etwaigen Befürchtungen vor, dass du materielle Interessen hast, oder wie eine Klette an ihm kleben wirst.

+ Freundeskreis
  Dein Freundeskreis und deine Kontakte zeigen dem Mann, dass du sozial kompatibel bist. Manche Männer befürchten auch, dass sich eine Frau zu schnell an sie klammern könnten. Ein intakter Freundeskreis zeigt deinem Date, dass du auch ohne männlichen Partner klarkommst und ihm wahrscheinlich die gleichen Freiheiten einräumen wirst.
+ Berufliche Leistungen
  Wenn dir dein Job wichtig ist und du in ihm gut oder sogar außergewöhnlich gut bist, darfst du das ruhig erwähnen. Allein die Tatsache, dass du einen Job hast, und gut darin bist, wirkt auf viele Männer beruhigend. Müssen sie doch so nicht befürchten, dass du nur auf der Suche nach einem Versorger bist. Übrigens: Männer, die das "irgendwie" nicht gut finden, dass eine Frau überhaupt eine Karriere verfolgt (ja, solche gibt es leider immer noch), solltest du sofort aussortieren. Was vielleicht auf den ersten Blick attraktiv wirkt (nicht mehr arbeiten zu müssen), endet in aller Regel als Heimchen am Herd mit einem Pascha, der sich von morgens bis abends bedienen lässt.
+ Sportliche Leistungen
  Sportliche Leistungen setzen Willenskraft und innere Stärke voraus. Wer Sport treibt, ist in der Regel gesünder, leistungsfähiger und attraktiver als andere. Auf deinen Flirtpartner wirkt das ganz sicher positiv. Sport ist zudem ein guter Anknüpfungspunkt. Wenn dein Flirtpartner auch sportlich ist, ergeben sich so automatisch Gemeinsamkeiten und Möglichkeiten für interessante gemeinsame Unternehmungen.
+ Besondere Fähigkeiten
  Dazu zählt alles, was du besser kannst als die meisten anderen.

Ganz gleich, ob du ein Instrument spielst, jonglieren kannst oder tolle Zaubertricks beherrschst: Wenn du Freude an dem hast, was du kannst, sprich ruhig darüber. So ein Thema kann übrigens auch ein ganz wunderbarer Startpunkt für eine Unterhaltung sein. Vielleicht hat dein Flirtpartner sogar ähnliche Interessen oder Fähigkeiten? Damit hättest du dann sofort ein großes Plus auf deiner Seite.

Sonderfall: Kinder

Die meisten Menschen sind zu Recht stolz auf Ihre Kinder, oder auch darauf, diese erfolgreich großgezogen zu haben. Allerdings erinnern Kinder auch immer daran, dass derjenige in der Vergangenheit bereits eine gescheiterte Beziehung hinter sich hat (Ausnahme natürlich, wenn ein Elternteil der Kinder verstorben ist). Problemlos ist das, wenn sich der Mann in einer ähnlichen Situation befindet. Wenn nicht, solltest du das Kinder-Thema für ein späteres Date aufsparen. Das bedeutet natürlich nicht, dass du deine Kinder verleugnen sollst. Es kann aber beim ersten Kennenlernen hilfreich sein, wenn du deine Kinder und deren Betreuung nicht zum Mittelpunkt eures Gesprächs machst. Insbesondere jüngere Männer und solche, die selbst keine Kinder haben, bekommen manchmal ein wenig Panik, bei der Vorstellung, mit dir als Partnerin auch gleichzeitig eine Vaterrolle übernehmen zu müssen. Du kannst dem vorbeugen, indem du klar machst, dass du mit deinen Kids sehr gut allein klarkommst und dass es für dich auch ein Privatleben gibt, bei dem deine Kinder – zumindest am Anfang – nicht ständig im Mittelpunkt stehen.

Sei stolz auf das, was du geleistet hast und auf das, was du kannst, ohne damit anzugeben.

Mach dich nicht klein!

Wir haben bereits darüber gesprochen: Es gibt Ratgeber, die Frauen genau das raten, nämlich, sich bei der Begegnung mit einem Mann niedlich, ein bisschen dumm und insgesamt unterwürfig zu verhalten. Und es gibt natürlich auch Männer, die auf solche Girlies stehen. Aber die ... du weißt schon ...

Manchmal geraten wir Frauen aber auch in eine solche Rolle, ohne es wirklich zu wollen. Das ist mir selbst auch schon passiert. Irgendwie passte alles so gut und der Mann gab sich sehr männlich und bestimmt. Plötzlich bemerkte ich, dass ich begann, dümmlich zu kichern und mich insgesamt eher wie ein kleines Mädchen zu benehmen als wie eine erwachsene Frau. Ich fürchte, in solchen Situationen kommt dann doch manchmal unsere Sozialisation und Prägung zum Tragen. Schließlich lernen Kinder und hier insbesondere Mädchen schon vom Babyalter an, dass es in unserer Gesellschaft ganz bestimmte Rollenverteilungen für Frauen und Männer gibt. Dieses Lernen geschieht meist ganz unbewusst und absichtslos durch Vorbilder und Rollenzuschreibungen in Familien, in Medien, in der Werbung und so weiter. Und wenn wir nicht aufpassen, wird dieses typische "Frauenverhalten" dann irgendwann plötzlich aktiviert. Das kann durch kleinste Auslöser geschehen oder einfach durch einen Mann, der sich so ein Verhalten wünscht.

Es ist für dich also besonders wichtig, schon beim Flirten darauf zu achten, dass du dich nicht kleiner und dümmer machst, als du bist. Lass dich nicht von Machogehabe beeindrucken (falls dich das nicht ohnehin schon abschreckt). Bleib immer du selbst und stehe zu dir, so wie du bist. Auf Männer, die das nicht akzeptieren können, solltest du ohnehin besser verzichten.

Keine Selbstabwertung!

Girliehaftes Flirtverhalten ist aber nur eine Möglichkeit, sich selbst klein und dumm zu machen. Noch viel öfter schaffen wir das auch ganz ohne die Hilfe eines Flirtpartners. Das geschieht immer dann, wenn wir uns selbst kritisieren und bemängeln.

Sätze wie ...

"Ich bin ja so dumm!"

"Ich bin wirklich eine Idiotin!"

"So was passiert immer nur mir."

"Wer will schon so eine wie mich?"

"Das ist wieder mal typisch für mich."

... tragen – egal, ob laut ausgesprochen oder "nur" gedacht – zuverlässig dazu bei, dass wir uns schlecht und dumm fühlen. Es ist auch keineswegs so, dass solche Sprüche in irgendeiner Weise sympathisch machen.

Klar, über sich selbst lachen zu können, ist eine sympathische Eigenschaft. Das trifft aber nicht auf permanente Selbstabwertung zu. Die führt nur dazu, dass du dich schlecht fühlst und dich auch so verhältst. Zudem bekommt ein Flirtpartner auch ein ziemlich merkwürdiges Bild von dir, wenn du so schlecht über dich selbst sprichst. Und vergiss bitte nicht: Auch das bloße Denken solcher Dinge verschlechtert deine Stimmung. Versuche zukünftig verstärkt darauf zu achten, dass dir solche Sätze nicht mehr von den Lippen kommen oder in deinem Kopf herumschwirren. Sag dir jedes Mal, wenn es dir auffällt: "STOPP!" Denke bewusst an etwas Positives. Du wirst sehen, dass die negativen Gedanken im Laufe der Zeit immer seltener auftreten.

Kleidung

Es gibt drei Dinge, anhand derer wir andere Menschen schon auf den ersten Blick einschätzen:

- Aussehen
- Körpersprache
- Kleidung

Und auf den ersten Blick heißt auch auf den ersten (!) Blick. Es gibt viele Untersuchungen zu diesem Thema und alle kommen zum gleichen Schluss: Das Bild, das wir von einem fremden Menschen haben entsteht zu einem großen Teil durch den allerersten Eindruck. Innerhalb von Bruchteilen einer Sekunde schätzen wir unser Gegenüber ein. Diesen ersten Eindruck und das damit verbundene Urteil fällen wir in Sekundenschnelle. Das ist einfach ein Teil unseres genetischen Programms. Denn die Fähigkeit zur Einschätzung, ob uns ein Fremder wohlgesonnen oder vielleicht doch gefährlich für uns ist, war für viele Tausend Jahre Menschheitsgeschichte im Wortsinn überlebensnotwendig. Nur, wer blitzschnell erkennen konnte, was sein Gegenüber im Sinn hatte, konnte auf Dauer überleben.

Es gibt keine zweite Gelegenheit für einen guten ersten Eindruck!

Und dieser erste Eindruck ist nicht auf die ersten Minuten des Kennenlernens beschränkt. Studien dazu zeigen, dass der erste Eindruck noch lange nachwirkt, sogar dann, wenn sich unser Gegenüber danach ganz anders verhält, als es auf den ersten Blick schien. Wer beim ersten Zusammentreffen einen besonders guten oder besonders attraktiven Eindruck macht, hat auch dauerhaft einen großen Sprung nach oben auf der Sympathieskala seines Flirtpartners gemacht. Das kann einem gefallen oder nicht. Ändern können wir daran nichts, weshalb du dir dieses Phänomen zunutze machen solltest, um beim Daten erfolgreich zu sein.

Leger oder chic?

Das hängt eigentlich nur von drei Faktoren ab:

1. Was gefällt dir besser?
2. Worin fühlst du dich am besten?
3. Wo findet das Rendezvous statt?

Die ersten beiden Punkte haben vor allem etwas mit Authentizität zu tun. Schließlich willst und sollst du dich ja nicht verkleiden, nur, um einem Mann zu gefallen. Das würde auch auf Dauer wenig Sinn machen. Vielleicht könntest du eine Zeit lang mitspielen und dich so kleiden, wie es deinem Partner gefällt, oder im gleichen Stil wie dieser selbst. Nach einiger Zeit wird dir das aber ganz sicher lästig werden und dann entpuppst du dich womöglich als "Mogelpackung", deren Inhalt nicht wirklich dem entspricht, was dein Partner erwartet hatte.

Punkt 2 hat vor allem mit dir selbst zu tun. Du musst dich in deiner Kleidung wohlfühlen. Tust du das nicht, weil du dich ganz im Gegensatz zu deinen tatsächlichen Vorlieben gekleidet hast, macht das Flirten wenig Spaß und wird wahrscheinlich nicht erfolgreich sein.

Der Ort, an dem das Rendezvous stattfindet, gibt manchmal schon einen gewissen Kleidungsstil vor. Für ein Abendessen in einem Spitzenrestaurant kleidet man sich eben anders, als bei einem Treffen in der Kneipe nebenan. Wenn du und dein Date euch also auf so einen Ort einigt, solltest du natürlich auch angemessen gekleidet dort erscheinen. Aber natürlich gibt es auch in der Variante chic viele verschiedene Möglichkeiten, sich zu kleiden, unter denen du sicher eine findest, die dir zusagt. Für den Fall, dass du es grundsätzlich ablehnst, elegante Kleidung zu tragen, muss dann ein anderer Ort für euer Treffen gefunden werden. Es wäre in diesem Fall aber sicher klug, möglichst bald herauszufinden, wie dein Date bei dieser Sache tickt. Hat er das teure Restaurant oder die Oper nur vorgeschlagen, um dich zu beeindrucken, oder ist das tatsächlich seine Vorstellung von Freizeitgestaltung? Wenn das der Fall ist, solltest du gut darüber nachdenken, ob dieser Mann tatsächlich der Richtige für dich ist.

Auf jeden Fall sauber und ordentlich

Ganz gleich, für welche Kleidervariante du dich entscheidest und ganz egal, wo ihr euch trefft. Eins bleibt immer gleich. Deine Klamotten müssen sich in einem sauberen und ordentlichen Zustand befinden. Ist das nicht der Fall, droht gleich zweierlei:

1. Du verlierst unnötigerweise beim oben beschriebenen ersten Eindruck.
2. Dein Date könnte den Eindruck gewinnen, dass dir die ganze Sache nicht ernst oder nicht wichtig ist. Im ungünstigsten Fall bezieht er deine nachlässige Kleidung auf sich selbst und bekommt das Gefühl, dass ER dir nicht wichtig ist. Das wäre sehr ungünstig, wenn du in Wahrheit sehr wohl an ihm interessiert bist. Er könnte möglicherweise das Interesse an dir verlieren, wenn du ihm durch deine Kleidung das Gefühl gibst, dir nichts zu bedeuten.

Gut kleiden – aber nicht VERkleiden

Klar, sollst du dir ein bisschen Mühe geben, wenn du ausgehst, um einen Mann kennenzulernen oder dich für ein erstes Date verabredet hast. Aber auch hier gilt: Bleib du selbst. Versuche nicht, durch Kleidung, die du sonst nie tragen würdest, einen Eindruck zu erwecken, der gar nicht deiner Persönlichkeit entspricht. Zum einen wirst du dich dabei nicht wohlfühlen (sonst würdest du dich ja immer so kleiden), und zum anderen präsentierst du dich ganz anders als du tatsächlich bist.

Du solltest dir auch die Frage stellen, ob du wirklich an Männern interessiert bist, die dich nur bemerken, wenn du teure Designerklamotten oder besonders tief ausgeschnittene Tops trägst. Diese Männer ticken mit großer Wahrscheinlichkeit nicht nur beim Kleidergeschmack anders als du. Und natürlich erwarten sie, dass du auch beim dritten oder vierten Date wieder mit (natürlich anderer) ähnlich teurer Kleidung erscheinst. Möglicherweise gehen sie auch davon aus, dass deine Wohnung, dein Haus und dein Auto genauso edel sind, wie deine Kleider. Wenn das nicht der Fall ist, gibt es möglicherweise Enttäuschungen und peinliche Momente.

Tipp: Allzeit bereit

Natürlich ist es nicht dein Ziel, mit einem Mann, den du gerade eben erst kennengelernt hast, sofort Sex zu haben. Aber auch, wenn es nicht dein Ziel ist, so KANN es eben doch passieren. Für diesen Fall solltest du – so lange du auf Partnersuche bist – immer (!) vorbereitet sein. Das heißt, du solltest während dieser Zeit möglichst nicht das morgendliche Duschen vergessen und auch nicht, täglich frische und saubere Unterwäsche zu tragen. Auch Strümpfe, T-Shirt und BH müssen immer tipptopp sauber und in Ordnung sein, ganz egal, wo du gerade unterwegs bist. Dem Traummann kannst du überall begegnen in der Straßenbahn genauso wie im Supermarkt, im Urlaub genauso wie während einer Fortbildung zum Thema Buchhaltung. Das Leben und insbesondere die Liebe gehen manchmal seltsame Wege, und es wäre ja wirklich zu dumm, wenn aus einer erotischen Begegnung nichts wird, nur weil du gerade peinlicherweise deine Hello-Kitty-Unterwäsche trägst.

Und auch, wenn es hier eigentlich um Kleidung geht, sei noch einmal angemerkt, dass du in dieser Phase des Suchens natürlich auch immer Kondome in deiner Handtasche mitführen musst. Ich schreibe bewusst “musst”, weil ungeschützter Sex mit einem Unbekannten natürlich absolut tabu ist. Kein Mann ist so toll, dass er eine ungewollte Schwangerschaft oder eine möglicherweise tödliche Geschlechtskrankheit wert wäre.

Make-up, Haare und der Rest

Dies wird ein ganz kurzes Kapitel. Versprochen!

Du bist eine Frau, und du weißt natürlich, dass es nicht besonders günstig wäre, zu einem Date ungeduscht und mit fettigen Haaren zu erscheinen. Auch wenn ich tatsächlich schon gehört habe, dass es Männer gibt, die darauf stehen, behaupte ich jetzt einfach mal, dass die nicht deine Zielgruppe sind ;-)

Darüber hinaus muss und will ich dir zum Thema Make-up oder Frisuren keine schlauen Ratschläge geben. Aus dem einfachen Grund, weil es keine gibt. Du weißt, was dir gefällt und mit wie viel oder wie wenig Schminke oder Lippenstift du dich gut fühlst. Und genauso solltest du es auch machen. Auf gar keinen Fall solltest du, jetzt bevor du ausgehst oder ein Date hast, damit anfangen, dir eine Make-up-Maske anzulegen. Insbesondere dann nicht, wenn du das normalerweise auch nicht tust.

Bei YouTube gibt es zahllose Schminkvideos, die dir erklären, wie du aussehen solltest. In der Regel vorgeführt von jungen Frauen, die dafür bezahlt werden, dass sie all die Pinsel, Puder und Lippenstifte in die Kamera halten. Wenn du also tatsächlich eine Anleitung brauchen solltest, wie du dich vorteilhaft schminkst, kannst du das dort mithilfe eines Videos viel besser lernen, als es mit einer Beschreibung in einem Buch jemals möglich wäre.

Allerdings gehe ich davon aus, dass du das gar nicht brauchst. Du hast sehr wahrscheinlich schon lange herausgefunden, ob du Make-up auflegen möchtest oder nicht. Und falls ja, weißt du auch, wie du damit umgehen solltest. Damit du aber auch aus diesem Abschnitt des Buchs noch etwas lernst, was für das Kennenlernen von Männern hilfreich sein kann, habe ich noch folgende Infos für dich:

1. Du brauchst kein Make-up, um gut auszusehen!

Wenn du dich ohne wohler fühlst, dann lass es bitte auch beim Flirten weg.

2. Make-up kann einen Flirt auch killen

Amerikanische Forscher haben Männer danach befragt, ob sie eher einen Flirt mit einer geschminkten oder mit einer ungeschminkten Frau beginnen würden. In der relativ großen Stichprobe gaben etwa 50 % der Männer an, eher auf eine ungeschminkte Frau zuzugehen. 30 % meinten, dass es ihnen gleichgültig sei, ob geschminkt oder nicht und nur etwa 15 % waren der Ansicht, dass eine Frau perfekt gestylt sein müsste, um für einen Flirt interessant zu werden.

Von den Männern, die eher ungeschminkte Frauen mögen, gab ein großer Teil auf Nachfrage sogar an, dass sichtbares Make-up bei einer Frau sie davon abhalten würde, Kontakt zu ihr aufzunehmen. Als Begründung gaben sie an, dass sie (zu viel) Make-up als unnatürlich und unnahbar empfinden würden.

3. Ohne ist modern

Immer mehr moderne Frauen gehen dazu über, sich – wenn überhaupt – nur noch sehr dezent zu schminken. Knallroter Lippenstift und unsichtbar gewordene Hautporen sind nicht mehr wirklich in.

Letztendlich kannst du aber auch das alles vergessen. Wichtig ist, dass DU dich so schminkst oder nicht schminkst, wie DU es für richtig hältst. Verstell dich nicht und verberge dein Gesicht nicht hinter einer Maske – es sein denn, DU willst das so.

– Haare

  Klar, deine Haare sollten gewaschen und halbwegs gestylt sein, bevor du dich zum Flirten aufmachst. Ansonsten gilt auch hier: Es ist wichtig, was dir gefällt. Du entscheidest, ob du dich mit kurzen oder langen oder glatten oder lockigen Haaren am besten und/oder am schönsten findest.

- Augenbrauen
  Auch, wenn hier natürlich das Gleiche gilt: Du entscheidest, was richtig für dich ist. Trotzdem möchte ich dir zum Thema Augenbrauen einen kleinen Tipp geben: Die Augenbrauen tragen sehr stark dazu bei, wie der Gesichtsausdruck eines Menschen wirkt. Insbesondere sehr dichte oder gar buschige Augenbrauen können einen ansonsten sehr liebevollen Menschen sehr leicht zornig oder unfreundlich wirken lassen. Das fällt einem selbst in der Regel nicht weiter auf, auf andere – besonders Fremde – kann das aber unabsichtlich einen ganz falschen Eindruck machen. Es kann also durchaus sinnvoll sein, die Sache mal mit einer Kosmetikerin oder einem guten Frisör zu besprechen. Vielleicht kannst du so durch das Zupfen einiger überflüssiger Augenbrauenhaare so sympathisch rüberkommen, wie du tatsächlich bist.
  Aber auch hier gibt es natürlich kein MUSS. Starke Augenbrauen können auch attraktiv wirken, wie das Model Cara Delevingne zeigt. Es ist eben alles eine Frage des Typs und des Geschmacks.
- Barthärchen, Nasenhaare, Haare an den Ohren etc.
  Auch bei Frauen treten diese überflüssigen Härchen manchmal auf. In diesem Fall heißt es natürlich: Weg damit! Herausstehende Nasenhaare oder behaarte Ohren wirken nicht wirklich anziehend. Falls du auch dieses Problem hast, kannst du dich auch einmal mit einem Hautarzt unterhalten. Es gibt durchaus Möglichkeiten diese störenden Haare und Härchen auch dauerhaft zu entfernen.

- Körperbehaarung
  Die Amerikaner – deren Verhältnis zum menschlichen Körper bekanntlich noch stärker gestört ist, als das der katholischen Kirche – haben es uns vorgemacht: Frauen sollen nach ihrer Meinung keine "animalische" Behaarung am Körper haben. Deshalb werden in den USA schon seit Mitte des letzten Jahrhunderts von Frauen zum Beispiel die Achselhaare systematisch wegrasiert. Mittlerweile hat sich dieser Trend auch in Europa und auch auf die Intimbehaarung ausgeweitet. Manche Frauen finden es total gut so und andere möchten nicht auf ihre natürliche Körperbehaarung verzichten.
  Ich persönlich denke, das soll jede so machen, wie sie es für sich am besten oder am schönsten empfindet. Das gilt natürlich auch für dich! Wenn du dir bisher keine Gedanken darüber gemacht hast, deine Achseln oder deinen Intimbereich zu rasieren, dann musst du auch zum Flirten nicht damit anfangen. Wenn du sowieso schon immer rasiert hast, dann mach es einfach weiter.
  Es gibt Männer, die stehen auf Frauen mit natürlicher Körperbehaarung und es gibt andere, die finden es anders besser. Daran kannst und sollst du dich also nicht orientieren. Mach es so, wie du dich am wohlsten fühlst und stehe dazu.
- Fingernägel und Hände
  Gepflegte Hände und Fingernägel wirken attraktiv, das steht außer Frage. Und das Gleiche gilt auch umgekehrt, Schmutz unter den Nägeln oder schmutzige Hände wirken auf die allermeisten Menschen eher abstoßend. Aber das hast du ganz sicher auch schon vor dem Lesen gewusst. Wenn es aber um die Länge und Verzierung der weiblichen Fingernägel geht, gehen die Meinungen dazu weit auseinander. Es gibt Männer, die finden es erotisch, wenn eine Frau lange bunt lackierte Fingernägel hat und andere, die finden

das furchtbar. Es hängt sicher auch immer ein wenig damit zusammen, auf welche Art von Männern du stehst. Naturburschen und entspannte Hippies bevorzugen wahrscheinlich eher natürliche und nicht zu lange Fingernägel. Elegante Businesstypen finden häufig lange und lackierte Nägel attraktiver.
Letztendlich geht es aber auch hier vor allem darum, was dir gefällt. Auf keinen Fall musst du sofort ins Nagelstudio rennen, nur weil du jetzt auf der Suche nach einem Mann bist. Wenn du das bisher nicht gemacht hast, musst du jetzt nicht damit anfangen.

– Zähne
  Zähne sind wichtig. Und damit meine ich nicht nur für die Nahrungsaufnahme. Das Aussehen unserer Zähne spielt eine große Rolle dabei, wie attraktiv wir wirken. Dabei haben sie eine ähnliche Wirkung wie die Haut. Gesunde und halbwegs weiße Zähne wirken attraktiv und gesund. Und das nicht nur beim Küssen. Das beginnt schon viel früher. Wenn du die bisherigen Tipps befolgst, wirst du deine Flirtpartner ganz bestimmt sehr häufig anlächeln. Und beim Lächeln sind deine Zähne für alle gut sichtbar. Daran führt kein Weg vorbei.
  Damit deine Zähne gut aussehen, brauchst du übrigens kein teures Bleaching beim Zahnarzt und erst recht kein (wirkungsloses) billiges Bleaching aus dem Supermarkt. Wenn deine Zähne gesund sind und du sie regelmäßig nach den Mahlzeiten und vor dem Schlafengehen putzt, bist du auf der sicheren Seite.
  Problematisch wird es, wenn du Löcher oder starke Verfärbungen in oder an den Zähnen hast. In diesem Fall solltest du vor allem deiner Gesundheit zuliebe deine Zähne beim Zahnarzt in Ordnung bringen lassen. Bei starken Verfärbungen kannst du auch über ein Bleaching nachdenken. Das Ziel dabei ist aber nicht, dass

du plötzlich strahlend weiße, sondern ganz normal weiße Zähne bekommst. Zu starkes oder zu häufiges Bleaching machen deine Zähne nämlich leider auf Dauer auch kaputt.

– Mundgeruch
  Mundgeruch ist der Flirt-Killer schlechthin. Spätestens, wenn man sich ein wenig näherkommt, ist Mundgeruch für die meisten Menschen ein KO-Kriterium. Wer mit Mundgeruch zu einem Date aufbricht, kann genauso gut gleich zu Hause bleiben. Aus diesem Grund gilt auch: Am Tag vor einer Verabredung solltest du möglichst keinen Knoblauch, Zwiebeln oder besonders scharfe Speisen zu dir nehmen.
  Gegen Mundgeruch hilft fast immer regelmäßiges Zähneputzen, wobei du auch die Oberfläche deiner Zunge mit der Zahnbürste oder mit einem speziellen Zungenspatel reinigen solltest. Mundgeruch hat seine Ursache nämlich viel häufiger auf der Zunge als im Rachen oder im Magen. Zusätzlich helfen vor einem Flirtabend auch ein Mundwasser oder spezielle Kaugummis. Sollte der Mundgeruch dadurch nicht in den Griff zu bekommen sein, kann es an einem Problem mit deinem Magen liegen. Das solltest du dann natürlich grundsätzlich medizinisch checken lassen.

– Haut
  Ich hatte es schon erwähnt: Die Haut eines Menschen sagt viel über seine Gesundheit aus. Gesund aussehende Haut wirkt attraktiv, rissige oder fleckige Haut eher nicht. Natürlich ist das auch immer ganz wesentlich eine Frage des Alters. Junge Haut ist von Natur aus glatt und weich. Je älter ein Mensch wird, desto trockener, spröder und manchmal fleckiger wird seine Haut. Das ist völlig normal und lässt sich auch mit teuren Kosmetika bestenfalls für sehr kurze Zeit ein wenig aufschieben. Behandle deine Haut gut

(Rauchen schadet der Haut zum Beispiel sehr) und pflege sie mit Mitteln, die ihr regelmäßig ein wenig Feuchtigkeit zurückgeben. Darüber hinaus musst du auch zum Flirten keine größeren Anstrengungen unternehmen.

– Parfüm
  Düfte sind ein spannendes Thema und ein weites Feld, das wir hier nicht erschöpfend beackern können. Es gibt Menschen (Männer und Frauen), die lieben Parfüms und es gibt Menschen, die mögen es nicht, wenn jemand nicht wie er oder sie selbst duftet. Tatsächlich gibt es aber unendlich viele verschiedene Düfte und auch viele Varianten, wo und wie stark man sie aufträgt. Dazu kommt, dass ein und derselbe Duft an zwei verschiedenen Menschen ganz unterschiedlich riechen kann. Das hängt unter anderem mit der chemischen Beschaffenheit von Hautoberfläche und Schweiß zusammen.
  Du siehst, es ist im Grunde unmöglich, hierzu ein absolutes Urteil zu fällen oder einen todsicheren Tipp zu geben. Bestimmt hast du auch schon längst deinen Lieblingsduft gefunden, oder du hast dich entschlossen, gar kein Parfüm zu verwenden oder nur manchmal.
  Der einzige Tipp, den ich diesbezüglich auch schon der ein oder anderen Freundin gegeben habe, lautet: Nicht übertreiben! Ich habe schon öfter beobachtet, dass Frauen, die ein erstes Date haben oder einfach ausgehen, um vielleicht jemanden kennenzulernen, beim Thema Parfüm etwas zu viel des Guten tun. Selbst Frauen, die ansonsten einen sicheren Geschmack haben, ziehen dann eine kräftige Duftfahne hinter sich her. Mit etwas Glück gefällt dem ausgewählten Flirtpartner das sogar. Falls nicht, ist dann natürlich nichts mehr zu retten. Besser ist es in jedem Fall, etwas

weniger Duft aufzutragen und dann – vielleicht beim ersten Date – herauszufinden, wie der neue Partner diesbezüglich empfindet.

Düfte

Düfte sind eine sehr persönliche Angelegenheit und bestimmte Gerüche können bei verschiedenen Menschen ganz unterschiedliche Empfindungen auslösen. Düfte wirken – anders als andere Sinneseindrücke – sehr direkt im Gehirn. Insbesondere gelangt ein Teil der Duftsignale, die wir über die Rezeptoren in unserer Nase wahrnehmen, direkt im sogenannten *Limbischen System*. Das ist der Teil des Gehirns, in dem auch Emotionen entstehen. Schon wenige Moleküle eines bestimmten Duftes oder Geruchs reichen aus, um im Limbischen System teils heftige Gefühle wie Angst oder Alarmbereitschaft auszulösen. Diese Emotionen und Zustände entstehen vollkommen automatisch, ohne, dass wir etwas dagegen tun könnten. Wenn wir uns bewusst werden, dass ein bestimmter Geruch Angst in uns hervorruft, ist es schon passiert.

Das Gleiche gilt aber natürlich auch für positive Empfindungen und – ganz wichtig – auch für Erinnerungen, die durch bestimmte Gerüche schlagartig wieder wach werden. Sicher kennst du das auch, wenn der Duft von Zimt plötzlich Erinnerungen an lang zurückliegende Weihnachten in der Kindheit hervorruft. Denn Düfte sind oft sehr eng mit ganz bestimmten Erinnerungen verknüpft. Wenn wir einen bestimmten Duft wahrnehmen, kommt es häufig vor, dass wir blitzschnell an ein Ereignis erinnert werden, bei dem dieser Duft ebenfalls vorhanden war.

Was ich dir damit sagen will, ist, dass Düfte sehr individuell wahrgenommen werden. Was der eine als angenehm empfindet, kann bei einem anderen Panikattacken oder Übelkeit hervorrufen. Es ist deshalb völlig OK, offen darüber zu sprechen, wenn man den Duft eines Parfüms, einer Seife, eines Deodorants, eines Duschgels oder eines Haarshampoos nicht ertragen kann. Vielleicht nicht gerade beim ersten Treffen, spätestens aber beim zweiten. Insbesondere, wenn mehr daraus werden soll. Das gilt für dich selbst, aber natürlich auch für deinen potenziellen Partner. Im Zweifelsfall kannst du ihn auch einfach fragen, ob er deinen Duft mag oder nicht. Denn, wenn du jemand gefunden hast, den du wirklich magst, sollte eine Beziehung sicher nicht am falschen Deo scheitern.

„Es gibt eine Überzeugungskraft des Duftes, die stärker ist als aller Worte Augenschein, Gefühl und Wille. Sie erfüllt uns vollkommen, es gibt kein Mittel gegen sie."

(Patrick Süßkind: Das Parfüm)

No-Go-"Düfte"

Zum Schluss noch ein paar Worte zu *Düften* oder sagen wir besser *Gerüchen*, die sich ungewollt als Flirt-Killer erweisen können. Gemeint sind unangenehme Gerüche, die sich in deiner Kleidung sammeln können, ohne dass du es selbst bemerkst. Das passiert zum Beispiel ganz oft bei Raucherinnen. Dadurch, dass sie selbst den ganzen Tag den Rauch inhalieren, bemerken sie nicht mehr den Geruch von Nikotin und Tabakrauch in ihrer Kleidung. Ein Nichtraucher oder ein Dampfer wird diesen unangenehmen Geruch aber sofort wahrnehmen. Die Reaktionen auf diesen besonderen "Duft" können von Nase rümpfen bis zum Ekel reichen. Alles Reaktionen, die wir uns von unseren Flirt-Partnern absolut gar nicht wünschen.

In die gleiche Kategorie von Gerüchen in der Kleidung fallen auch Schweißgeruch (Kleidung zu lange getragen) oder Gerüche, die sich in den Klamotten festsetzen, wenn sie zu lange in der Waschmaschine gelegen haben. Manchmal hat auch eine ganze Wohnung oder ein Haus einen unangenehmen Eigengeruch, der sich auf die Kleidung überträgt. Das ist zum Beispiel immer dann der Fall, wenn eine Wohnung ein wenig feucht ist, oder wenn sich sogar schon irgendwo versteckt Schimmel gebildet hat.

Das Vertrackte daran ist, dass man selbst solche Gerüche nicht wahrnimmt, weil man sich selbst den ganzen Tag darin aufhält. Ein guter Tipp ist es deshalb, im Zweifelsfall eine gute Freundin um deren ehrliche (!) Meinung zu bitten. Außenstehende können solche unerwünschten *Duftnoten* nämlich viel besser wahrnehmen als wir selbst.

Umgangsformen

Keine Angst, hier geht es nicht um alte Knigge-Regeln, oder darum, in welcher Reihenfolge man das Besteck im 3-Sterne-Restaurant benutzen sollte. Nein, die Umgangsformen, über die wir hier sprechen werden, haben alle direkt etwas mit dem Flirten und einem klugen Verhalten beim ersten oder zweiten Date zu tun.

Es geht zum Beispiel darum, wie man seinen Date Partner richtig anspricht, wer bei einem Date die Rechnung übernimmt, oder wie man sich als Frau verhält, wenn der Date Partner ein “Kavalier der alten Schule” ist. Schließlich werden wir auch darüber sprechen, auf welche Weise du einen Flirt oder eine Kurzbeziehung auch wieder beenden kannst, sodass sich das für beide Seiten “korrekt” anfühlt.

Los geht’s ...

Du oder Sie?

Vielleicht bist du überrascht, dass ich dieses Thema überhaupt anspreche. Schließlich duzen wir uns auch schon seit Beginn dieses Buchs ;-) Ich mache es auch kurz. Versprochen.

Heutzutage scheint die Frage der korrekten Anrede schon fast ein wenig antiquiert. Schließlich duzt man sich doch mittlerweile überall. Das trifft allerdings vor allem auf jüngere Menschen zu. Unter Erwachsenen ist bei Fremden nach wie vor auch das Sie noch weit verbreitet. Letztendlich hängt es sowohl von der Situation und auch vom Alter der beteiligten Personen ab.

In der Freizeit gehen mittlerweile immer mehr Menschen dazu über, sich zu duzen. Je jünger die beteiligten Personen sind, umso häufiger und selbstverständlicher wird geduzt. Aber auch viele ältere Menschen duzen sich, selbst, wenn sie sich noch nicht näher kennen. Das hat sicher damit zu tun, dass die Generation der 68er mit ihren freieren und weniger gezwungenen Umgangsformen das Bild vom typischen älteren oder alten Menschen deutlich verändert hat. Während es vor 50 Jahren noch völlig undenkbar gewesen wäre, dass sich einander fremde Menschen jenseits der 30 einfach so geduzt hätten, kann man das heute doch öfter beobachten.

Natürlich hängt es auch immer davon ab, in welcher Beziehung die Menschen zueinander stehen. Auf einer privaten Party ist es sicher OK auch unbekannte Gäste zu duzen, während das bei einer Weihnachtsfeier in einer Firma eher nicht der Fall ist. Zumindest ist es hier unüblich, dass Mitarbeiter zum Beispiel ungefragt den Chef oder Vorgesetzten duzen.

Beim Flirten gibt es ein paar Sonderregeln: Überall dort, wo sich Menschen ausdrücklich zum Kennenlernen begegnen, wird fast ausnahmslos geduzt. Das gilt bei der Online-Partnersuche genauso, wie beim Speeddating oder auf sogenannten Single-Partys. Einzige Ausnahme sind Dating Portale, die sich auf betagtere und oftmals besonders wohlhabende Zielgruppen spezialisiert haben. Ich gehe jetzt aber mal davon aus, dass du weder jenseits der 70, noch Multimillionärin bist, weshalb wir diesen Sonderfall einfach mal vergessen.

Wo wird sonst noch überall geduzt:

+ auf Partys
+ im Urlaub
+ auf Kreuzfahrten (zumindest auf den etwas legereren)
+ bei der Arbeit unter Kollegen
+ unter jungen Menschen, die nicht älter als 30 sind
+ unter Sportlern
+ bei Seminaren mit persönlichen Themen
+ abends in der Kneipe
+ in Vereinen und anderen Gruppen, in denen zum Beispiel einem Hobby nachgegangen wird

Darüber hinaus gibt es viele weitere Situationen, in denen das Du nach Absprache OK ist. Mittlerweile gibt es sogar ganze Ladenketten, in denen KundInnen von den Mitarbeitern ganz selbstverständlich geduzt werden. Aber auch hier sind es in der Regel solche, deren Zielgruppe eher jüngere Menschen sind.

Ansonsten gilt fast überall: Erst einmal siezen und abwarten, was sich ergibt. Wenn du also jenseits der 30 bist und auf der Straße, im Café oder in der Straßenbahn einen Mann ansprichst, solltest du ihn siezen. Wenn sich daraus ein Gespräch ergibt, könnt ihr immer noch auf das Du umschalten.

Du kannst das auch sehr leicht selbst dadurch steuern, wie du dich vorstellst:

“Hallo, ich bin Sabine. Ich kenne mich hier nicht aus. Wie komme ich denn zur XY-Straße?”

Ist es nicht so, dass immer die Frau dem Mann das Du anbieten muss?

Nein, das ist heute nicht mehr so. Insbesondere, wenn ein Mann und eine Frau etwa gleichen Alters zusammentreffen, kann das Du problemlos von beiden Seiten angeboten werden, ohne irgendwelche Benimmregeln zu verletzen. Während früher der Mann um das Du einer Frau bitten, und diese das annehmen oder ablehnen konnte, gibt es heute keine solche Regel mehr. Treffen allerdings zwei Menschen unterschiedlichen Alters aufeinander, ist es nach wie vor üblich, dass der oder die deutlich ältere dem oder der Jüngeren das Du anbieten sollte.

Das alles gilt natürlich nur im Privatleben. Im Job ist es trotz aller Modernisierungen aus Ländern wie Schweden oder den USA auch heute noch so, dass Vorgesetzte so lange gesiezt werden, bis diese selbst das Du anbieten. Dabei spielt es auch keine Rolle, ob der Vorgesetzte ein Mann oder eine Frau ist.

Duzen kann zu Respektlosigkeit führen

Insbesondere bei Männern, die sich ohnehin schon wenig respektvoll verhalten, schafft das Sie zumindest eine gewisse Distanz. Wenn du also kein Interesse daran hast, einen Mann wirklich näher kennenzulernen, macht es durchaus manchmal Sinn, beim Sie zu bleiben.

Notlösung: Das Hamburger Sie

Wenn sich das Du eigentlich anbietet, aber in der Situation doch irgendwie nicht passend scheint, gibt es noch die Notlösung des sogenannten

"Hamburger Sie". Dabei sprechen sich die Gesprächspartner mit dem Vornamen an, bleiben aber trotzdem beim Sie: "Max, können Sie mir bitte einmal die den Wein rübergeben?"

So kannst du ein Du anbieten:

"Also, ich bin Sabine. Oder sollen wir uns den ganzen Abend siezen?"

"Sollen wir beim Sie bleiben? Von mir aus gerne: Sabine."

"Wir müssen uns wirklich nicht siezen. Ich bin Sabine."

Wenn ihr im gleichen Alter seid, kannst du auch einfach sofort beim ersten Sie von seiner Seite eingreifen:

"Sabine bitte."

"Nenn mich bitte Sabine"

"Einfach Sabine, das ist mir lieber."

"Also, ich bin Sabine, das ist wohl einfacher."

So kannst du ein Du ablehnen:

"Es ist nett, dass Sie mir das Du anbieten. Ich würde aber gerne noch beim Sie bleiben, bis wir uns besser kennen."

"Es freut mich, dass Sie mir das Du anbieten. Ich bin da aber etwas altmodisch. Ich duze nur Menschen, die ich schon sehr gut kenne. Vielleicht später."

"Bitte verstehen Sie mich nicht falsch, ich würde mit dem Du gerne noch warten, bis wir uns besser kennen."

Wenn ein Mann, an dem du kein Interesse hast, dich einfach ungefragt duzt, kannst du auch deutlicher werden:

"Ich glaube nicht, dass wir uns kennen. Für Sie bitte Sie und Frau Meyer."

"Ich kann mich nicht erinnern, Ihnen das Du angeboten zu haben."

"Dass wir uns duzen, wäre mir neu. Bitte unterlassen Sie das also."

Dass der Flirt damit natürlich beendet ist, muss wohl nicht extra betonen ;-)

Fazit

Es gibt Situationen, da gehört das Du einfach dazu, und Flirten ist ganz sicher eine davon. Aber wie überall gibt es auch hier Ausnahmen und feine Nuancen, die von Fall zu Fall unterschiedlich sein können. Wenn du nicht mehr ganz jung bist, hast du immer die Wahl, deinen Flirtpartner zunächst einmal zu siezen. Zumindest so lange, bis du merkst, ob etwas daraus werden könnte oder nicht.

Anders ist es natürlich, wenn du dein Date schon kennst, und sei es auch nur als Online-Kontakt. Wenn ihr euch online geduzt habt (was üblicherweise so ist), dann bleibt es natürlich auch beim ersten Treffen dabei. Triffst du dich zum ersten Mal mit einem Mann, den du über ein Zeitungsinserat kennengelernt hast, kannst du ohne Weiteres zunächst beim Sie bleiben, oder auch sofort das Du anbieten. Einfach so, wie es dir dein Gefühl sagt. Und wie gesagt: Jüngere Menschen duzen sich in aller Regel in der Freizeit immer. Wenn du also jünger als 30 bist, kannst du es auch so halten, es sei denn, du willst das nicht. In diesem Fall entscheiden immer dein Wunsch und dein Gefühl. Denn einen Zwang zum Du gibt es nicht.

Pünktlichkeit

Eine Dame lässt man nicht warten – einen Mann aber auch nicht!

Pünktlichkeit ist eine Eigenschaft, die insbesondere im deutschsprachigen Raum besonders geschätzt wird. In anderen Teilen der Welt wird sie nicht für so wichtig gehalten. Dort hat man zum Thema Zeit und Pünktlichkeit ein entspannteres Verhältnis. Da du mit großer Wahrscheinlichkeit in Deutschland, Österreich oder der Schweiz lebst, sollten wir das Thema Pünktlichkeit also nicht unter den Tisch fallen lassen.

Wie so oft geht es beim Thema Pünktlichkeit im Grunde gar nicht wirklich um die Zeit an sich. Jeder, der sich zu einem Date oder Rendezvous verabredet, hat sicher ein paar Minuten übrig, um auf seine Verabredung zu warten. Tatsächlich geht es auch bei der Pünktlichkeit um das Thema Wichtigkeit. Wie wichtig ist mir derjenige, mit dem ich mich treffen will? Je wichtiger er mir ist, desto weniger möchte ich ihn warten lassen, oder sogar das Risiko eingehen, dass er schon gegangen ist, wenn ich eintreffe.

Das Gleiche empfindet natürlich der Wartende genauso. Bist du unpünktlich und lässt ihn warten, wird er sich dabei nicht gut fühlen. Vielmehr wird er entweder verunsichert (ist er dir tatsächlich wichtig?), oder er reagiert sauer, weil er sich nicht ernst genommen fühlt. Ganz gleich, was er auch empfindet: Es wird nichts besonders Gutes sein, was wiederum eine denkbar schlechte Ausgangsvoraussetzung für euer Date ist.

Deshalb: Auch, wenn dir selbst Pünktlichkeit vielleicht nicht besonders wichtig ist. Es ist einfach eine Frage der Höflichkeit und auch der Sympathie, eine Verabredung nicht unnötig warten zu lassen. Wenn du pünktlich zu deinem Date erscheinst, hast du deine Chancen, als sympathisch wahrgenommen zu werden, schon deutlich verbessert.

Vergiss bitte alle klischeehaften Bilder, die du dazu im Kopf hast. Ich weiß sehr wohl, dass sich Frauen im Film, im Fernsehen, in der Werbung und Büchern oft dadurch "interessant" machen, indem sie ihre Verabredung warten lassen. Nicht selten in der Form, dass der Auserwählte dann einsam und traurig mit einem Blumenstrauß in der Hand unter einer großen Uhr steht. Aber Stopp: Das ist nicht die Realität. Während es im Film nämlich trotz Warterei immer ein Happy End gibt, solltest du dich im echten Leben darauf nicht verlassen. Männer, die man unbegründet warten lässt, sind nämlich in der Regel genauso sauer und angefressen, wie du es auch wärst. Also: Versuche bitte pünktlich zu sein. Das gilt insbesondere, wenn ihr euch nicht in einer gemütlichen Kneipe, sondern womöglich draußen im Regen oder bei Schneetreiben verabredet habt.

Ausnahme Privateinladung

Solltest du bei deinem Date zu Hause eingeladen sein, gilt wie bei allen Einladungen, dass du ein paar Minuten zu spät kommst. Bei einer Einladung für 20:00 Uhr zum Beispiel um 20:10 Uhr oder 20:15 (nicht später). Das ist einfach eine Form der Höflichkeit, die dem Gastgeber noch ein paar Minuten länger für die Vorbereitung einräumt. Denn, wenn es deinem Date geht wie mir oder vielleicht auch dir, wird er möglicherweise nicht ganz pünktlich um 20:00 Uhr damit fertig sein ;-)

Absagen: Bitte früh genug.

Falls du tatsächlich einmal ein Date absagen musst oder willst, dann tue das bitte früh genug und nicht erst, wenn dein Date Partner bereits vor

Ort wartet. Eine solche Verabredung ist in der Regel auch für den Mann aufregend und mit entsprechender (mentaler) Vorbereitung verbunden. Wenn ihn deine Absage dann erst erreicht, wenn er schon herausgeputzt im Restaurant sitzt, ist die Enttäuschung natürlich umso größer.

Im Restaurant

Im Restaurant? Hast du vielleicht zum falschen Buch gegriffen und versehentlich den Knigge erwischt? Ich kann dich beruhigen. In diesem Abschnitt wird es nicht darum gehen, in welcher Reihenfolge du dein Besteck verwenden solltest, oder in welches Glas der Rot- oder Weißwein gehört. Nein, vielmehr sprechen wir hier über ein Thema, auf das mich schon viele Frauen angesprochen haben. Man könnte dieses Problem auf die einfache Frage reduzieren:

Wer zahlt? Er oder ich?

Ich habe zugegebenermaßen nie so recht verstanden, worin das Problem dabei besteht. Wir leben im 21. Jahrhundert und es gibt zum Glück kaum noch Frauen, die nicht über eigenes Geld verfügen. Vielleicht war das in früheren Zeiten einmal anders, aber auch damals bedeutete das "Einladen" des Mannes schon ein gewisses Machtgefälle zu Ungunsten der Frau. Denn: So nett und freundlich das Bezahlen der Rechnung auch gemeint sein sollte, es bedeutet doch immer auch eine Verpflichtung, die die Frau dabei eingeht, meist ohne es zu wollen.

Und um das klar zu stellen: Ich spreche hier nicht davon, dass man sich abwechselnd zum Essen oder auf ein Bier einlädt, wenn man sich näher kennt. Das dürfte wohl in den allermeisten Beziehungen so üblich sein. Nein, ich spreche hier davon, dass sich eine Frau von einem Mann, den sie noch gar nicht kennt oder gerade erst kennengelernt hat, einladen lässt. Mein Rat und meine Erfahrungen dazu lauten eindeutig: Lass dich nicht dazu überreden! Es ist das Normalste der Welt, dass zwei erwachsene Menschen, die sich gerade erst kennengelernt haben, ihre Rechnungen separat bezahlen oder sie sich einfach teilen. Sich von einem

Fremden zum Essen einladen zu lassen, ist in meinen Augen nicht normal und bringt für die Frau möglicherweise vermeidbare Probleme mit sich.

Um es auf den Punkt zu bringen: Es gibt nicht wenige Männer, die der Ansicht sind, dass sie für ihre "Investition" auch etwas bekommen sollten. Und es gibt nicht wenige Frauen, die sich in irgendeiner Weise verpflichtet fühlen, wenn ein Mann für sie bezahlt. Es spielt auch keine Rolle, worin das "etwas" beim Mann und das "irgendwie" bei der Frau tatsächlich bestehen. Es spielt aber eine Rolle, dass du als Frau dich dadurch – ohne jeden Grund – womöglich in eine Situation bringst, in der du dich unwohl fühlst.

Und wenn beim Flirten und Daten irgendetwas nicht passieren sollte, dann ist es, dass sich einer oder gar beide Flirtpartner in irgendeiner Form beklommen oder nicht frei fühlen.

Was mir darüber hinaus zum Thema Umgangsformen im Restaurant noch einfällt, ist eine kleine Geschichte, die mir vor einigen Jahren eine Freundin erzählt hat:

Brigitte im Goldenen Eber

Diese Bekannte – Brigitte – hatte über ein Dating Portal einen "total netten" Mann kennengelernt, der, nachdem sie eine Weile hin- und her geschrieben hatten, ein Treffen vorschlug. Man traf sich also in einem Restaurant mit dem Namen "Goldener Eber" oder so ähnlich. Schon als Brigitte das Restaurant betrat, merkte sie, dass irgendetwas nicht so richtig stimmte. Bei näherer Betrachtung stellte sich heraus, dass es ihre eigene Kleidung war. Brigitte, die mit Vorliebe im Schnellimbiss und in der Pommesbude essen ging, hatte nämlich nicht damit gerechnet, dass in diesem Goldenen Eber wohl eher vornehme Abendgarderobe angesagt war.

Und in dem Moment, als ihr das klar wurde, wurde sie auch bereits von einer livrierten Bedienung zu einem festlich gedeckten Tisch geführt, wo sie von ihrer Verabredung begrüßt wurde. Der Mann – natürlich im schicken Abendanzug – begrüßte sie freundlich und das Verhängnis nahm seinen Lauf.

Ich will hier gar keine Details ausplaudern, nur so viel: Brigitte berichtete ein paar Tage später, als wir abends mit einem Fläschchen Prosecco auf meinem Balkon saßen, dass sie in ihrem ganzen Leben noch nie einen so schrecklichen Abend erlebt hätte. Und das lag noch nicht einmal an ihrem Date, der sich zwar ziemlich spießig, aber doch ganz freundlich verhalten hatte. Vielmehr war es Brigitte so unangenehm, in unpassender Kleidung in einem Restaurant zu sitzen, das so überhaupt nicht ihrem Stil entsprach. Die Bedienung hatte den ganzen Abend französisch gesprochen, sodass Brigitte kein Wort verstanden hatte. Zudem hatte sie sich ein paar Mal heftig erschrocken, als der Kellner sich unaufgefordert von hinten an sie "herangeschlichen" hatte, um ihr Wein nachzugießen. Beim Blick auf die Karte hatte sie kein einziges Gericht identifizieren können. Zudem enthielt zumindest ihre Karte auch keinerlei Preisangaben, weshalb sie nur einen Salat bestellte und den Rest des Abends der Rechnung entgegenbangte.

Alles in allem also eine – im Nachhinein betrachtet – amüsante Episode, über die wir später noch häufig gelacht haben. Es gibt aber auch eine Moral dieser kleinen Geschichte. Und die sagt, dass du bei der Auswahl eines Treffpunktes mit einem dir unbekannten Mann, immer eine Location auswählen solltest, die du kennst und in der du dich wohl und sicher fühlst. Und wenn du dich in der Welt der Reichen und Schönen nicht auskennst, solltest du dich auch nicht auf ein Pflaster locken lassen, auf dem du unsicher bist.

Umgang mit Kavalieren der alten Schule

Ja, es gibt sie noch, die Kavaliere der alten Schule. Sie halten Türen für dich geöffnet und lassen dich zuerst hindurchgehen. Sie helfen dir in den Mantel und lassen dir den Vortritt am Buffet. Den meisten Frauen gefällt das ganz gut, ist es doch auch ein Zeichen von Höflichkeit, von Respekt und vielleicht sogar Zuneigung.

Auf der anderen Seite sind solche Höflichkeitsfloskeln natürlich auch ein Teil der althergebrachten Rollenverteilung, die viele Frauen so nicht mehr akzeptieren wollen. Was also tun, wenn sich ein Mann dir gegenüber so verhält?

Die Antwort auf diese Frage ist ganz simpel: Verhalte dich so, wie es sich für DICH am besten anfühlt. Wenn du dich dabei gut fühlst und es vielleicht sogar genießt, ist das genauso OK, wie wenn du das nicht möchtest. In letzterem Fall reicht in der Regel schon ein freundliches (!) "Danke, das kann ich auch allein." völlig aus. Sollte der Mann das so nicht verstehen, kannst du deine Wünsche auch einfach offen aussprechen. Wenn der Mann wirklich rücksichtsvoll ist, wird er das verstehen und akzeptieren.

Und denke bitte immer daran: Die allermeisten Männer, die sich so verhalten, tun das, um sich dir gegenüber höflich und respektvoll zu verhalten. Einige tun es auch, ohne weiter darüber nachzudenken, weil sie glauben, dass das so sein muss. Etwas Böses hat dabei kaum einer im Sinn. Wenn du also zu den Frauen gehörst, die das nicht mögen, dann teile das dem Mann auf nette Art und Weise mit. Mit etwas Glück ergibt sich daraus sogar ein interessantes Gespräch über Rollenzuweisungen in unserer Gesellschaft. Eine gute Gelegenheit, mehr darüber zu erfahren, was der Mann darüber denkt.

Einen Flirt oder eine Kurzbeziehung korrekt beenden

Wir haben ja bereits darüber gesprochen: Flirten und Kennenlernen ist immer auch ein Ausprobieren. Schließlich treffen sich hier zwei wildfremde Menschen, die bis auf die Tatsache, dass beide auf Partnersuche sind, möglicherweise nicht viel gemeinsam haben. Als Konsequenz daraus wird sich beim Flirten und in der Zeit danach mit Sicherheit auch öfter die Notwendigkeit ergeben, dem entsprechenden Mann mitzuteilen, dass es von deiner Seite aus nichts wird mit einer (längeren) Beziehung.

Du solltest eine Kurzbeziehung oder einen Flirt beenden, wenn eine oder mehrere der folgenden Situationen eintreten:

- Du langweilst dich mit dem neuen Partner.
- Du findest ihn körperlich nicht attraktiv oder sogar abstoßend.
- Du teilst seine weltanschaulichen oder politischen Ansichten überhaupt nicht.
- Es stellt sich heraus, dass er noch in einer bisher verschwiegenen Beziehung steckt.
- Du findest ihn (irgendwie) peinlich.
- Er ist aggressiv und wird handgreiflich.
- Du kannst dir nicht vorstellen, dich in ihn zu verlieben.
- Du hast jemand anderen kennengelernt, der dein Herz viel stärker zum Hüpfen bringt.

In jedem dieser Fälle – und erst recht, wenn mehr als einer davon zutrifft – solltest du die Sache zügig und mit Würde beenden. Dazu gehört auch, dass du ihm keine falschen Hoffnungen machst ("Ich rufe dich nächste Woche an." / "Ich brauche etwas Abstand." etc.)

Eine so kurze Beziehung zu beenden, wenn du feststellst, dass es nicht passt, ist völlig OK und die richtige Entscheidung. Du sollst und musst dabei auf niemand Rücksicht nehmen oder dich etwa schlecht deshalb fühlen. Du hast jedes Recht dazu, diese Entscheidung zu treffen.

Du hast jedes Recht, eine Kurzbeziehung jederzeit zu beenden, wenn es sich für dich nicht gut anfühlt!

Das funktioniert am besten in einem Gespräch unter vier Augen, in dem du klar und deutlich mitteilst, dass es für DICH einfach nicht passt und funktioniert. Vermeide dabei, dem Mann irgendwie die Schuld daran zu geben (selbst, wenn es so sein sollte). Erkläre nur, dass deine Gefühle dir sagen, dass es keinen Sinn hat. Und wenn du nett sein willst, kannst du ihm auch noch sagen, dass es nichts mit ihm zu hat. Das ist natürlich Unsinn, aber es hilft ihm in diesem Moment vielleicht ein wenig dabei, seine Enttäuschung zu bewältigen.

Falls ein weiteres Treffen für dich aus irgendeinem Grund nicht mehr infrage kommt, kannst du ihm das Ganze auch schriftlich mitteilen. Vielleicht sogar in Form eines Briefs. Eine einfache Chat- oder SMS-Nachricht tut es zwar auch, ist aber auch ein bisschen stillos und gibt ihm das Gefühl, einfach so tindermäßig aussortiert worden zu sein.

Was du auf keinen Fall tun solltest, ist einfach kommentarlos den Kontakt abzubrechen und danach für ihn nicht mehr erreichbar zu sein. So ein Verhalten ist verletzend für den, der auf diese Weise *abserviert* wird. Er erhält dadurch das Gefühl, etwas Schwerwiegendes falsch gemacht zu haben, ohne zu wissen, was es ist. Möglicherweise beginnt er auch, sich Sorgen um dich zu machen und vermutet, dass dir etwas zugestoßen ist oder dass du krank bist. Ein wortloser Kontaktabbruch ist ausschließlich dann OK, wenn zwischen euch etwas Schlimmes vorgefallen ist. Zum Beispiel dann, wenn der Mann dich beleidigt, geschlagen oder auf andere Weise missbraucht hat.

Ehrlichkeit

Es muss von Herzen kommen, was auf Herzen wirken soll.

(Johann Wolfgang von Goethe)

Außer in der Politik wird wahrscheinlich nirgendwo so viel gelogen, wie beim Flirten. Insbesondere Männer tun sich dabei hervor. Frau wundert sich zunächst, dass fast alle Männer, die sie kennenlernt, ganz tolle Typen sind. Alle haben einen gut bezahlten Job mit viel Verantwortung. Sie sind alle sportlich (mit überdurchschnittlichen Leistungen) und sie haben mindestens ein hochinteressantes Hobby. Dazu geben sie sich auch noch gebildet und weltgewandt.

Leider entspricht in der Regel nichts oder nur wenig davon der Wahrheit. Spätestens, wenn du mit so einem "weltmännischen" Exemplar zum ersten Mal in einem guten Restaurant essen gehst, bröckelt die Fassade, wenn es deinem *Metropoliten* an gesellschaftsfähigen Manieren mangelt.

Über Folgendes lügen Männer beim Flirten besonders oft:

- Einkommen
- Beruf
- Bildung
- Sportlichkeit
- Noch nicht beendete Beziehungen
- Kinder aus vergangenen Beziehungen
- Erkrankungen
- Lebensalter

Bei Frauen sieht die Sache etwas anders aus. Auch sie sagen – wenn auch seltener – die Unwahrheit. Allerdings sind es bei Frauen vor allem das eigene Alter und Kinder aus früheren Beziehungen, über die gelogen werden. Und während das beim Alter (in Grenzen) noch akzeptabel scheint, empfinde ich persönlich das Verleugnen der eigenen Kinder schon als Armutszeugnis. Denn entweder sind die Kinder bereits aus dem Haus, oder sie sind noch jünger und lassen sich sowieso nicht dauerhaft verstecken. Im ersten Fall stellen bereits erwachsene Kinder ohnehin keine Belastung für die neue Beziehung dar. Im zweiten Fall muss der neue Partner die vorhandenen Kinder sowieso kennenlernen und akzeptieren. Wie sollte die Beziehung ansonsten überhaupt funktionieren?

"Mein Leben ist aber nicht besonders beeindruckend."

Na und? Warum sollte es dir anders ergehen als 98 % aller anderen Menschen? Das Leben der allermeisten Menschen (Frauen und Männer) ist nicht wirklich aufregend. Die meisten kommen irgendwie so – mal mehr und mal weniger gut – mit ihrem Leben klar. Die Wahrscheinlichkeit, dass du bei deinen Flirtbekanntschaften auf einen Geheimagenten, Polarforscher oder Astronauten triffst, ist also – sagen wir mal – überschaubar.

Warum solltest du dir also Gedanken darüber machen, dass dein Leben vielleicht für einen Mann nicht interessant genug sein könnte? Und selbst, wenn du den langweiligsten Job der Welt hättest, bedeutet das ja noch lange nicht, dass du als Person langweilig bist. Albert Einstein hat beim Patentamt einen Bürojob gemacht, und das hat ihn nicht daran gehindert, zu einem der angesehensten Menschen des vorigen Jahrhunderts zu werden. Also: Drauf gepfiffen! Es gibt unzählige mögliche Partner für dich, für die du und dein Leben genau richtig sind. Du musst also nichts dazu erfinden, oder mit einem exotischen Hobby beginnen, um für mögliche Partner interessant zu sein. Sei einfach du selbst, denn DICH gibt es nur einmal auf der Welt.

Lügen lohnt nicht

Ich kann dir aus eigener Erfahrung und aus unzähligen Gesprächen mit anderen Frauen sagen: Lügen beim Flirten bringt nichts! Ganz im Gegenteil: Beziehungen, die schon mit Lügen oder zurückgehaltenen Wahrheiten beginnen, sind in den allermeisten Fällen zum Scheitern verurteilt. Dafür gibt es gleich mehrere Gründe.

1. Eine Beziehung, die auch nur entfernt mit Liebe zu tun haben soll, muss auf Vertrauen basieren.

Nur in einer vertrauensvollen Beziehung kannst du dich geborgen und geliebt fühlen. Dein neuer Partner muss dich wirklich kennen, damit das funktionieren kann. Schließlich möchtest du ja, dass er sich in DICH verliebt und nicht in eine andere Person, als die du dich präsentierst. Machst du das doch, wirst du immer mit der Angst leben müssen, dass dein Partner dich möglicherweise verlässt, wenn er herausfindet, wie du WIRKLICH bist.

2. Lügen kann man nicht dauerhaft aufrechterhalten.

Eine gute Freundin und alleinerziehende Mutter zweier sehr netter Kinder hat sich vor einigen Jahren in solch eine Lügenfalle verstrickt. Sie hatte einen sympathischen Mann in ihrem Alter kennengelernt und dabei den Fehler gemacht, sich beim Kennenlernen als frei und ungebunden zu präsentieren. Kurz: Sie hatte ihre Kinder verschwiegen, weil sie das Gefühl hatte, dass der Mann kein Interesse an einer Frau mit Kindern und erst recht nicht an einer Familie hatte.

Das ging über etliche Monate so, in denen sich meine Freundin in immer abstrusere Ausreden und Lügen verwickelte, um ihr Scheinbild aufrecht zu erhalten. Es gipfelte darin, dass sie die Wohnung einer Bekannten, die häufig im Ausland war, als ihre eigene ausgab, um sich dort mit ihrem Lover zu treffen. Für einen gemeinsamen Urlaub wurden die Kinder bei den Großeltern geparkt und so weiter.

In dieser Zeit ging es meiner Freundin von Woche zu Woche immer schlechter. Auf der einen Seite plagte sie ihr schlechtes Gewissen ihren Kindern gegenüber. Auf der anderen Seite litt sie immer stärker unter der Angst, dass ihre Lügen auffliegen könnten und sie ihren Geliebten verlieren könnte. Am Schluss traute sie sich kaum noch, gemeinsam mit ihren Kindern das Haus zu verlassen, ständig in der Angst, sie könnte dabei ihm selbst oder einem seiner Freunde begegnen. Das Ende war dann sehr unschön. Denn natürlich kam eines Tages aller heraus und ihr Freund verließ sie tatsächlich. Allerdings – wie er selbst betonte – nicht wegen der Kinder, sondern wegen des Vertrauensbruchs. Er meinte, dass er ihr wohl nie mehr 100 %ig bei irgendetwas trauen können. Und wahrscheinlich stimmte das sogar.

3. Aufrichtigkeit macht Eindruck

Aufrichtige Menschen, die zu ihrem Leben, ihrem Geschmack und auch zu ihren Fehlern und Problemen stehen, machen auf die meisten Menschen einen ehrlichen und selbstsicheren Eindruck. Und warum solltest du auch nicht zu dir selbst stehen und dich so akzeptieren und so präsentieren, wie du wirklich bist? Insbesondere, wenn du ernsthaft auf der Suche nach einem Partner bist, der dich so liebt, wie du wirklich bist, solltest du dich nicht verstellen, nicht lügen und nichts Wichtiges verschweigen. Erst, wenn dein neuer Partner weiß, wie du wirklich bist, kannst du sicher sein, dass er tatsächlich dich liebt und nicht irgendein falsches Bild von dir.

4. Sei ehrlich, mit dem, was du willst

Ehrlichkeit beim Flirten oder zu Beginn einer Beziehung bedeutet auch, dass möglichst beide Seiten wissen, was der jeweils andere von der Beziehung erwartet. Es ist also nur fair, wenn du das schon beim ersten Kennenlernen deutlich formulierst. Dann wissen beide Seiten, woran sie sind und es gibt keine Enttäuschungen. Wenn du also auf der Suche nach einer festen Beziehung bist, dann sag das auch so. Du ersparst dir auf diese Weise Enttäuschungen, wenn sich herausstellt, dass dein Flirtpartner nur auf eine flüchtige Bekanntschaft aus ist, oder schon anderweitig gebunden ist. Umgekehrt gilt natürlich genau das Gleiche: Wenn du Lust auf abwechselnde Onenight-Stands hast, wäre es nicht fair, deine Bekanntschaft in dem Glauben zu lassen, es könne sich womöglich die große Liebe daraus ergeben. Wie immer beim Flirten gilt auch hier: Spiele nicht mit den Gefühlen deiner Flirtpartner.

5. Das richtige Timing

Es gibt zu dem bisher Gesagten eine kleine Einschränkung oder besser: eine kleine Ergänzung. Denn, auch wenn du deiner neuen Bekanntschaft gegenüber ehrlich sein solltest, bedeutet das nicht, dass du ihm beim ersten Date oder sogar schon während des Flirtens sämtliche Probleme und Schwachstellen deines Lebens oder deiner Persönlichkeit präsentieren solltest. Wie gesagt, du solltest nicht lügen, du solltest aber ein Gefühl dafür entwickeln, wann der richtige Zeitpunkt gekommen ist, deinem Date Partner Details oder sehr Persönliches mitzuteilen. Zum einen kennst du ihn zu diesem Zeitpunkt noch nicht gut genug dafür und zum anderen könnte ihn das vielleicht auch abschrecken.

Es ist also völlig OK, schon früh zu erwähnen, dass eine frühere Beziehung zu einem Mann sehr problematisch verlaufen ist. Es wäre aber zu diesem Zeitpunkt zu früh, deinem Flirtpartner sämtliche Details der zerrütteten Beziehung oder gar irgendwelche Einzelheiten über deinen früheren Partner mitzuteilen. Das Gleiche gilt für persönliche Dinge, wie zum Beispiel Erkrankungen. So lange diese in der ersten Phase des Kennenlernens keine Rolle spielen oder offensichtlich sind (Rollstuhl), musst und solltest du auch nicht darüber sprechen. Solche Themen bleiben einem späteren Zeitpunkt vorbehalten, wenn du dir schon einigermaßen sicher bist, dass du dem Mann trauen kannst.

Hinweis

Ich gehe davon aus, dass du ein ehrlicher Mensch bist und versuchen wirst, das Gesagte so oder ähnlich auch in der Praxis umzusetzen. Leider musst du aber damit rechnen, auf Flirtpartner zu treffen, bei denen das nicht in jedem Fall so ist. Ich hatte bereits eingangs erwähnt, dass Männer beim Flirten häufiger lügen als Frauen. Und Frauen fallen leider auch immer wieder auf bestimmte Männer herein, die es teilweise perfektioniert haben, sich so zu präsentieren, dass Frauen sie anziehend finden.

Ich will hier auch keine Pauschalurteile fällen, sondern dich nur darauf aufmerksam machen, dass vielleicht nicht jeder so ehrlich und vertrauenswürdig ist, wie du selbst. Du solltest also bei aller anfänglichen Verliebtheit vor allem in den ersten Wochen immer auch ein wenig vorsichtig sein und nicht sofort alles glauben, was ein Mann dir erzählt. Lasse deine Flirtpartner also nicht allzu schnell allzu nah an dich heran und offenbare sehr Persönliches erst dann, wenn du dir sicher bist, dass der Mann es wert ist.

Warum Humor beim Flirten so wichtig ist

Verstand und Genie rufen Achtung und Hochschätzung hervor, Witz und Humor erwecken Liebe und Zuneigung.

(David Hume)

Der Humor eines Menschen (oder auch dessen Nichtvorhandensein) sagt viel über eine Person aus. Menschen mit Humor werden automatisch viele positive Eigenschaften zugeschrieben. Wer Humor hat, gilt als freundlich, optimistisch, selbstbewusst und intelligent.

Auch bei der Partnersuche ist Humor ein wichtiges Kriterium. Nach einer Studie der Online-Partnervermittlung Elite Partner gaben 90 % der Partnersuchenden an, dass Humor eine unverzichtbare Eigenschaft ihres zukünftigen Partners sein sollte.

Humor hilft auch ungemein beim Flirten und Kennenlernen. Und das gleich in mehrfacher Hinsicht.

1. Humor hilft bei der Kontaktaufnahme

Es gibt tagtäglich unzählige Situationen, auf die man mit Humor reagieren kann. Einen Fremden mit einem kleinen Scherz oder einer witzigen Bemerkung anzusprechen, ist sehr einfach. Niemand wird das merkwürdig oder unpassend finden. Es gibt nur zwei Möglichkeiten: Entweder, der andere steigt darauf ein und es kann sich eine nette Unterhaltung oder auch ein Flirt entwickeln oder der Angesprochene reagiert humorlos und es ergibt sich eben nichts. In jedem Fall ist es so viel leichter, Kontakt zu einem Fremden aufzunehmen, als ihn "einfach so" anzusprechen.

2. Peinliches ist mit Humor viel leichter zu ertragen

Beim Ansprechen, Flirten und Kennenlernen passiert es eben einfach manchmal: Du oder dein Flirtpartner sagen etwas Unpassendes, versprechen sich (Freud lässt grüßen) oder verhalten sich einfach irgendwie "komisch". Mit Humor lassen sich solche und andere Missgeschicke locker überspielen und einfach weglachen. Wenn du in der Lage bist, über dich selbst zu lachen, sammelst du nicht nur Sympathiepunkte, sondern machst dir das Leben auch insgesamt viel leichter. Denn viele schwierige Situationen und Momente im Leben lassen sich viel besser ertragen, wenn man sich selbst und die Probleme nicht bierernst nimmt. Und die schönen Dinge im Leben werden mit Humor noch besser. Denn was gibt es Besseres, als mit sich mit Freunden gemeinsam zu freuen und zu lachen.

3. Humor macht dich attraktiv und beliebt

Menschen, die uns zum Lachen bringen, sind uns automatisch sympathisch. Sie wirken attraktiv und intelligent. Die allermeisten Menschen, möchten solche humorvolle Personen als Freunde oder auch als Liebespartner haben. Denn Menschen mit Humor tragen den nicht nur mit sich herum. Sie geben ihn und die damit verbundene gute Laune auch an andere weiter. Jede Gruppe profitiert davon, wenn eins oder mehrere ihrer Mitglieder die anderen zum Lachen bringen kann.

Humor hat noch eine ganze Reihe weiterer positiver Effekte, auf die wir hier nicht näher eingehen können. Einen möchte ich aber noch erwähnen: Humor und Lachen sind gut für deine Gesundheit. Es gibt viele Untersuchungen zu diesem Thema und alle kommen zu dem Schluss, dass Lachen gesundheitsfördernd ist und sogar bei der Überwindung von Krankheiten helfen kann. Das weiß sogar der Volksmund, wenn er sagt: "Lachen ist die beste Medizin!"

Ich bin aber leider nicht so der lustige Typ ...

Diesen Einwand höre ich oft von Frauen, die sehr zurückhaltend und in Gesellschaft nicht selten regelrecht gehemmt sind. Und es stimmt natürlich: Nicht jeder ist eine Stimmungskanone, was ein Glück ist, wenn man sich vorstellt, es wäre anders. Aber, um humorvoll zu sein, muss man auch kein Alleinunterhalter sein, der ununterbrochen Witze reißt. Intelligenter Humor zeigt sich oft ganz anders und viel leiser. Du musst also nicht zu einer Art weiblichem Mario Barth oder zu einem Cindy aus Marzahn-Klon werden. Ganz im Gegenteil: Denn dümmliche Witze, abgenutzte Kalauer oder vermeintlich lustige Stimmungslieder sind bestenfalls die traurige Seite des Humors. Du kannst auch, ohne laut zu werden, ein sehr humorvoller Mensch sein.

Darüber hinaus kann man Humor auch als erwachsener Mensch durchaus noch erlernen oder trainieren. Oft höre ich dann das Argument, dass Humor doch angeboren sei. Man hat ihn, oder man hat ihn nicht. Nein, das stimmt nicht. Die Anlage für Humor und Lachen ist in jedem Menschen vorhanden. Nur wird vielen uns der Spaß und das Lachen irgendwann ausgetrieben. Schon in der Schule wird gefordert, ernsthaft (!) bei der Sache zu sein. Wer zu viel lacht, wird erst als "Klassenclown" und später als Störenfried oder ADHS-Kind abgestempelt. Auch ein entsprechendes Elternhaus kann dazu beitragen, dass schon Kinder das Lachen verlernen.

Viele unterdrücken auch ihre humorvolle Seite, wenn sie erwachsen werden. Wenn der "Ernst des Lebens" beginnt, ist für viele Schluss mit Lustig. Sie glauben tatsächlich, Lachen sei nur etwas für Kinder, oder für solche, die den Ernst des Lebens noch nicht begriffen haben.

Wenn du etwas für deine humorvolle Seite tun willst, solltest du damit anfangen, dass du dich mit lustigen und witzigen Dingen beschäftigst.

Schau dir Komödien im Kino oder im Fernsehen an. Lies witzige Bücher oder Comics, gehe ins Theater oder ins Kabarett. Vielleicht kommt dir das ein oder andere total albern vor. Aber das macht nichts. Vielleicht IST es ja auch albern. Es gibt ja die unterschiedlichsten Formen von Humor. Und wenn du auf intelligenten Humor stehst, umso besser.

Humor als Kriterium bei der Partnerwahl

Humor ist übrigens ein guter Indikator, ob dein Flirtpartner oder dein Date wirklich zu dir passt. Stellt sich nämlich heraus, dass dein Gesprächspartner einen völlig anderen Humor hat, als du selbst, stellt sich die Frage, ob er der Richtige für dich sein kann. Auch, wenn es vielleicht am Anfang nicht so wichtig erscheint. Die Fähigkeit, gemeinsam (!) lachen zu können, ist ein grundlegender Bestandteil jeder funktionierenden Beziehung. Wenn du eine intelligente Frau bist, wirst du zum Beispiel an einem Mann, der sich köstlich über sexistische Zoten oder Blondinenwitze amüsiert, auf Dauer nicht viel Freude haben.

Achtung Ironie

Sei bitte vorsichtig mit Ironie und Doppeldeutigkeiten. Nicht jeder kann mit dieser Form von Humor umgehen. Bedenke, dass ein Mann, den du noch nicht näher kennst, durchaus annehmen könnte, dass deine Scherze völlig ernst gemeint sind. Spätestens, wenn deine witzig gemeinten Bemerkungen zu Stirnrunzeln oder ungläubigen Blicken führen, solltest du für Aufklärung sorgen.

Toleranz – Geheimmittel für lebenslange Liebe

Tolerant kann nur sein, wer auch sich selbst verzeiht.

(Alfred Selacher)

Es gibt zahlreiche Untersuchungen dazu, wie sich Einstellungen, Weltanschauungen, Gewohnheiten und Geschmack im Laufe des Lebens verändern. Ein Ergebnis, das alle diese Studien gemeinsam hatten, war, dass sich die genannten Persönlichkeitsmerkmale mit zunehmendem Alter immer mehr festigen und stabilisieren. Das heißt, je älter ein Mensch ist, desto stabiler und weniger beeinflussbar sind seine Gewohnheiten und Einstellungen. Und das beginnt nicht etwa erst im fortgeschrittenen Erwachsenenalter: Bereits ab dem 20. Lebensjahr ist zu beobachten, dass sich grundlegende Einstellungen in der Regel nur noch wenig verändern.

Bei Menschen, die längere Zeit allein gelebt haben, ist dieser Effekt noch stärker ausgeprägt. Im Gegensatz zu Paaren, müssen sich diese Menschen nur selten mit abweichenden Meinungen oder Gewohnheiten auseinandersetzen. Die Folge ist, dass sich ihre eigenen Einstellungen noch weiter stabilisieren. Wollte man es negativ ausdrücken, könnte man sagen: Erwachsene Alleinlebende sind häufig ein wenig festgefahren und unflexibel. In jeder Familie gibt es so einen Onkel oder eine Tante, die auf andere manchmal ein bisschen verschroben wirken.

Wenn nun also zwei solche Menschen aufeinandertreffen, kommt es fast zwangsläufig dazu, dass deren Ansichten und Gewohnheiten miteinander kollidieren. Und tatsächlich scheitern viele Versuche, einen neuen Partner kennen- und lieben zu lernen an dieser Tatsache. Frauen, die nach den Gründen für gescheiterte Kurzbeziehungen befragt wurden, geben häufig an, dass sie sich nicht an die Gewohnheiten ihrer neuen Partner gewöhnen konnten. Ebenso häufig wird angegeben, dass die Beziehung scheiterte, weil der neue Partner die Eigenheiten und Gewohnheiten der Frauen nicht akzeptieren konnte und ständig versuchte, diese zu „korrigieren“.

Zum Glück gibt ein Mittel gegen dieses Problem. Allerdings ist es eins, das einen nicht unerheblichen Einsatz auf beiden Seiten erfordert. Das Zauberwort heißt in diesem Fall Toleranz. Toleranz ist die Fähigkeit und die Bereitschaft, andere Meinungen, Einstellungen und Gewohnheiten akzeptieren zu können. Das ist nicht immer einfach. Für eine erfolgreiche Beziehung und auch schon für das vorausgehende Flirten und Kennenlernen ist Toleranz jedoch unverzichtbar.

Toleranz ist das A und O in jeder erfolgreichen Beziehung!

Toleranz beginnt schon beim Flirten

Du solltest also schon beim Flirten und Kennenlernen, deinen Partner ohne Wenn und Aber so tolerieren, wie er ist. (Über die Ausnahmen sprechen wir noch weiter unten.) Viele Frauen glauben, sie könnten ihr Gegenüber schon irgendwie “korrigieren”, wenn es denn einmal zu einer Beziehung gekommen ist. Vergiss das! Es wird nicht funktionieren. Es gibt zigtausende von Beispielen dafür, dass so ein Versuch zum Scheitern verurteilt ist. Dein Flirtpartner will genauso wenig von dir korrigiert werden, wie du von ihm. Er denkt, – genau wie du – dass seine Meinungen und Weltanschauungen (für ihn) die Richtigen sind, und er wird sie genauso wenig “nur” wegen dir aufgeben, wie du auch deine behalten möchtest. Wenn dir das klar ist, kannst du dir viel Ärger und viele Enttäuschungen ersparen.

Wo endet die Toleranz?

Das entscheidest natürlich du allein. Aus meiner eigenen Erfahrung kann ich dir nur sagen, dass es Dinge gibt, die Frau auch mit viel Toleranz nicht auf Dauer ertragen kann. Hier mal ein paar Beispiele:

- extreme politische Ansichten
  Ganz gleich, welche politischen oder weltanschaulichen Ansichten du selbst hast: Mit einem Partner, der extreme politische Ansichten vertritt, wirst du auf Dauer nicht glücklich werden. Einzige Ausnahme: Wenn du selbst die gleichen Ansichten vertrittst.
- extreme religiöse Ansichten
  Das funktioniert nur, wenn du genauso tickst. Ansonsten: Finger weg!
- weltanschauliche Differenzen
  Das kann ganz viele unterschiedliche Bereiche betreffen. Ein Beispiel: Wenn du Veganerin bist, wirst du auf Dauer mit einem Fleischesser, der Hobbyjäger oder Angler ist, nicht klarkommen.
- rassistische oder frauenfeindliche Ansichten
  OK, da gibt es nicht viel zu diskutieren. Wenn du an so einen gerätst und der auch noch dumm genug ist, dir seine diesbezüglichen Ansichten mitzuteilen, dann solltest du sofort den Rückzug antreten.

Vorsicht Beauty-Bonus

Es passiert es selbst gestandenen Frauen manchmal, dass die körperliche Attraktivität eines Mannes dessen weltanschaulichen Ansichten verblassen lässt. Sprich: Der Kerl sieht einfach so gut aus, dass Frau alle Vorsicht fahren lässt und darauf hofft, dass es vielleicht nicht so schlimm sein wird. Leider ist es das aber meistens doch. Ich kann dir versichern, dass selbst der schönste Körper auf Dauer große weltanschauliche Unterschiede nicht überbrücken kann. Das Verfallsdatum einer solchen Beziehung wider besseres Wissen steht also schon fest, bevor sie richtig begonnen hat.

Ich möchte dieses Kapitel mit einem Zitat abschließen, in dem sehr viel Wahrheit steckt.

Echte Toleranz ist nicht möglich ohne Liebe.

(Albert Schweitzer)

In vielen Studien wurde untersucht, wie Paare es geschafft haben, sich auch nach zig Jahren des Zusammenlebens immer noch zu lieben. Dabei erwähnen die befragten Paare immer wieder, wie wichtig Toleranz in ihrer Beziehung gewesen sei. Nicht selten lieben Menschen einen Partner nicht zuletzt deshalb, weil dieser die eigenen Macken und Verschrobenheiten immer akzeptiert hat. Man kann das Zitat Schweitzers also auch umkehren. Echte Toleranz ist nicht möglich ohne Liebe. Aber echte Liebe ist auch nicht möglich, ohne Toleranz.

You Can't Hurry Love

Die Langsamkeit bietet die Chance, das, was wir tun, auch zu erleben.

(Henriette Wilhelmine Hanke)

Auch wenn es uns in Film und Fernsehen gerne so vorgegaukelt wird: Jemanden kennenzulernen und sich zu verlieben, ist ab einem gewissen Alter keine Spurtdisziplin, sondern eher ein Langstreckenlauf und manchmal sogar ein Marathon. Zunächst mal ist es gar nicht so einfach, überhaupt jemand zu finden, der wirklich zu dir passt und in den du dich vielleicht verlieben könntest. In den allermeisten Fällen klappt das nicht beim ersten Mal oder beim ersten Flirtkontakt. Ich kenne Frauen, die haben sich mit 20 oder mehr Männern getroffen, bis sie den Richtigen gefunden haben. Es ist deshalb ganz wichtig, dass du dich nicht unter Druck setzt. Sich für einen neuen Partner zu entscheiden, ist es etwas anderes als ein neues Kleid oder auch ein neues Auto auszusuchen. Lass dir also so viel Zeit dabei, wie DU benötigst.

Tipp

Klar bist du bei den ersten Flirts und Verabredungen aufgeregt und möchtest am liebsten jedem davon erzählen. Davon würde ich dir aber abraten. Es gibt nichts Nervenderes als eine Clique von Freundinnen, die (spätestens) am nächsten Morgen genau wissen wollen, wie es gelaufen ist und ob DER denn jetzt "endlich" mal der Richtige gewesen ist. Das setzt dich nur unnötig unter Druck und du musst dich womöglich noch dafür rechtfertigen, wenn aus dem Date mit dem tollen Typ (wieder) nichts geworden ist. Mein Rat: Vertraue dich nur einer (deiner besten) Freundin an und bespreche diese Dinge nur mit ihr. Die anderen werden schon früh genug erfahren, wenn es einen neuen Mann an deiner Seite gibt.

Small Talk reicht am Anfang völlig aus

Du musst auch nicht schon beim Flirten oder beim ersten Date deine ganze Lebensgeschichte erzählen oder sofort dein Herz ausschütten. Für den Anfang ist Small Talk eine wunderbare Sache, um einen Menschen ein wenig besser kennenzulernen. Sprich einfach mit deinem Flirtpartner wie auch mit anderen Menschen. Ihr müsst ja erst einmal herausfinden, ob und welche gemeinsamen Interessen ihr habt. Ob das läuft und funktioniert, wirst du schon sehr schnell bemerken. Ein Gespräch mit einem freundlichen Menschen, der an dir interessiert ist, wird niemals anstrengend oder verklemmt sein. Bleib einfach ganz locker und verhalte dich ganz normal. Der Rest ergibt sich von selbst.

Ein Psychotrick zur Entstressung von Flirt-Situationen

Wenn dich beim Flirten oder bei einem Date der Gedanke, dass es JETZT drauf ankommt, zu stark belastet oder dich nervös macht, versuche doch mal Folgendes: Stell dir beim Flirten einfach vor, dass es dir gar nicht in erster Linie darum geht, einen neuen Partner zu finden, sondern, dass du einfach nur nette Leute kennenlernen willst. Du kannst auch deine Aufmerksamkeit zwischendurch immer mal wieder auf andere Personen richten. Vielleicht ist dein Flirt mit ein paar Freunden unterwegs, oder du selbst hast Freunde dabei. Versuche dann, nicht krampfhaft nur mit deinem Flirtpartner zu sprechen, sondern unterhalte dich zwischendurch auch mal mit anderen Anwesenden. Das entspannt die Flirtsituation erheblich. Du fühlst dich nicht unter Druck und nicht beobachtet und kannst dich freier und natürlicher verhalten.

Cool bleiben, wenn es gar nicht funkt

Es ist bei einer Flirtanbahnung schon rein statistisch betrachtet viel wahrscheinlicher, dass du und dein Flirtpartner KEIN perfektes Match seid, als umgekehrt. Es gibt also keinen Grund, frustriert zu sein oder gar in Panik zu geraten, wenn es einfach zwischen euch nicht funken will. Wenn es nicht passt, dann passt es eben nicht. Das liegt dann weder an dir, noch an deinem Flirtpartner, sondern ist einfach völlig normal. Bleib einfach trotzdem freundlich und beende das Gespräch auf nette Weise, wenn du keine Lust mehr darauf hast. Sei dann nicht traurig oder frustriert, sondern betrachte den Flirt als kostenloses Training und als Erweiterung deiner Erfahrungen. Denn auch wenn man lernt, was oder wen man NICHT will, ist das eine wichtige Erfahrung und hilft dir, zukünftig noch zielstrebiger deinen Traummann zu suchen und zu finden.

Ein Flirt ist (noch) keine Liebe

Der Spaß am Flirt ist, dass er zu nichts führt.
Mit Liebe hört der Spaß auf.

Beim Flirten passiert es manchmal, dass einer der beiden Flirtpartner sich Hals über Kopf verliebt. Das ist OK, aber nur in dem Fall wirklich erfreulich, wenn es dem anderen genauso geht. Das ist aber erfahrungsgemäß nur selten der Fall. Meist sind es junge Frauen oder auch unerfahrene Männer, die einen Flirt schon als Liebesbeweis interpretieren. Bei uns Frauen sind es neben den ganz jungen oft diejenigen, die sich sehr einsam fühlen und ganz dringend einen Partner suchen. Wird das Gefühl starker Liebe nach einem Flirt nicht erwidert, führt das dann zu großer Enttäuschung, Trauer oder ganz schlicht zu Liebeskummer.

Damit es dir nicht so ergeht, beschreibe ich im Folgenden einmal kurz, worum es beim Flirten und Kennenlernen tatsächlich geht.

Beim Flirten geht es zunächst einmal nur darum, abzuklopfen, ob man sich überhaupt sympathisch ist. Beide Seiten müssen erst herausfinden, ob sie den jeweils anderen überhaupt mögen und ob eventuell mehr daraus werden könnte. Es geht also nur darum, sich kennenzulernen und zu testen, ob man zueinander passen könnte. Nicht mehr und nicht weniger.

Beim Flirten gibt es keine Verbindlichkeiten

Wenn du das vergisst, kann das sehr schmerzlich sein. Wer sich, ohne nachzudenken, sofort in seinen Flirtpartner verliebt, wird leider oft enttäuscht.

Besonders schwierig wird das, wenn es im Rahmen des Flirts oder des ersten Dates zu Zärtlichkeiten oder zum Sex kommt. Wenn das passiert, kann es sein, dass die Gefühle und Einstellungen dazu auf beiden

Seiten sehr unterschiedlich sind. Gerade jüngere und unerfahrenere Menschen meinen oft, dass gemeinsamer Sex schon ein Zeichen von Liebe sei.

Es kann aber sein, dass dein Flirtpartner Dinge wie Nähe und Zärtlichkeit ganz anders bewertet. Vielleicht gehört das für ihn einfach zum Kennenlernen mit dazu, ohne dass er dem eine große Bedeutung beimisst. Möglicherweise stellt er fest, dass ihm der Sex mit dir nicht gefallen hat und du hörst nie wieder etwas von ihm. Solche Dinge können vorkommen und sie passieren auch täglich.

Das ist auch alles kein Problem, so lange sich beide (!) Seiten darüber klar sind, was gerade passiert. Auch ein One-Night-Stand mit anschließendem gemeinsamem Frühstück verpflichtet zu nichts. Es ist deshalb aber sehr wichtig, das zu klären, bevor man gemeinsam im Bett landet.

Sex kann – muss aber nicht

Und wo wir gerade beim Thema sind. Ich habe schon mit Frauen gesprochen, die ein regelrecht schlechtes Gewissen hatten, weil sie den Sex mit einem Mann, den sie gerade erst kennengelernt hatten, abgelehnt haben. Diese Frauen fühlten sich "altmodisch", weil "man" das doch heutzutage alles viel lockerer handhabe und es ja "eigentlich" auch "dazugehöre".

Falls du dir ähnliche Fragen stellen solltest: Es gibt nur einen Maßstab, der festlegt, was für dich dazu gehört oder nicht. Dieser Maßstab bist du und deine Gefühle! Lass dir also bitte nicht von irgendjemandem einreden, dieses oder jenes gehöre dazu und man müsse das auch tun. Du MUSST gar nichts tun. Insbesondere nichts, was dir nicht gefällt. Und wenn du der Meinung bist, dass zum Sex auch ein bisschen Liebe dazugehört, dann ist das für dich genau richtig.

Tipp

Natürlich möchte ich vermeiden, wie die sprichwörtliche Gouvernante vor den Männern zu warnen. Aber vielleicht bist du noch jung oder kennst dich noch nicht so gut aus in der Welt. Deshalb hier ein kurzer Hinweis dazu: Es gibt (leider) Männer jeden Alters, die sich darauf spezialisiert haben, Frauen anzuflirten, mit ihnen Sex zu haben und sie dann wieder zu vergessen. Natürlich sind das nicht alle Männer, sondern nur ein kleiner Teil von ihnen. Es ist aber trotzdem gut für dich, zu wissen, dass es solche gibt. Wenn also ein Mann allzu sehr drängelt, dich sofort nach dem Kennenlernen ins Bett zu bekommen, dann solltest du vorsichtig sein. Jeder Mann, der ernsthaft an dir interessiert ist, kann darauf auch problemlos ein paar Tage oder auch ein paar Wochen warten. Eben so lange, wie DU es für richtig hältst.

Warte nicht auf die Liebe auf den ersten Blick

Ich glaube zwar an die Liebe auf den ersten Blick, aber es ist ratsam, noch einen zweiten zu tun.

Es gibt sie im Roman, es gibt sie im Kino und es gibt sie im Fernsehen: Liebe auf den ersten Blick.

In der Realität ist sie leider deutlich seltener anzutreffen, als in Literatur und Kino. Trotzdem zeigen aktuelle Umfragen, dass mehr als die Hälfte aller Deutschen an die Liebe auf den ersten Blick glaubt. Frauen glauben sogar noch deutlich häufiger daran als Männer.

Im Gegensatz dazu stehen Befragungen von Paaren in langjährigen, stabilen Beziehungen. Hier gaben nämlich eine deutliche Mehrheit der Paare an, dass die Partner sich eben nicht "auf den ersten Blick", sondern häufig erst auf den zweiten oder dritten Blick gefunden und verliebt haben. Auch, wenn es natürlich passieren *kann*, dass du deinem Traumpartner begegnest und ihr euch sofort ineinander verliebt. Darauf zu warten, ist keine gute Idee!

Am besten verabschiedest du dich von solchen romantischen und idealisierten Vorstellungen und gehst das Projekt etwas realistischer an. Besonders im Erwachsenenalter, wenn man bereits mehrere mehr oder weniger erfolgreiche Beziehungen hinter sich hat, ist die Bereitschaft, sich auf der Stelle oder auf den ersten Blick zu verlieben, nicht mehr sonderlich stark ausgeprägt. Darauf zu warten, bedeutet, viele, vielleicht erfolgversprechende, Gelegenheiten zu verpassen.

Das soll natürlich nicht heißen, dass du nun sämtliche Romantik über Bord werfen und wie ein Headhunter oder ein Recruiter vorgehen solltest. Zum Flirten, zum Kennenlernen und letztlich zum Verlieben gehören natürlich auch viel Gespür, Bauchgefühl und überhaupt viele Gefühle dazu. Ich habe in meinem Leben einige Frauen kennengelernt, die – meist nach einigen gescheiterten Beziehungen – völlig sachlich und emotionslos auf Männersuche gegangen sind. Manche haben sich dann auf Partnerschaften eingelassen, die zwar logisch betrachtet, vernünftig und sinnvoll waren, denen aber oft Gefühl und Leidenschaft fehlten. Ich würde sogar behaupten, dass manchmal noch nicht einmal Liebe im Spiel war. So sollst du auf keinen Fall an die Partnersuche herangehen. Das wäre bedauerlich.

Aber auch, wenn es die Liebe auf den ersten Blick in der Realität so gut wie nie gibt: Du kannst natürlich einiges dafür tun, dass ein möglicher Partner dich auf den ersten Blick interessant findet. Oder dafür, dass es überhaupt einen ersten Blick gibt, der einen Flirtpartner auf dich aufmerksam macht. Tipps und Tricks dafür findest du zum Beispiel in diesem Buch.

Nicht zu früh aufgeben!

Ich habe schon Frauen bei der Suche nach einem Flirt begleitet, die jedes Mal sofort aufgegeben haben, wenn der entsprechende Mann nicht sofort auf ihre Signale reagierte. Meist kamen dann Aussagen wie ...

"Ach, der hat sowieso kein Interesse."

"Nee, der ist bestimmt schon vergeben."

"Ich bin bestimmt nicht sein Typ."

Wir haben ja schon kurz darüber gesprochen, dass Flirten und Kennenlernen kein 100-Meter-Sprint, sondern eher ein Langstreckenlauf oder sogar ein Marathon sind. Und um bei diesem Vergleich zu bleiben: Wenn du dich so verhältst, wie die oben beschriebenen Frauen, dann ist das so, als würdest du dir beim Marathon ständig selbst ein Bein stellen.

Zum einen entmutigst du dich mit solchen Sprüchen unnötig selbst, und zum anderen zeigt die Erfahrung, dass es sich eben oft doch lohnt, noch einen zweiten Anlauf zu nehmen. Wenn ein Mann nicht sofort auf dich reagiert, oder, wenn er anders reagiert, als du dir das vorgestellt hast, dann muss das ja gar nicht an dir liegen. Es muss auch nicht daran liegen, dass der Mann generell nicht interessiert, oder bereits gebunden ist.

Denke bitte einmal darüber nach, wie es bei dir selbst ist. Bist du immer und in jeder Situation bereit für einen Flirt? Gibt es nicht Tage, an denen du so viel um die Ohren hast, dass dir das Flirten erst gar nicht in den Sinn kommt? Gibt es nicht Situationen, in denen du einfach mit etwas Anderem beschäftigt bist? Vielleicht ist der Mann gerade mit ein paar Kollegen unterwegs, oder er hat einen schlechten Tag im Büro gehabt. Vielleicht ist er erkältet und möchte einer fremden Frau nicht mit einer Triefnase begegnen? Möglicherweise ist es auch einfach nur ein wenig schüchtern und traut sich nicht, auf deine Signale zu reagieren, weil er unsicher ist?

Du siehst, es gibt verdammt viele mögliche Gründe, warum ein Flirtversuch im ersten Anlauf scheitern kann. Und es gibt mindestens ebenso viele Gründe, warum ein zweiter Versuch, vielleicht doch zum Erfolg führt. Was hast du zu verlieren oder zu befürchten? Schlimmstenfalls bekommst du einen Korb, na und? Einen Korb zu bekommen, ist nichts Schlimmes. Du kannst nur daraus lernen.

Unsere größte Schwäche liegt im Aufgeben. Der sichere Weg zum Erfolg ist immer, es doch noch einmal zu versuchen.

(Thomas Alva Edison)

Es gibt keine zweite Chance für einen guten ersten Eindruck

Wir haben ja bereits zu Beginn des Buchs darüber gesprochen: Der sogenannte erste Eindruck ist ausgesprochen wichtig. Wenn wir einem fremden Menschen zum ersten Mal begegnen, bilden wir uns in Sekundenschnelle ein Urteil über ihn. Wir müssen nur ganz kurz beobachten, wie er aussieht, sich verhält, sich kleidet und spricht, um für uns selbst ein klares Urteil zu fällen. Ob uns ein fremder Mensch gefällt oder ob er uns sympathisch ist, entscheidet sich blitzschnell. Die Ursache dafür liegt darin, dass für solch ein erstes Urteil die üblichen Wege der Informationsverarbeitung im Gehirn umgangen werden. So kommt statt des rationalen Beobachtens und Urteilens dabei die sogenannte *Amygdala* ins Spiel. Das ist ein Bereich des Gehirns, der für schnelle emotionale Urteile und Intuitionen zuständig ist. Sie ist dafür verantwortlich, dass wir bei manchen Menschen von Anfang an, ein gutes oder auch ein schlechtes Gefühl haben.

Es spielen dabei auch unterbewusste Gedanken und Erinnerungen eine Rolle. So kann es zum Beispiel sein, dass uns ein fremder Mensch an Erlebnisse im Kleinkindalter oder auch später erinnert, die mit einer starken Emotion verbunden sind.

Dieses schnelle Urteilen beim ersten Eindruck kann man auch nicht willentlich unterdrücken. Profis, wie Therapeuten oder Lehrer sollten sich dessen aber bewusst sein und eventuelle Vorurteile gegenüber ihren Klienten, Patienten oder Schülern rational korrigieren.

Wie schnell wir einen Menschen nur anhand seines Gesichtsausdrucks beurteilen, zeigen Wissenschaftler von der Princeton University. Die Forscher Janine Willis und Alexander Todorov zeigten, dass das Urteil schon nach 100 Millisekunden gefällt war. Das heißt, schon im Bruchteil einer Sekunde steht das Urteil bei einer Begegnung fest. Beurteilt werden in dieser kurzen Zeit:

+ Attraktivität
+ Freundlichkeit
+ Vertrauenswürdigkeit
+ Kompetenz
+ Aggressivität

Du siehst, das ist schon ein ziemlich umfassendes Urteil über einen Menschen, dessen Gesicht man gerade mal für eine Zehntelsekunde gesehen hat. Man weiß heute, dass vor allem zwei Dinge dafür entscheidend sind, ob wir einen Fremden kennenlernen möchten oder lieber nicht.

1. Am wichtigsten ist die Entscheidung, ob wir den anderen für vertrauenswürdig und sympathisch oder für hinterhältig und/oder aggressiv halten.
2. Die zweite, etwas weniger wichtige, Entscheidung ist die, welchen sozialen Status wir in dem anderen sehen. Ist er uns über- oder unterlegen? Ist er stark oder schwach? Ist er dominant, unterwürfig oder irgendetwas dazwischen?

Was kann ich denn tun, um einen guten ersten Eindruck zu machen?

Wenn du verschiedene "Experten" dazu befragst, bekommst du dazu die unterschiedlichsten Antworten. Einige sind aus psychologischer Perspektive korrekt, einige fragwürdig und manche ganz offensichtlicher Unsinn. Und auch, wenn bestimmte Vorschläge durchaus belustigend sind, wollen wir uns hier auf die Fakten beschränken.

1. Lächeln

Man kann es gar nicht oft genug erwähnen: Lächeln funktioniert immer und ist die Grundvoraussetzung für alles andere. Wenn du nicht lächelst, kannst du dir die Mühe gleich sparen. Wenn du aber mit einem offenen und freundlichen Lächeln auf dein Gegenüber zugehst, hast du schon so gut wie gewonnen.

Wer lächelt, wirkt – ohne etwas anderes tun zu müssen – automatisch freundlich, attraktiv und vertrauenswürdig. Auch ein anderer Effekt des Lächelns kommt dir beim Flirten zugute: Lächelnde Gesichter bleiben länger im Gedächtnis. Bei entsprechenden Untersuchungen stellte man fest, dass sich die Probanden an Gesichter, die lächelten deutlich besser und länger erinnern konnten, als an die anderen.

2. Blickkontakt

Ein offener Blick, bei dem man dem anderen fest (aber nicht zu lange) in die Augen schaut, lässt dich selbstsicher, interessiert und vertrauenswürdig erscheinen.

3. Duft

Wir haben ja bereits über das Thema Duft und Parfüm gesprochen. Unser Geruchssinn funktioniert ähnlich direkt, wie die Wahrnehmung eines Menschen in den ersten Sekunden des Zusammentreffens. Auch die Signale unserer Geruchssensoren "mogeln" sich blitzschnell am rationalen Denken vorbei und rufen sofort Erinnerungen, Emotionen und andere Reaktionen hervor.

Leider haben Düfte auf verschiedene Menschen auch unterschiedliche Wirkungen, weshalb es hier kein Patentrezept gibt. Mit einem frischen, blumigen und nicht zu intensiven Duft bist du aber immer auf der sicheren Seite. Solche Düfte werden von den meisten Menschen als angenehm, frisch, sauber und sympathisch wahrgenommen.

4. Kleidung und Aussehen

Erst an vierter Stelle – und damit weit abgeschlagen – kommen Elemente wie deine Kleidung, deine Schuhe, dein Make-up oder deine Frisur ins Spiel. Das heißt nicht, dass sie unwichtig sind, für den allerersten Eindruck, also die ersten 500 Millisekunden des Kennenlernens sind sie aber nicht halb so wichtig, wie viele Frauen glauben.

Erst nach dem allerersten emotionalen Eindruck wirst du von deinem Gegenüber anhand deiner Kleidung zum Beispiel in eine soziale Kategorie eingeordnet.

Ich habe gelesen, dass man bei der Männersuche ruhig ein bisschen Haut zeigen sollte.

Das und ähnliche Dinge kann man leider ziemlich oft lesen. Tatsächlich ist da sogar etwas Wahres dran. Natürlich erzielst du eine Wirkung, wenn du dich “sexy” kleidest. Die nackte Haut einer Frau wirkt auf viele Männer erotisch und anziehend. Die Frage ist aber: WILLST du das überhaupt? Willst du Männer auf dich aufmerksam machen, indem du deinen Körper zur Schau stellst?

Noch wichtiger ist die Frage, ob du das auch sonst gerne tust, oder ob du deine Erotik “nur” für die Kontaktaufnahme mit einem Flirtpartner einsetzt. Wenn das der Fall ist, und du dich gut dabei fühlst, kein Problem. Wenn aber nicht, und du das nur machst, weil “man” es machen *sollte* oder gar *muss*, dann lass es. Du MUSST auch bei der Männersuche absolut gar nichts!

Zuletzt solltest du dir dazu auch die Frage stellen, auf welche Männer oder auf welche Art von Männern leicht bekleidete Frauen anziehend wirken. Und natürlich die Frage, ob du einen von denen tatsächlich haben willst.

Bleib authentisch

Ganz wichtig: Sei du selbst. Natürlich kannst und sollst du dich ein bisschen (!) anstrengen. Es macht aber keinen Sinn, dich total zu verstellen, um einen besonders guten ersten Eindruck zu machen. Denn genauso schnell, wie unser Gehirn, einen Menschen erfasst und einordnet, genauso schnell erkennt es auch, wenn jemand nur so tut als ob. Und wenn dieses Gefühl aufkommt, verspielst du damit insbesondere den wichtigen Eindruck der Vertrauenswürdigkeit. Es gibt Menschen, die beherrschen das Verstellen so perfekt, dass sie andere tatsächlich oft täuschen können. Dafür ist aber sehr viel Arbeit und Übung notwendig, die du gar nicht nötig hast, weil du genauso richtig bist, wie du bist!

Mehrere Eisen im Feuer? Das ist OK

Fast alle tun es, nur wenige geben es zu. Die Rede ist vom sogenannten Multi-Flirten. Multi-Flirter sind Menschen, die gleichzeitig Kontakte zu mehreren potenziellen Partnern unterhalten. Das ist besonders häufig bei Online-Flirts der Fall. Bei Befragungen gab die Mehrzahl der Befragten an, gleichzeitig Kontakt zu mehreren Wunschpartnern zu haben. Dabei stellte sich heraus, dass Männer häufiger multi-flirten als Frauen. Und die Männer hatten auch im Schnitt zu mehr möglichen Partnerinnen Kontakt als Frauen umgekehrt zu Männern.

Interessant ist, dass nur etwa die Hälfte der bekennenden Multi-Flirter dies auch gegenüber ihren Flirtpartnern zugaben. Offenbar spielen hier Gedanken an Vertrauensbruch oder gar Untreue eine Rolle, obwohl ja noch gar keine wirkliche Beziehung besteht. Einige der Befragten gaben auch an, dass sie sich bessere Chancen ausrechneten, wenn sie ihre übrigen Flirtkontakte geheim hielten.

Solche Gewissensbisse musst du nicht haben. Solange du mit keinem deiner Flirt-Kontakte eine wirkliche Beziehung begonnen hast, ist es nur von Vorteil für dich, wenn du mehrere "Eisen im Feuer" hast. Es ist dein gutes Recht, das so zu machen. Und wenn du von einem deiner Flirt-Partner eine Ablehnung erhältst, ist das viel weniger schlimm für dich, wenn du noch weiter Kontakte hast. Das Ganze hat auch noch einen weiteren Vorteil: Wenn du gleichzeitig mit mehreren Männern flirtest, kannst du viel lockerer flirten, als wenn du es nur mit einem zu tun hast, auf den du dich völlig fixierst.

Zudem erhöhst du auf diese Weise deine Chance, den richtigen Partner zu finden. Denn, wie bereits erwähnt: Die Wahrscheinlichkeit, direkt beim ersten Flirtkontakt DEN Mann fürs Leben zu finden, ist gleich Null.

Tipp: Nicht den Überblick verlieren

Es gibt nichts Tödlicheres für einen Flirt, als den Flirt-Partner, mit dem du gerade chattest, versehentlich mit einem anderen zu verwechseln. Das passiert leider gerade beim Online-Flirten sehr leicht. War Michael wirklich der mit Vorlieben fürs Fliegenfischen? Oder war das Andreas? Und wer hatte noch mal eine schwierige Kindheit? Mathias oder Maximilian?

Es wirkt auch mehr als merkwürdig, wenn du in einem Chat dieselbe Frage stellst, die dein Chat-Partner am Abend zuvor noch ausführlich beantwortet hat. Um solche Probleme zu vermeiden, solltest du die Zahl deiner parallelen Flirts in überschaubaren Grenzen halten. Das ist tatsächlich auch nicht wirklich schwierig. Denn, wenn du nach der ersten Begeisterung über die Vielzahl von Männern, die dein Profil interessant finden, mal ernsthaft die Spreu vom Weizen trennst, bleiben meist eh nur eine Handvoll übrig, die wirklich zu dir passen könnten. Im Zweifelsfall hilft es auch, einfach Notizen zu den einzelnen Kandidaten anzulegen. Sinnvollerweise in Form eines "Steckbriefs", in den du alles einträgst, was zu dem jeweiligen Mann wichtig ist. Dazu gehört auch eine Pro- und Kontra-Liste, auf der du all die kleinen oder größeren Details eintragen kannst, die für oder gegen einen bestimmten Kandidaten sprechen.

Vorsicht beim Online-Flirt

Je nach Flirt-Plattform, auf der du unterwegs bist, ist es für andere Teilnehmer mehr oder weniger einfach, herauszufinden, mit wem du sonst noch so alles flirtest. Es gibt auch Foren, in denen exzessive Multi-Flirter gerne schon mal geoutet werden. Das betrifft meistens Männer, aber ganz sicher kannst du dir nie sein, weshalb du es mit der Zahl deiner parallelen Flirts nicht übertreiben solltest.

Und vergiss dabei nie: Das Internet vergisst nichts! Alles, was du online schreibst oder chattest, ist irgendwo dauerhaft gespeichert. Du solltest also trotz der vielfach beschworenen Sicherheitsmaßnahmen der Anbieter nie etwas schreiben, was dich in ernste Probleme stürzen würde, wenn es irgendwo veröffentlicht würde.

Ehrlich bleiben

Spätestens, wenn du eine ernsthafte neue Beziehung begonnen hast, solltest du dann auch die Karten auf den Tisch legen. Teile deinem neuen Partner offen mit, dass du auch weitere Flirt-Partner hast oder hattest. Wenn es dir mit deiner neuen Beziehung ernst ist, solltest du die anderen Flirtkontakte dann auch beenden. Am besten so, dass du auch ihnen ehrlich mitteilst, dass du einen Partner gefunden hast und dementsprechend also "vom Markt" bist. Das ist nur fair, besonders gegenüber denen, mit denen du gute und vertrauensvolle Kontakte hattest.

Praxis: So lernst du Männer kennen

Von der Theorie zur Praxis: Jetzt wird es ernst. Du erfährst in diesem Kapitel, wo und auf welche Weise du erfolgreich Männer treffen und kennenlernen kannst. Neben vielen allgemeinen Tipps und Tricks findest du auch eine ganze Reihe von Beispielformulierungen, mit denen du sofort loslegen kannst. Los geht's. Ich wünsche dir ganz viel Erfolg!

Rausgehen!

Um Männer kennenzulernen, musst du möglichst oft rausgehen. Die Wahrscheinlichkeit, dass in deiner Wohnung plötzlich ein Traummann auftaucht, ist äußerst gering. Verlasse also deine Wohnung so oft wie möglich und begib dich unter Menschen. Denke immer daran, deinen Traummann kannst du theoretisch überall treffen. Voraussetzung ist aber, dass du dann auch dort bist!

Gehe spazieren, shoppen, bummeln, oder setze dich in ein Café oder eine Kneipe. Ein Buch kann man zum Beispiel nicht nur zu Hause lesen. In einer ruhigen Kneipe kann man bei einem Gläschen Wein wunderbar lesen und gleichzeitig eine Menge Leute treffen. Die Wahrscheinlichkeit, dabei mit einem Mann ins Gespräch zu kommen, oder gar selbst angesprochen zu werden, ist gar nicht so klein.

Suche Orte auf, an denen mit großer Wahrscheinlichkeit auch Männer ohne Frauenbegleitung anzutreffen sind. Dazu gehören zum Beispiel Museen, Ausstellungen oder Cafés. Besuche Veranstaltungen, bei denen erfahrungsgemäß mehr Männer als Frauen anwesend sind. Dazu gehören zum Beispiel Sportkurse, Sportvereine, aber auch manche Veranstaltungen in der örtlichen Volkshochschule. Suche auch solche Orte auf, an denen andere Partner suchende Menschen anzutreffen sind. Dazu gehören zum Beispiel Discos und Klubs. Auch wenn es wegen der großen Lautstärke, oft schwierig ist, ein Gespräch zu führen, solltest du dich hier ab und zu blicken lassen.

Benutze öffentliche Verkehrsmittel, statt allein mit dem Auto unterwegs zu sein. Du triffst hier nicht nur sehr viele Männer, es ergeben sich auch häufig günstige Situationen, die ein näheres Kennenlernen erleichtern. Im Abschnitt „Ansprechen in der Straßenbahn“ findest du weitere Informationen zu diesem Thema.

Keine Gelegenheit auslassen

Wenn du ernsthaft auf der Suche bist, solltest du aktiv werden, sobald du einen Mann entdeckst, der dir gefällt. Vergiss alle Aufschub-Argumente. Jede Gelegenheit bietet erneut die Chance, deinen Traummann kennenzulernen.

Es ist eine völlig unromantische mathematische Tatsache, dass die Wahrscheinlichkeit, dass du erfolgreich bist, analog zur Anzahl deiner Versuche steigt. Und wie bereits zu Beginn bemerkt: Auch ein missglückter Versuch bringt dich weiter. Du gewinnst Routine und kannst womöglich aus deinen Fehlern lernen. Also: Bleib dran. Nicht schwächeln, nicht aufgeben. Mit jedem neuen Versuch kommst du deinem Ziel näher!

Welche Art von Männern willst du kennenlernen?

Was manchmal völlig übersehen wird, ist die Möglichkeit, über den Ort, an dem du nach Männern Ausschau hältst, zu steuern, welche Art von Männern du triffst. Man trifft eben in der Disco oder in einem Klub in der Regel andere Männer als im Museum oder in der örtlichen Kirchengemeinde.

Natürlich kann man seinen Traummann theoretisch überall treffen. Bei Aldi genauso wie beim Straßenfest, am Arbeitsplatz genauso wie in der Uni. Trotzdem ist die Wahrscheinlichkeit, jemanden der musikbegeistert ist, bei einem Konzert oder in der Orchesterprobe kennenzulernen wesentlich größer als im Supermarkt. Aus diesem Grund sind auch Vereine oder andere Interessengruppen ein guter Startpunkt, um jemanden zu finden, der die gleichen oder ähnliche Interessen hat, wie man selbst. Wenn du also bestimmte Vorstellungen davon hast, wie dein zukünftiger Partner sein soll, macht es Sinn, die Sache systematisch anzugehen. Du kannst dadurch deine Erfolgschancen dramatisch vergrößern und unnötige Fehlschläge vermeiden.

Mit offenen Augen durch die Welt gehen

Um deine Chancen zu optimieren, solltest du jederzeit (!) bereit sein, deinem Traummann zu begegnen. Das heißt, du sollst mit offenen Augen durch die Welt gehen. Gelegenheiten zum Flirten und Kennenlernen gibt es nicht nur an bestimmten Orten oder zu bestimmten Zeiten. Du kannst den perfekten Mann auch völlig zufällig treffen, während du gerade dem Müll rausbringst oder beim Bäcker auf deine Brötchen wartest. Achte einfach überall, wo du gerade bist und ganz egal, was du gerade tust, darauf, ob sich nicht eine Gelegenheit ergibt. Je öfter du eine dieser Gelegenheiten ergreifst, desto größer werden deine Chancen, erfolgreich zu sein.

Typische Gelegenheiten:

Freunde und Bekannte

Auch im 21. Jahrhundert lernen sich die meisten Paare immer noch im Freundes- und Bekanntenkreis kennen. Aber auch hier gilt, dass du selbst aktiv werden musst. Wer abends oft keine Lust hat, mit den Freunden etwas zu unternehmen, verpasst automatisch viele Gelegenheiten. Wer weiß, vielleicht bringt eine Freundin ja gerade heute Abend ihren total netten Cousin mit zur Party oder in die Kneipe? Wenn du dann nicht dabei bist, wirst du es nie erfahren.

Im Kapitel "Den Freundeskreis erweitern" erfährst du, was du tun kannst, wenn du nur wenige Freunde oder nur einen sehr kleinen Kreis von Bekannten hast.

Ausgehen

Selbst wenn du eine examinierte Couch-Potato bist: Beim abendlichen Seriengucken wird dir dein Traummann nicht über den Weg laufen. Viel wahrscheinlicher ist, dass er nur 100 Meter entfernt in der gemütlichen Kneipe um die Ecke sitzt und auf dich wartet. Vielleicht gibt es ja, dort, wo du lebst, sogar eine Kneipe oder ein Klub, wo sich bekanntermaßen viele Singles treffen? Also, runter vom Sofa. Du hast heute Abend noch was vor ...

Einem Mann helfen

Der klassische Fall: Einem Mann fällt etwas herunter. Schon bist du zur Stelle, hebst es für ihn auf oder hilfst ihm beim Einsammeln. Oder im Supermarkt: Er steht ratlos vor einem Regal und du fragst ihn, was er sucht. Oder das gleiche Szenario in einer Buchhandlung oder auch irgendwo anders.

Einen Mann um Rat oder Hilfe bitten

Frage, nach dem Weg oder danach, an welcher Station du aus der Bahn aussteigen musst. An der Reaktion des Manns merkst du sofort, ob er vielleicht an einer Unterhaltung oder gar an einem Flirt interessiert ist.

Der Klassiker schlechthin ist natürlich die Bitte um Hilfe bei einer handwerklichen Reparatur. Nur du entscheidest, ob dir das zu blöd ist (schließlich kannst du das auch allein reparieren), oder, ob der Typ so nett aussieht, dass du es trotzdem mal versuchst.

Auch beim Shoppen kannst du problemlos einen Mann ansprechen und um einen Rat fragen. Du kannst zum Beispiel nach einem Tipp für ein Geschenk für deinen Neffen fragen. Oder auch ganz direkt nach der Meinung des Manns, ob dir eine ausgesuchte Jacke oder Hose gut steht.

Einen Mann ansprechen, der etwas Besonderes (dabei) hat

Es ist immer gut, einen konkreten Anlass zu finden, um einen Mann anzusprechen. Besonders gut funktioniert das, wenn du irgendetwas Besonderes an ihm findest. Das kann zum Beispiel ein auffälliges Tattoo, aber auch etwas Simples wie ein Hut oder ein Musikinstrument sein, das er bei sich trägt. Ein Glückstreffer ist zum Beispiel ein Mann, der einen Hund bei sich hat. Teile ihm mit, dass dir der Hund gefällt, frage nach seinem Alter, der Rasse, dem Namen. So gut wie alle Hundebesitzer freuen sich, wenn sie auf ihre Vierbeiner angesprochen werden.

Am Wochenende steigen die Chancen

Umfragen zeigen: Die Wahrscheinlichkeit, Freitag abends oder am Wochenende jemanden kennenzulernen, ist deutlich größer als an jedem anderen Wochentag. Nicht nur, dass Single-Männer an den Wochenenden viel häufiger (allein) unterwegs sind als unter der Woche: Am Wochenende ist auch die Bereitschaft, sich auf einen Flirt oder mehr einzulassen, viel größer als in der Woche, wenn alle von der Arbeit müde sind und am nächsten Morgen wieder früh raus müssen. Die Möglichkeiten sind im Grunde nur durch deine Fantasie begrenzt. Wie gesagt, gehe mit offenen Augen durch deine Stadt und du wirst unendlich viele Möglichkeiten entdecken.

Auf sich aufmerksam machen

Ich hatte ja bereits kurz erwähnt, dass irgendetwas Besonderes an einem Menschen immer ein guter Anlass ist, mit ihm ins Gespräch zu kommen. Das gilt natürlich noch viel mehr für dich selbst. Wenn du anderen (Männern) in positiver Weise auffällst, kannst du fast sicher sein, deswegen angesprochen zu werden.

Es gibt eine Menge Dinge, mit denen du die Aufmerksamkeit anderer auf dich lenken kannst. Man spricht in diesem Zusammenhang auch von "Eyecatchern". Ein Eyecatcher kann alles Mögliche sein, es muss nur den Zweck erfüllen, dass ein Mann auch im Alltag kurz innehält und noch einmal genauer hinschaut, wenn sein Blick dich trifft.

Beispiele:

- In einem Fernbus sitzen 40 Menschen, davon 15 Frauen. Von den Frauen schauen 10 wie gebannt auf ihr Handy, vier schlafen und eine zeichnet Karikaturen von ihren Mitreisenden. Was glaubst du, welcher der 15 anwesenden Frauen von einem Mann als erste angesprochen würde?
- In der Warteschlange vor einem Kino stehen viele Menschen, darunter auch etliche Frauen. Eine der Frauen trägt einen knallroten Hut. Wer bekommt wohl einen Kommentar oder ein Kompliment zu seiner Kleidung?
- Im Wartezimmer eines Arztes sitzen einige Personen, die auf ihre Handys schauen. Eine Frau liest ein konventionelles gedrucktes Buch. Die Vorderseite mit dem Titel hält sie so, dass die anderen erkennen können, um welches Buch es sich handelt. Es ist ein Bestseller, der gerade in allen Medien besprochen wird. Ein gut aussehender Mann, der selbst gerne liest, kommt ins Wartezimmer.

Welchen Platz wird er sich aussuchen? Und welchen der anderen Wartenden wird er möglicherweise ansprechen?

Das sind nur einige Beispiele, wie du durch kleine Signale auf dich aufmerksam machen und Kontakt finden kannst. Hier sind noch ein paar Ideen zu diesem Thema:

Ein auffälliges Kleidungsstück tragen

Und damit meine ich nicht, die üblicherweise in Flirtratgebern empfohlenen Klamotten, die dich möglichst verführerisch erscheinen lassen. Nein, es gibt auch eine Menge außergewöhnlicher Kleidungsstücke, mit denen du dich nicht total lächerlich machst. Gut geeignet sind zum Beispiel exotische (nicht erotische!) Kleider aus Afrika oder aus Asien. Als Frau hast du das große Glück, dass du so etwas problemlos tragen kannst. Leuchtende Farben helfen auch. Wer ständig grau in grau durch die Welt läuft, wird nur selten beachtet. Das einfachste Kleidungsmittel, was oft vergessen wird, ist ein buntes T-Shirt mit einer aufgedruckten witzigen oder zweideutigen Message. Solche Shirts kosten nur ein paar Euro und funktionieren immer. Du kannst sogar T-Shirts mit deinen eigenen Sprüchen oder Bildern anfertigen lassen. Das ist individueller und funktioniert noch besser als ein Standard-Spruch.

Ein auffälliges Accessoire bei sich tragen

Das kann im Prinzip alles Mögliche sein. Ein knallbunter Schal genauso, wie eine auffällige Tasche oder eine lustige Mütze. Geeignet sind auch modische Brillen, Gürtel oder Uhren. Und natürlich Schmuck. Der muss nicht protzig und teuer sein. Ganz im Gegenteil, besonders farbenfrohe und große Schmuckstücke fallen besonders auf.

Tattoos

Falls du ein schönes auffälliges Tattoo hast, solltest du es auch zeigen. Eine Freundin wird zum Beispiel ständig auf ihr Tattoo angesprochen.

Viele wollen wissen, was es bedeutet oder auch, wo sie es hat stechen lassen und was es gekostet hat. Dadurch hat sie schon eine ganze Reihe netter Menschen kennengelernt.

Hinweis:

Wenn du darüber nachdenkst, die ein Tattoo stechen zu lassen, überlege dir im Vorfeld gut, welches Motiv und an welcher Stelle deines Körpers es sein soll. Es gibt zum Beispiel Berufe, da sind gut sichtbare Tattoos möglicherweise ein Karrierekiller. Auch bei der Auswahl des Motivs ist Vorsicht geboten. Geheimnisvolle – weil erklärungsbedürftige – Motive sind zwar gut, um jemanden kennenzulernen, bergen aber auch Risiken. Schon mancher hat sich darüber gewundert, warum asiatische Touristen beim Anblick seines teuren chinesischen Schriftzeichen-Tattoos in schallendes Gelächter ausbrechen. Mit Schriftzeichen, Sprachen und Symbolen, die man selbst nicht kennt, sollte man bei einem Tattoo sehr vorsichtig umgehen, sonst kann es leicht peinlich werden.

Hunde

Hunde gehen immer. Umso auffälliger, schöner oder süßer so ein Hund ist, desto besser. Ein Hund ist das perfekte Mittel, um mit völlig Fremden ganz zwanglos ins Gespräch zu kommen. Am einfachsten geht das mit anderen Hundebesitzern, aber auch Männer ohne eigenen Hund finden eine Frau mit Hund oft interessant und sprechen sie (auf den Hund) an.

Hinweis:

Von einem befreundeten Autor habe ich gehört, dass es tatsächlich Männer gibt, die sich einen Hund angeschafft haben, nur, um mit Frauen ins Gespräch zu kommen. Leider sind solche “Anschaffungen” dann oft die, die später im Tierheim landen. Also: Wenn du bereits einen Hund hast, nutze ihn auch zum Flirten. Wenn du keinen Hund hast, hast du sicher auch Gründe dafür, warum das so ist. Und das sollte dann auch so bleiben. Einen Hund nur zum Flirten anzuschaffen, ist keine gute Idee.

Was aber tatsächlich eine gute Idee sein kann, ist mit dem Hund der Nachbarn oder einer Freundin regelmäßig spazieren zu gehen. Das ist gut, weil gesund, für dich und für den Hund. Das alles natürlich nur, wenn du Hunde magst.

Auffällige Fahrzeuge

Auch ein auffälliges – weil seltenes – Fahrzeug bringt insbesondere Männer dazu, dich anzusprechen. Auffällige Fahrzeuge können entweder ganz neu (Elektroroller, Elektroauto) oder ganz alt sein. Wenn du mit einem Oldtimer (ganz gleich, ob Auto, Motorrad oder Roller) vorfährst, dauert es garantiert keine 5 Minuten, bis dich jemand darauf anspricht. Die Erfahrung zeigt, dass Roller, Motorräder oder auch auffällige Fahrräder noch besser geeignet sind als Autos. Während Letztere nämlich meist irgendwo auf einem Parkplatz stehen, kannst du mit einem schönen Roller auch direkt vor dem Café oder der Kneipe vorfahren.

So bringst du Männer dazu, dich anzusprechen

Der einfachste und direkteste Weg, einen Mann kennenzulernen, besteht darin, ihn einfach selbst anzusprechen.

ABER: Diese Methode ist nicht für jede von uns geeignet. Nicht jede Frau traut sich das. Vielleicht bist du schüchtern, oder – wenn du schon älter bist – so erzogen worden, dass es "gar nicht geht", dass die Initiative beim Flirten von der Frau ausgeht.

Und selbst, wenn du dich traust, Männer anzusprechen, ist das nicht immer erfolgreich. Ganz gleich, wie viel Geschick man darin entwickelt, Männer anzusprechen: Die Erfolgsquote ist in der Regel nicht immer befriedigend. Klar, man sieht einem Mann eben nicht an, ob er ebenfalls auf der Suche nach einer Partnerin ist, oder sich schon seit Jahren in einer glücklichen Beziehung befindet, die er auch nicht aufgeben möchte.

Wie viel einfacher (und angenehmer) wäre es da, wenn man selbst von Männern angesprochen würde? Leider erleben das nur diejenigen von uns, die mit einem überdurchschnittlich guten Aussehen gesegnet und noch jung sind. Die meisten hoffen zwar, dass ihnen so etwas einmal passiert, aber leider oft vergeblich. Dabei kannst du deine Chancen, selbst von einem Mann angesprochen zu werden, relativ einfach drastisch erhöhen. Mit den folgenden Tipps und Tricks schaffst du das locker.

Hilfe suchen

Ein Klassiker: Der Stadtplan-Trick

Uralt, aber immer noch wirksam ist der sogenannte Stadtplan-Trick. Er besteht einfach darin, dass du dich mit einem entfalteten Stadtplan an einen belebten Ort einer größeren Stadt stellst. (Der Trick funktioniert natürlich nicht so gut in einem Dorf mit nur 500 Einwohnern! ;-)

Mit dem Stadt- oder U-Bahn Plan bewaffnet, stellst du dich an einer belebten Stelle auf. Blicke abwechselnd auf den Plan und auf die umliegenden Schilder mit Straßennamen oder die Nummern der einfahrenden U- oder Straßenbahnen. Schaue verwirrt auf den Stadtplan und ab und zu Hilfe suchend ringsumher. Mit etwas Glück eilt dir schon bald ein Mann zu Hilfe. Natürlich passiert es bei dieser Methode manchmal, dass dir auch Frauen ihre Hilfe anbieten, oder Männer, an denen du nicht interessiert bist. Trotzdem stehen die Chancen hierbei nicht schlecht, von einem interessanten Mann angesprochen zu werden. Vergiss nicht: Es gibt auch eine Menge Männer, die gerne eine nette Frau kennenlernen möchten. Wenn einer von denen dich erblickt, wird er nicht zögern, dir zur Hilfe zu eilen.

Auffallen

Wir haben das schon im Kapitel “Auf sich aufmerksam machen” besprochen: Je mehr du auf angenehme oder witzige Art und Weise aus der großen Masse herausstichst, desto eher, wird dich dein Traummann auch bemerken. Natürlich gibt es auch hier keine Garantie. Es geht aber darum, deine Chancen zu erhöhen. Und das passiert garantiert, wenn du Männern zumindest eine Chance gibst, dich auch zu bemerken.

Trag etwas mit dir herum, wodurch du auffällst und andere neugierig machst. Du bietest so, interessierten Männern einen Anknüpfungspunkt, um dich anzusprechen, ohne dass es für sie unangenehm oder peinlich wäre. Eine gute Idee ist zum Beispiel ein Ansteckbutton oder ein T-Shirt mit einem auffallenden Bild oder einem witzigen Spruch. Solche Buttons kann man mithilfe einer entsprechenden Maschine ganz leicht selbst herstellen. Es gibt eine ganze Reihe von Anbietern, bei denen man Buttons mit individuellen Designs und Sprüchen für wenig Geld anfertigen lassen kann.

Wenn du mutig bist, kannst du auch ein besonders auffälliges Kleidungsstück tragen. Die Möglichkeiten reichen vom bunt gemusterten Schal (harmlos) bis hin zum bunten Hut mit Federn (mutig). Natürlich solltest du immer einige freundliche oder erklärende Sätze parat haben, wenn du auf ein besonderes Accessoire angesprochen wirst.

Mit Waldi auf Männerfang

Geh mit einem netten Hund spazieren. Je freundlicher der Hund, desto häufiger wirst du angesprochen. Nicht ganz unwichtig ist die richtige Hunderasse. Niedliche Hunde funktionieren in der Regel ganz gut. Die Erfahrung zeigt aber, dass ein typischer „Handtaschenhund“, wie der von Paris Hilton, albern und affektiert wirkt.

Auf der anderen Seite sollte man natürlich auch nicht mit einem bedrohlich wirkenden Riesenköter auftreten. Ein Dobermann ist sicher keine gute Wahl. Ebenso wenig Hunde, die aufgrund ihrer Physiologie dazu neigen, zu sabbern, oder überzüchtete Exemplare, die eher Mitleid als Interesse erregen. Schäferhunde haben keinen guten Ruf, obwohl es herzensgute Tiere sein können. Sie erinnern einfach zu sehr an den typisch deutschen Polizeihund, was einer romantischen Stimmung eher abträglich ist ;-) Und natürlich muss der Hund 100%ig handzahm sein. Mit einem Hund mit Maulkorb oder einem, der dem Mann zur Begrüßung in die Hand beißt, erzielst du logischerweise nicht den gewünschten Effekt.

Die klassische Methode

Jeder kennt das: In den (schönen) Historienfilmen muss eine Dame nur ein Taschentuch fallen lassen und schon springt ein (immer der Richtige!) Mann auf, um es aufzuheben und versonnen daran zu schnüffeln. Natürlich wirkt das in Zeiten von Tempo und Zewa nicht mehr so wirklich glaubwürdig. Trotzdem kann ich dir versichern, dass diese Methode auch heute noch funktioniert. Wenn dir – natürlich völlig unbeabsichtigt – das Tuch von deinen Schultern rutscht oder wenn – hoppla! – dein Schlüsselbund zu Boden fällt, ist garantiert sofort jemand zur Stelle, um ihn für dich aufzuheben.

Die Kunst hierbei besteht vor allem darin, das Ganze so zu arrangieren, dass auch der Richtige, deine Sachen aufhebt. Aber, wenn du auf diese wirklich klassische Methode stehst, wirst du ganz sicher einen Weg finden.

Blickkontakt und Lächeln

Ein halbwegs gut erzogener Mann wird heutzutage glücklicherweise nicht mehr einfach auf die nächstbeste Frau losstürmen, um sie anzuquatschen. Und es gibt durchaus auch eine Menge Männer, die eher zurückhaltend, wenn nicht sogar schüchtern sind. Hinzu kommt, dass durch gesellschaftliche Veränderungen und nicht zuletzt durch die MeToo-Debatte der letzten Jahre die Hemmschwelle zur Kontaktaufnahme zu fremden Frauen eher gestiegen ist.

Das ist auch gut so, bedeutet aber auch, dass du schon ein bisschen nachhelfen musst, um einen netten Mann zu ermutigen, dich anzusprechen. Die Mittel der Wahl sind auch hier Blickkontakt und Lächeln. Wenn du bemerkst, dass ein Mann auf dich aufmerksam geworden ist, zeige ihm mit einem Lächeln, dass du nichts dagegen hast, ihn kennenzulernen oder zumindest mit ihm zu sprechen. Wenn er darauf eingeht, und der Flirt mit den Augen schon begonnen hat, kannst du auch einfach selbst aktiv werden. Wie gesagt: Es gibt auch schüchterne Männer, die von selbst nie eine Frau ansprechen würden.

Hier lernst du neue Männer kennen

Wie schon erwähnt, kannst du deinen Traummann im Prinzip überall treffen. Es gibt aber natürlich Orte, wo die Wahrscheinlichkeit viel größer und die Möglichkeiten viel besser sind als anderswo. Ich habe diese Orte für dich in der Reihenfolge ihrer Beliebtheit zum Flirten geordnet. Denn natürlich gibt es auch zum Thema "Wo habt ihre euch kennengelernt?" diverse Umfragen und Untersuchungen. Und um mich nicht vollständig darauf verlassen zu müssen, habe ich auch noch im Freundes- und Bekanntenkreis herumgefragt.

Wo also die Wahrscheinlichkeit am größten ist, DEN Mann zu treffen, hängt aber auch noch von einigen weiteren Faktoren ab. Da ist zum einen das Alter. Junge Menschen treffen sich gerne in Klubs oder in der Disco. Das ändert sich aber mit zunehmendem Alter. Man könnte sagen: Je älter, desto ruhiger. Das heißt, mit zunehmendem Alter schwindet das Interesse an lauter Musik und Rave-Partys. Stattdessen trifft man sich lieber in der Kneipe oder im Szene-Café.

Wichtig: Der Ort und Wunschtyp sollten zusammenpassen

Es macht wenig Sinn, im Kirchenchor nach einem volltätowierten Draufgänger zu suchen, und es bringt nicht viel, darauf zu hoffen, dass in einer kleinen alternativen Kneipe ein gut situierter Anzugträger auftaucht. Es gibt einfach Orte, an denen das wahrscheinlicher ist. Zum Beispiel in einem teuren Szene-Klub. Such dir die Orte, an denen du auf die Suche gehst, also gut aus. Im Zweifelsfall schau dir einfach die Männer an, die sich dort aufhalten.

1. Kneipe, Disco, Klub etc.

Insbesondere jüngere Menschen treffen und verlieben sich hier am häufigsten.

VORTEILE

+ Atmosphäre:
  Flirten liegt hier sozusagen schon in der Luft. Es ist allgemein bekannt und akzeptiert, dass hier gesucht und geflirtet wird, was das Zeug hält.
+ Musik:
  Die richtige Musik macht Menschen mutig und bringt sie in die richtige Stimmung zum Flirten.
+ Tanzen:
  Eng verbunden mit der Musik ist das Tanzen. Ganz gleich, welchen Stil du bevorzugst, beim Tanzen kommt man sich näher und man kann sich schon mal ein wenig taxieren, ohne dass das unangenehm auffallen würde.

NACHTEILE:

- Lautstärke:
  Eine Disco oder ein Klub sind Orte zum Tanzen und nicht dafür geeignet, tiefschürfende Konversation zu betreiben. Wenn du jemals in einer solchen Umgebung versucht hast, dich mit jemandem zu unterhalten, weißt du, was ich meine. Bei Lautstärken von über 100 Dezibel ist eine Unterhaltung oft unmöglich.

2. Freundeskreis

Kennenlernen im Bekannten- oder Freundeskreis ist bei Erwachsenen mindestens genauso häufig und genauso beliebt, wie im Klub oder in der Kneipe. Oft ist der Freundeskreis neben dem Job (siehe unten) auch einer der wenigen Orte, an denen erwachsene Frauen problemlos akzeptable Männer kennenlernen können.

VORTEILE:

+ Ungezwungenheit
  Ungezwungener als im Freundeskreis geht es kaum noch. Hier kannst du mögliche Partner in aller Ruhe kennenlernen und dich mit ihnen unterhalten, ohne, dass du jemanden Fremden ansprechen müsstest.
+ Man kennt sich
  Die Menschen in deinem Freundes- oder Bekanntenkreis kennst du in der Regel schon etwas besser. Oder sogar schon sehr gut. Du kaufst also nicht die sprichwörtliche Katze im Sack, wenn du hier deinen zukünftigen Partner findest.

NACHTEILE:

- Man kennt sich
  Das kann auch ein Nachteil sein, nämlich dann, wenn man sich schon so gut kennt, dass man sich gar nicht vorstellen kann, etwas anderes als nur Freunde zu sein. Aber: Tausend Mal berührt – tausend Mal ist nichts passiert ... Es kann auch zwischen alten und guten Freunden funken. Möglich ist alles.
- Wenn es nicht funktioniert
  Das heißt, wenn du und dein Partner feststellt, dass ihr doch nicht so gut zueinander passt und euch trennt. Dann kann es im Freundeskreis schwierig werden. Insbesondere, wenn ihr im Streit auseinandergeht. Dann stellt sich schnell die Frage: Wer hält zu wem? An so etwas können Freundschaften auch zerbrechen.

3. Im Job oder in der Ausbildung

Ganz gleich, ob im Büro oder in der Uni: Dort, wo man den größten Teil des Tages verbringt, kommt man sich auch am ehesten näher.

VORTEILE:

+ Man kennt sich
  Deine Kollegen kennst du in der Regel schon ganz gut. Du hast auch erlebt, wie sie sich in verschiedenen Situationen, z. B. wenn Stress aufkommt, verhalten. Das ist nützlich und erspart möglicherweise unschöne Überraschungen.
+ Gelegenheiten
  Im Büro, in der Schule oder in der Uni ergeben sich immer wieder gute Gelegenheiten, mit einem Kollegen zu reden. Oder man verabredet sich zum gemeinsamen Mittagessen in der Kantine oder in der Mensa. Auch die Frage, ob ein Mann vielleicht Lust hat, nach dem Büro irgendwo gemeinsam ein Bier zu trinken, kommt dir sicher leichter von den Lippen, wenn es sich um einen Kollegen handelt, den du schon kennst.

NACHTEILE:

- Liebe unerwünscht
  Liebesaffären unter Kollegen werden in vielen Unternehmen nicht gerne gesehen. Das Konfliktpotenzial ist hoch und reicht von eifersüchtigen Kollegen bis hin zur Unterstellung, jemand würde bevorzugt behandelt. Letzteres ganz besonders, wenn du und dein Partner auf zwei verschiedenen Ebenen der Firmenhierarchie stehen.
- Ärger bei Trennung
  Auch hier gibt es natürlich Probleme, wenn ihr euch wieder trennt. Dann kommt es oft zu Lagerbildungen oder gar zum Mobbing. In der Uni ist das alles weniger schlimm, im Job kann das jedoch das Betriebsklima völlig vergiften.

Tipp: Sexuelle Belästigung

Besonders im Job gilt: Nicht übertreiben! Auch, wenn firmeninterne

Anzeigen wegen Belästigung in der Regel von Frauen ausgehen, die von einem männlichen Kollegen bedrängt werden, kann das natürlich auch umgekehrt geschehen. Sei deshalb vorsichtig, ganz besonders, wenn es um einen Kollegen geht, der dir unterstellt und damit von dir "abhängig" ist.

4. Vereine

Die Deutschen lieben ihre Vereine. Fast jeder zweite Deutsche ist Mitglied in einem Verein. Ganz vorne dabei sind natürlich Sport- und hier insbesondere Fußballvereine. Leider hilft dir das nicht wirklich weiter, denn Fußballvereine, in denen Frauen und Männer gemeinsam trainieren, kann man an einer Hand abzählen. Allgemeine Sportvereine oder auch Mitgliedschaften in Fitnessstudios sind da schon eher geeignet. Daneben gibt es natürlich unzählige weitere Vereine, von Angelverein bis zum Bowling-Klub. Ob da für dich etwas dabei ist, musst du selbst herausfinden. Alle Vereine leiden aber bekanntermaßen an einem Mangel an jüngeren Mitgliedern. Wenn du also noch sehr jung bist, ist ein Verein vielleicht keine Option für dich.

VORTEILE:

+ Gemeinsame Interessen
  Mitglieder eines Vereins haben in der Regel gemeinsame Interessen oder Hobbys. Da ergeben sich viele Gelegenheiten, miteinander ins Gespräch zu kommen.
+ Geselligkeit
  In vielen Vereinen wird oft und regelmäßig gefeiert. Da ergeben sich ganz sicher immer Möglichkeiten zum Flirten und Kennenlernen.

NACHTEILE:

- Altersstruktur
  Viele Vereine vergreisen förmlich. Sprich: Das Durchschnittsalter steigt von Jahr zu Jahr, während kaum junge Mitglieder nachkommen. Wenn du selbst schon im fortgeschrittenen Erwachsenenalter bist, muss das aber kein Nachteil sein.
- Geografische Verteilung
  Wenn du in einer Kleinstadt lebst, wirst du in der Nähe möglicherweise nur die üblichen (und ein bisschen langweiligen) Vereine (Fußballverein, Kegelverein, Gesangsverein, Schützenverein) vorfinden. Um etwas Interessanteres zu finden, musst du wahrscheinlich in die nächste größere Stadt.

5. Urlaub

Viele Befragte gaben auch an, ihren jeweiligen Partner im Urlaub kennengelernt zu haben. Man kann sich ja auch gut vorstellen, dass das Flirten bei 25 Grad und gelöster Urlaubsstimmung etwas leichter fällt als zu Hause. Aber Urlaub ist natürlich nicht gleich Urlaub. Deshalb solltest du dir genau überlegen, wann du wohin reisen willst, um einen für dich passenden Urlaubsflirt zu finden. Zumindest eine Reise zum Ballermann scheidet schon einmal aus, wenn du einen Mann treffen willst, den du auch zu Hause noch vorzeigen kannst.

Auch solltest du darauf achten, dass dein Reiseveranstalter auf Alleinreisende eingestellt ist. Denn sonst landest du möglicherweise in einer Besenkammer und musst beim Abendessen mit am Kindertisch sitzen.

VORTEILE:

+ Entspannte Atmosphäre
  Klar, im Urlaub sind die meisten Menschen gut drauf und wollen Spaß haben. Da fällt es deutlich leichter, jemanden anzusprechen

oder auch selbst angesprochen zu werden. Das ein oder andere Fläschchen Sangria tut das Übrige dazu, dass sich die Reisenden relativ problemlos näherkommen können.

NACHTEILE:

- Sag mal, wo kommst du denn her?
  Aus München, und du? Aus Hamburg. Und schon ist der Schlamassel perfekt. Wenn es dir also um mehr geht als nur ein paar heiße Nächte am Strand, dann kann es mit Urlaubsbekanntschaften schwierig werden. Mit ganz viel Glück lebt ihr "nur" zwei, drei Autostunden voneinander entfernt. Mit etwas Pech aber auch deutlich weiter.
- War da was?
  Du wirst an jedem Reiseziel auch auf Männer treffen, die nichts wollen, außer schnellem Sex mit möglichst vielen Frauen. Auch hier: Wenn du was Ernstes suchst, darfst du natürlich nicht auf diese halb-professionellen Casanovas hereinfallen. In einigen afrikanischen und karibischen Ländern bestreiten nicht wenige Männer ihren Lebenserhalt dadurch, dass sie sich von europäischen Touristinnen aushalten lassen. Enttäuschung vorprogrammiert.

6. Internet

Auf die Frage: "Wo habt ihr euch denn kennengelernt?", antworten immer mehr Menschen mit "Internet" oder "Online". Und tatsächlich nimmt die Zahl derjenigen, die sich in sozialen Netzwerken oder auch direkt über Partnervermittlungsseiten kennenlernen, stetig zu. Auch hier kann – neben anderen Risikofaktoren – auch leicht die geografische Falle zuschnappen. Denn was nützt dir ein total toller Typ, der aber leider am anderen Ende der Welt sitzt?

VORTEILE:

+ Geringere Hemmschwelle
  Jemanden in einer Chatgruppe oder einem Internetforum anzutexten, erfordert eindeutig weniger Mut, als jemanden auf der Straße anzusprechen. Falls du ein sehr gehemmter oder ängstlicher Mensch bist, ist das vielleicht das Richtige für dich.

+ Distanz
  So lange du dich nicht outest, bleibst du in der Konversation mit Männern im Internet mehr oder weniger anonym. Erst, wenn du dir sicher bist, kannst du deine Adresse und Telefonnummer herausrücken.

+ Unter die Lupe
  Du kannst deinen Online-Flirt-Partner im Internet in aller Ruhe unter die Lupe nehmen. Wie gibt er sich so? Welche Fotos postet er von sich? Welche Meldungen und Beiträge hat er in der Vergangenheit geliked? Auf diese Weise kannst du dir schon ein ganz gutes Bild von ihm machen.

NACHTEILE:

- Geografische Entfernung
  Wie gesagt: Wenn sich herausstellt, dass Manuel84 aus Barcelona stammt und du in Bielefeld lebst, hast du ein Problem, was noch größer wird, wenn Manuel gar nicht direkt in Barcelona, sondern irgendwo in der Pampa wohnt. Denn dann kannst du noch nicht mal einfach so mal eben rüberfliegen.

- Anonymität
  Fluch und Segen. Was für dich angenehm sein kann, nämlich deine wahre Identität zunächst nicht preiszugeben, kann bei einem dir unbekannten Mann ein Problem sein. Auch, wenn die Gefahr in den Medien vielleicht ein wenig übertrieben wird: Vorsichtig sein,

musst du schon, wenn du dich auf einen anonymen Online-Kontakt einlässt. Dann vielleicht doch besser direkt über eine Partnersuch-App. Dort wirst du wenigstens gewarnt, wenn eine andere Frau bereits Probleme mit einem bestimmten Mann hatte.

7. Festivals, Konzerte

Auf Festivals und größeren Konzerten, bei denen die Zuhörer nicht nur eine Band anhören und dann nach Hause fahren, herrscht meist ausgelassene Feierstimmung. Das hat ähnliche Effekte auf das Flirten und Kennenlernen wie ein Mix aus Urlaub und Disco. Es wird getanzt, es wird getrunken und manchmal werden auch andere Substanzen konsumiert. Kurz: Die Hemmschwelle ist herabgesetzt, die Stimmung ist gut. Läuft!

VORTEILE:

\+ Musik verbindet
  Fan derselben Band zu sein oder einfach auf die gleichen Beats abzufahren, erzeugt ein Gefühl der Zusammengehörigkeit. Zudem löst Musik bei vielen von uns teils tiefe positive Emotionen aus. Man möchte die Welt umarmen. Aber warum die Welt? Da vorne steht doch dieser total süße Typ ...

\+ Gemeinsamer Musikgeschmack ist wichtig
  Wenn Musik ein wichtiger Teil deines Lebens ist, dann ist es gar nicht so unwichtig, dass dein neuer Partner deinen Musikgeschmack zumindest akzeptiert. Noch besser ist natürlich, wenn ihr sogar den gleichen oder einen ähnlichen Musikgeschmack habt. Auf diese Weise gibt es keinen Zoff, wenn es darum geht, ob Samstagabend das große Fest der Volksmusik oder die Liveübertragung aus Wacken angeschaut wird.

NACHTEILE:

- Nachts sind alle Kater grau
  Es kann passieren, dass du im Eifer der hochkochenden Gefühle vielleicht ein bisschen weniger geschmackssicher bist, als am nächsten Morgen. Alkohol und andere Nahrungsergänzungsmittel tragen das ihre dazu bei.
- Vorsicht Festival-Profis
  Auch auf Festivals werden immer häufiger Männer gesichtet, die gar nicht wegen der Musik da sind, sondern ausschließlich, um Frauen "aufzureißen". Scheinbar hat es sich herumgesprochen, dass das auf Festivals und unter Alkohol- und Drogeneinfluss besonders leicht möglich ist. Pass also auf dich auf und mache einen Bogen um solche Typen.
- Ja, wo ist er denn?
  Bei Festivals und großen Konzerten kommt es immer wieder vor, dass zwei Menschen im Gewühl zueinanderfinden und sich dann irgendwie wieder aus den Augen verlieren. Und bei 80.000 oder 100.000 Besuchern, ist die Wahrscheinlichkeit gering, dem neuen Flirt zufällig wieder zu begegnen. Also: Wenn sich etwas ergibt, und du willst, dass ihr eine Chance auf mehr erhaltet, dann immer (möglichst sofort) Namen und Handynummern austauschen!

8. Im Supermarkt

Es gibt sicher viele Orte, die auf den ersten Blick romantischer erscheinen, als ein Supermarkt. Aber unterschätze die Möglichkeiten nicht, die dieser Ort zum Flirten und Kennenlernen bietet. Denn Lebensmittel einkaufen muss jeder. Ganz gleich, was er sonst so macht, im Supermarkt kannst du ihm begegnen. Dazu kommt, dass es keinen zweiten Ort außer dem örtlichen Single-Treff gibt, an dem du so leicht auf einen

Blick erkennen kannst, ob ein Mann in einer festen Beziehung lebt oder nicht.

VORTEILE:

+ Ein Single kommt öfter allein
  Männer, die allein im Supermarkt unterwegs sind, sind überdurchschnittlich oft Singles. Das hängt unter anderem damit zusammen, dass auch im 21. Jahrhundert in vielen Familien immer noch die Frauen für das Einkaufen zuständig sind. Dass ein Familienvater allein in den Supermarkt geht, um dort fürs Wochenende einzukaufen, ist eher selten. Sei es, dass Männer nur selten Lust dazu haben, oder auch, weil ihre Frauen das Risiko nicht eingehen wollen, ihrem Mann die Auswahl der Lebensmittel zu überlassen.
+ Sag mir, was du kaufst und ich sage dir, ob du Single bist
  Ein Blick in den Einkaufswagen genügt, und siehst, ob sein Lenker Single ist, oder in einer Beziehung lebt. Einem Mann, der zwei Flaschen Mumm, eine Wochenration Nahrung und eine Riesenpackung Windeln in seinem Einkaufswagen spazieren fährt, musst du nicht nachweinen. Der ist vom Markt. Anders, derjenige, der außer einem Sixpack Bier, lediglich Spaghetti und eine Computerzeitschrift im Wagen hat. Noch besser ist natürlich statt der Computerzeitung ein Fitnessmagazin oder das Fachblatt für extrem teure Armbanduhren.
+ Man kommt ins Gespräch
  Sowohl an der Kasse, als auch an Regalen, aus denen du ganz "zufällig" etwas aus der obersten Reihe benötigst, an das du selbst nicht herankommst, bieten sich Gelegenheiten zum Plaudern. Und was immer funktioniert: Die Bitte, dir beim Schleppen der schweren Kiste mit dem Mineralwasser zu helfen, wird kein Mann abschlagen.

NACHTEILE:

Wirkliche Nachteile gibt es im Supermarkt eigentlich nicht. Vielleicht einfach die Tatsache, dass hier alle (!) Single-Männer (also auch die Unbrauchbaren) hinkommen. Aber auch hier hilft oft ein kurzer Blick in den Einkaufswagen, um eine erste Einschätzung vorzunehmen. Findest du dort nur Dosenbier, eine Salami und den aktuellen Playboy, solltest du Abstand halten ;-)

9. Kultur

Auch kulturelle Veranstaltungen sind Orte, an denen du Männer ohne weibliche Begleitung treffen kannst. Aber auch hier gilt natürlich: Der Ort bestimmt WELCHE Art von Männern du treffen wirst. In einem Museum triffst du je nach Thema der Ausstellungen ganz unterschiedliche Typen. Während in einem Technikmuseum eher bodenständige Kerle anzutreffen sind, wirst du in einer Ausstellung zum Utrechter Carravagismus oder in einer zur abstrakten Malerei der russischen Avantgarde eher auf Feingeister treffen.

Zur Kultur gehören natürlich nicht nur Museen oder Malerei. Bei musikalischen Darbietungen sind deine Aktionsmöglichkeiten aber in der Regel stärker eingeschränkt. Oft sitzt man dort auf fest zugewiesenen Plätzen. Interaktion, Flirten und Kennenlernen sind dann meist nur in den kurzen Pausen möglich. Nicht so optimal.

Ganz wichtig: Überlege, was DIR gefällt und suche danach aus. Es gibt kaum eine einfachere Art und Weise einen Mann anzusprechen, als über ein Fachthema, des Ortes, an dem man sich gerade aufhält. Wenn du also abstrakte Malerei für Gekritzel hältst, das du selbst schon im Kindergarten besser hinbekommen hättest, ist eine Picasso-Ausstellung wahrscheinlich nicht der richtige Startpunkt.

VORTEILE:

+ Es gibt unzählige verschiedene Formen von kulturellen Veranstaltungen. Du wirst also bestimmt etwas finden, das dich interessiert.
+ Männer, die hier allein unterwegs sind, sind oft Singles, oder sie haben eine Partnerin, die sich geweigert hat, ihren Partner dorthin zu begleiten. Beides sind gute Ansatzpunkte.
+ Über kulturelle Themen kann man immer reden. Nichts ist einfacher, als seine Bewunderung eines Bildes oder einer Vorführung Ausdruck zu verleihen. Man spricht ja "nur" über das Thema. Ganz unverfänglich und garantiert nicht peinlich. Einzige Ausnahme: Wenn du selbst überhaupt keine Ahnung davon hast, solltest du dich zumindest mit wertenden Äußerungen zurückhalten.

NACHTEILE:

Gibt es eigentlich nicht viele. Auch, wenn bei entsprechenden Umfragen nur ein kleiner Teil der Befragten angab, ihren Partner bei einer kulturellen Veranstaltung kennengelernt zu haben, muss das nicht viel heißen. Es gibt eben auch nicht so viele Menschen, die sich für so etwas interessieren. Wenn das bei dir doch so ist, hast du gute Chancen. Die Gefahr hier auf Konkurrenz zu stoßen ist gering.

10. Outdoor

Wenn du das Glück hast, in einer größeren Stadt zu leben, dann gibt es dort bestimmt auch einen Park oder andere "Grünanlagen", wo sich nach Feierabend und am Wochenende viele Menschen treffen. Aber auch beim Wandern oder Spazieren gehen in der freien Natur kannst du Männer kennenlernen. Dabei solltest du aber solche Wege bevorzugen, auf denen du auch tatsächlich andere Wanderer oder Spaziergänger triffst. Einsame Waldwege sind dafür aus offensichtlichen Gründen nicht geeignet. Zum einen ist die Wahrscheinlichkeit, dort den Richtigen zu treffen, denkbar klein. Zum anderen ist es für Frauen generell nicht unbedingt ratsam, sich ganz allein in einsamen Wäldern herumzutreiben.

VORTEILE:

+ Allein = solo
  Wer draußen in der Natur unterwegs allein unterwegs ist, hat oft keinen Partner, mit dem er gemeinsam rausgehen könnte. Männer, die hier allein auftauchen, sind oft auch allein und damit potenzielle Ziele für unser Projekt.

+ Grün hebt die Stimmung
  In den letzten Jahren wurde viel zu diesem Thema geforscht: Wer sich in den Wald oder ins Grüne begibt, tut damit etwas für seine Gesundheit und seine Stimmung. Der Blutdruck sinkt, der Mensch ist entspannter und hat bessere Laune. Das ist gut für dich und auch für die Flirtlaune und Flirtbereitschaft der Männer, die du hier triffst.

NACHTEILE:

Keine.

Den Freundeskreis erweitern

Es ist eine Tatsache: Die meisten Beziehungen entstehen zwischen Menschen, die sich im Berufsleben oder im persönlichen Freundeskreis kennenlernen. Ganz gleich, ob auf einer Geburtstagsparty oder bei einem gemütlichen Spieleabend: Im Bekannten- und Freundeskreis fällt es den meisten Menschen am leichtesten, Kontakte zu knüpfen. Doch was, wenn man nur wenige Freunde hat, oder der Freundeskreis (oft job-bedingt) fast nur aus Frauen besteht?

Vereine

Ja, ich weiß, das klingt ziemlich altmodisch. Aber: Wenn du auf der Suche nach neuen Bekanntschaften bist, ist die Mitgliedschaft in einem Verein nach wie vor die beste und einfachste Methode. Voraussetzung ist natürlich, dass du einen Verein findest, der etwas anbietet, das dich interessiert, und natürlich einer, bei dem auch Männer mitmachen. Meist ist das aber zumindest in der nächsten größeren Stadt der Fall.

Single Klubs

Auch wenn die Hochzeit der sogenannten "Single-Klubs" schon länger vorbei ist, gibt es sie aber noch immer. Single-Klubs sind formlose, aber regelmäßige Treffen von Single-Menschen, die gemeinsam mit anderen Spaß haben wollen. Im Single-Klub einen neuen Partner zu finden, ist möglich, steht aber oft gar nicht im Vordergrund bei diesen Treffen. Vielmehr geht es einfach darum, neue Leute kennenzulernen oder gemeinsam etwas zu unternehmen.

Erfahrungsgemäß triffst du in einem Single-Klub eher Erwachsene als ganz junge Menschen. Deshalb ist diese Form des Kennenlernens in der Regel eher für Menschen ab 30 aufwärts geeignet.

Vorsicht Verwechslungsgefahr!

Bitte mache nicht den gleichen Fehler, wie meine Freundin Brigitte. Die hatte vor vielen Jahren auch die Idee, sich einem Single-Klub anzuschließen. Dazu hatte sie aus dem örtlichen Anzeigenblättchen eine Telefonnummer herausgesucht, hatte angerufen und war zum nächsten Treffen zum vereinbarten Ort gekommen. Leider stellte sich dort heraus, dass sich dort kein "Single-Klub", sondern ein "Swinger-Klub" für Singles traf. Zum Glück konnte sie das Missverständnis aufklären, bevor es richtig (!) peinlich wurde. Also: Aufgepasst!

Ehrenamt

Eine tolle Möglichkeit, neue Leute kennenzulernen, ist die Betätigung in einem Ehrenamt. Es gibt dazu die unterschiedlichsten Angebote und Möglichkeiten. Von der örtlichen Tafel bis hin zur Kinderbetreuung. Von der Hausaufgabenhilfe bis hin zum Spielenachmittag für Senioren im örtlichen Altenheim. Für Ehrenamtler gibt es immer etwas zu tun und du triffst dabei automatisch viele andere Menschen.

Um Männer kennenzulernen, ist erfahrungsgemäß die Arbeit mit Kindern oder in der Pflege weniger gut geeignet. Dort sind überdurchschnittlich viele Frauen aktiv. Bei anderen sozialen Einrichtungen wie der örtlichen Tafel sieht das schon besser aus. Und wenn du ganz tough bist, kannst du auch immer bei der Feuerwehr oder anderen Diensten mitmachen, wo du garantiert fast nur Männer treffen wirst.

Facebook

Facebook ist ein soziales Netzwerk, in dem mittlerweile die allermeisten Leute (allerdings nicht alle!) zu finden sind. Um Menschen oder Gruppen mit ähnlichen Interessen zu finden, reicht es aus, die entsprechenden Suchbegriffe in die Suchzeile am oberen Bildschirmrand einzugeben und die Suchen-Schaltfläche anzuklicken. Um bevorzugt nach

Mitgliedern in deiner Nähe zu suchen, reicht es in der Regel den Ortsnamen oder die Postleitzahl mit einzugeben. Wenn man in einem sehr kleinen Ort lebt, nimmt man stattdessen den Namen der nächstgrößeren Stadt. Auf diese Weise findest du innerhalb von Sekunden, Menschen in deiner Nähe, die das gleiche Hobby oder die gleichen Interessen haben wie du.

Vorsicht: Facebook-Funktion „Freunde finden"

Es ist schon viel über die – sagen wir mal *entspannte* – Haltung von Facebook bezüglich des Datenschutzes gesprochen und geschrieben worden. Eine Facebook-Funktion, die gerade von Menschen in Anspruch genommen wird, die auf der Suche nach (neuen) Freunden sind, ist die Funktion „Freunde finden". Wenn du Facebook diese Aufgabe per Klick auf die entsprechende Schaltfläche überträgst, räumst du damit theoretisch auch Fremden die Möglichkeit ein, deine E-Mail-Kontakte zu durchsuchen. Wenn du also nicht willst, dass jeder die Liste all deiner E-Mail-Kontakte kennt, solltest du diese Suchfunktion nicht starten bzw. sie deaktivieren!

Online Gleichgesinnte und Freunde in deiner Umgebung finden

Übrigens, mit dem Wunsch, den eigenen Freundeskreis erweitern zu wollen, steht man nicht allein da. Das zeigen eine ganze Reihe von Webangeboten, die nichts anderes tun, als Menschen zusammenbringen, die in einer bestimmten Stadt oder Region mal etwas mit anderen Menschen unternehmen wollen. Das Gute daran: Daraus *können* auch Liebesbeziehungen entstehen, *müssen* aber nicht.

Da es zunächst wirklich nur darum geht Freunde zu finden, mit denen man etwas unternehmen kann, ist der Erwartungsdruck nicht groß und alle sind viel entspannter. Man tritt also nicht sofort mit einem Schild auf der Stirn „Suche Mann" an, sondern kann die neuen Leute ganz unverkrampft kennenlernen.

Eins von vielen Beispielen für solche Initiativen ist das Netzwerk Frühstückstreff (fruehstueckstreff.de). Hier kannst du dich völlig kostenlos zu einem der bundesweiten Frühstückstreff-Termine anmelden und völlig zwanglos auch – aber nicht nur – Singles kennenlernen. Es gibt eine ganze Reihe solcher Angebote. Leider sind nicht alle wirklich seriös und auf einigen Seiten bekommst du außer Werbung nicht viel zu sehen. Andere sind eine Zeit lang aktiv und verschwinden dann wieder.

Am besten benutzt du einfach eine Suchmaschine wie Google oder Bing und suchst nach Begriffen wie "Freunde finden + deine Stadt" oder "Frühstückstreff + deine Stadt" oder "Freundschaften + deine Stadt". Dann wirst du automatisch die Seiten finden, die für dich und deine Region interessant sind. Am besten sind meiner Erfahrung nach, solche Angebote geeignet, die nichts kosten und bei denen man sich mit anderen ganz einfach zum Fahrradfahren, Kinobesuch oder eben zum Frühstück verabreden kann.

Vorsicht ist überall da geboten, wo Kosten anfallen oder dort, wo du dazu aufgefordert wirst, Verträge oder Abos abzuschließen. Es gibt aber genug gute Freundschaftssuchdienste und Webseiten, bei denen beides nicht notwendig ist.

Flirt/Single-Veranstaltungen

Flirt/Single – Partys

Sogenannte Flirt- oder Single-Partys gibt es schon ewig. Es gibt ganz formelle Single-Partys, bei denen die Kontaktaufnahme zu potenziellen Partnern über Teilnehmernummern funktioniert und weniger formelle, bei denen sich Singles zwanglos zum Tanzen, Trinken und Feiern treffen. Bei einer formellen Single-Party erhält jeder Teilnehmer ein Namensschild mit seiner Nummer. Möchte ein Teilnehmer Kontakt zu einem anderen aufnehmen, kann er diesen Wunsch bei einer sogenannten „Poststelle“ mitteilen. Bei manchen Veranstaltungen können Kontaktgesuche auch an einer Pinnwand „veröffentlicht“ werden. Größere Veranstalter verwenden auch Computergestützte oder Online-Systeme für die Verarbeitung der Nachrichten zwischen den Teilnehmern. Die einzelnen Teilnehmer erhalten dann ihre Anfragen und können sich entscheiden, ob sie zu dem Anfragenden Kontakt aufnehmen möchten, oder nicht.

Diese Form des Flirtens erscheint auf den ersten Blick unnötig kompliziert, erleichtert aber die Kontaktaufnahme insbesondere für zurückhaltende und schüchterne Menschen. Zudem entsteht bei Nichtgefallen keine peinliche Situation, sodass man sich leichter „trauen“ kann, Kontakt zu einem anderen Teilnehmer zu suchen. Die Veranstalter größerer Single-Partys organisieren häufig auch ein Unterhaltungsprogramm oder spezielle Kennenlern-Spiele und andere Aktivitäten. Dadurch wird die Kontaktaufnahme zwischen den Teilnehmern gefördert und erleichtert.

Ü-Partys

Single-Partys finden oft mit einer Altersvorgabe statt. So gibt es sogenannte Ü30, Ü40 oder Ü50-Partys, wobei das Ü jeweils für „Über“

steht. Man kann also schon im Vorfeld vermeiden, auf einer Single-Party zu alt oder aber viel zu jung für die restlichen Teilnehmer(innen) zu sein.

Tipp:

Auf Single-Partys trifft man erfahrungsgemäß nicht nur solche Teilnehmer, die ernsthaft auf der Suche nach einem neuen Partner sind. Viele Gäste wollen sich auch einfach nur amüsieren oder sind generell nur auf der Suche nach neuen Freundschaften oder Bekanntschaften. Manche Besucher wollen auch nur mal checken, „was so geht“ und ihren „Marktwert“ ermitteln.

Single-Klubs / Single-Stammtische

Das sind meist informelle, aber regelmäßig stattfindende, Treffen von Single-Menschen. Das Ziel der meisten Single-Klubs oder Single-Stammtische ist nicht in erster Linie, die teilnehmenden Singles miteinander zu verkuppeln. Auch, wenn das natürlich häufig passiert, geht es bei diesen Treffen in der Regel vor allem darum, gemeinsam Spaß zu haben, etwas zu unternehmen oder auch einfach nur zu “quatschen”. Teilnehmer sind meist Erwachsene, als nicht mehr ganz junge Menschen. Viele Klubs treffen sich schon seit Jahren und auch Teilnehmer, die längst keine Singles mehr sind, nehmen noch regelmäßig teil.

So ein Single-Klub oder Single-Stammtisch hat gegenüber den Single-Partys den entscheidenden Vorteil, dass du einfach mehr Zeit hast, die teilnehmenden Männer kennenzulernen. Du musst dich nicht innerhalb weniger Stunden entscheiden, sondern kannst dir über Wochen ein Bild von den Teilnehmern machen. Zudem ist der Flirtdruck dort auch deutlich geringer, weil es eben oft einfach darum geht, gemeinsam einen netten Abend zu verbringen, statt unter Zeitdruck drauflos zu flirten.

Single-Reisen

Wenn du schon einmal als allein Reisende einen Urlaub verbracht hast, weißt du, dass das manchmal ganz schön schwierig und unbefriedigend sein kann. Mal ganz abgesehen vom unverhältnismäßig hohen Aufpreis für ein Einzelzimmer ist oft auch die ganze Reiseorganisation auf Paare oder Familien ausgerichtet. Eine gute Bekannte berichtete von einer Reise, bei der es im Speisesaal einen sogenannten "Single-Tisch" gab, an dem sie platziert wurde. Dieser Tisch trug in ihrem Fall seinen Namen im doppelten Sinn zu Recht: Wie sich herausstellte, war sie offenbar die einzige Alleinreisende im Hotel, sodass sie dann Abend für Abend mutterseelenallein am Single-Tisch für 12 Personen saß.

Oft ist es auch schwierig, überhaupt andere Urlauber kennenzulernen, und es kann vorkommen, dass man auch als Teilnehmer an Ausflugsprogrammen, am Pool, an der Bar oder eben beim Essen allein bleibt.

Viele Reiseveranstalter bieten deshalb mittlerweile neben ihren Standard-Urlaubsprogrammen für Paare oder Familien, auch spezielle Reisen für Singles an. Wie der Name schon sagt, sind das Urlaubsreisen, an denen nur oder vorwiegend alleinstehende Urlauber teilnehmen.

Solche Single-Reisen haben gleich mehrere Vorteile:

+ Auch die anderen Teilnehmer sind daran interessiert, nicht allein zu bleiben und Kontakte zu knüpfen.
+ Je nach Reiseziel und Urlaubsaktivitäten (z. B. Sport, Wandern, Kultur etc.) triffst du automatisch andere Singles, die ähnliche Interessen haben, wie du selbst.
+ Im Verlauf von einer oder mehr Wochen ergibt sich die Möglichkeit, einen Urlaubsflirt so weit zu vertiefen, dass man den anderen relativ gut kennenlernt.

Wenn du also damit leben kannst, einen Urlaub sozusagen mit dem Stempel "Single" auf der Stirn zu verbringen, dann kann eine solche Reise eine gute Idee sein. Natürlich gibt es auch hier, wie immer, wenn sich Menschen unterschiedlichster Herkunft treffen, das Problem, dass dein Urlaubsflirt zu Hause möglicherweise hunderte von Kilometern entfernt lebt. Zum Glück ist das heute dank der vielen unterschiedlichen Kommunikationsmittel nicht mehr so ein großes Problem, wie früher, wo man sich nur alle paar Tage schreiben oder für viel Geld Ferngespräche führen konnte. Es gibt auch viele Beispiele, dass solche anfänglichen Fernbeziehungen zu einem glücklichen Ende gefunden haben, wenn sich die Richtigen gefunden hatten.

Achte beim Buchen einer Single-Reise darauf, dass sich der Single-Charakter eines solchen Urlaubs nicht ausschließlich auf den Beziehungsstatus der Teilnehmer beschränkt. Wichtig ist, dass während des Aufenthaltes auch Aktivitäten angeboten werden, die sich gezielt an Singles richten. Denn selbst, wenn auch die anderen Reiseteilnehmer Singles sind, bedeutet das noch nicht, dass es für jeden einfach ist, Kontakte zu knüpfen.

Zurückhaltende und schüchterne Menschen haben auch hier manchmal Probleme, wenn sich keine konkreten Gelegenheiten ergeben. Aus diesem Grund bieten viele Reiseveranstalter für ihre Single-Reisen ein Rahmenprogramm, das sowohl sportliche Aktivitäten als auch gemeinsame Wanderungen, Kochkurse und einiges mehr beinhaltet. Auf diese Weise fällt das Kennenlernen anderer Teilnehmer viel leichter und der Urlaub macht auch noch mehr Spaß!

Speeddating

Speeddating ist eine Art Flirten unter Hochdruck. Bei dieser Form der organisierten Zusammenführung von Partnersuchenden, die – natürlich – aus den USA stammt, geht es um Folgendes:

Die Teilnehmer (vorherige Anmeldung ist erforderlich) treffen sich zum angegebenen Termin an einem bestimmten Ort (Hotel, Tagungsraum, Café Bar o. Ä.). Meist gibt es für jeden Speeddating-Termin eine Altersvorgabe. Das heißt, du musst nicht befürchten, auf Teilnehmer zu treffen, die 20 Jahre jünger oder älter sind als du selbst. In der Regel erfolgt zu Beginn eine kurze Einweisung durch eine Mitarbeiterin des Veranstalters. Während der Veranstaltung lernt jeder anwesende weibliche Single jeden männlichen Teilnehmer kennen und umgekehrt.

Beim Start sitzen jeweils eine Frau und ein Mann an einem Tisch. Jeder Teilnehmer hat die Möglichkeit, für 7 – 10 Minuten mit seinem aktuellen Partner zu sprechen. Nach Ablauf der Gesprächszeit ertönt ein Gong und alle Teilnehmer wechseln zum jeweils nächsten Gesprächspartner. Die Gesprächspartner notieren in diesem Moment, ob sie daran interessiert sind, den Partner der letzten Runde wiederzusehen.

Bei größeren Veranstaltern erfolgt die Angabe der Wiedersehenswünsche oft online innerhalb von 48 Stunden nach dem Speeddating. Die Auswertung aller Wiedersehenswünsche erfolgt innerhalb von ein paar Tagen. Gibt es Übereinstimmungen (beide Partner wünschen ein Wiedersehen), erhältst du die Informationen, um Kontakt zu deinem Wunschmann aufnehmen zu können.

Tipp: Nicknames beim Speeddating

In der Regel kennen sich die Teilnehmer(innen) nur unter ihren Nicknames (Fantasienamen/Spitznamen), die sie bei der Anmeldung angegeben haben. Vermeide es deshalb unbedingt, einen merkwürdigen oder gar peinlichen Nickname bei der Anmeldung anzugeben! Wähle stattdessen geschickt einen wohlklingenden Nickname aus, oder einen, der die Männer neugierig macht. Wenn du zum Beispiel irgendeine besonders gute oder spannende Eigenschaft hast, kannst du mit dem Nickname ganz dezent darauf hinweisen. Die Frage nach dem Grund für den Nickname kommt garantiert!

Während der Kurzgespräche sprechen sich die Teilnehmer auch nur mit ihren Nicknames an. Den Klarnamen eines Teilnehmers erfährst du nur, wenn auch dieser mittels Wiedersehenswunsch an einem näheren Kennenlernen mit dir interessiert ist.

Vorteile:

- Beim Speeddating lernst du in kurzer Zeit relativ viele Männer kennen, die ebenfalls auf der Suche nach einer Partnerin sind.
- Wenn du optisch etwas hermachst, kannst du diesen Vorteil beim Speeddating voll ausspielen. Wegen der Kürze der Zeit spielt Aussehen eine relativ große Rolle.
- Wenn du in der Lage bist, dich verbal gut zu „verkaufen“, bist du beim Speeddating im Vorteil.

Nachteile:

- Aufgrund der Kürze der Gesprächszeiten beschränkt sich das Interesse der anwesenden Männer oft auf die wenigen Frauen, die rein äußerlich besonders attraktiv wirken.
- Frauen, denen das Reden nicht so gut liegt, oder solche, die eine relativ lange Aufwärmphase für ein Gespräch benötigen, sind beim Speeddating im Nachteil.
- Wenn du also weder gut aussiehst, noch besonders eloquent bist, sind wahrscheinlich andere Formen des Kennenlernens für dich besser geeignet.

Speeddating Veranstaltungen finden regelmäßig in allen größeren Städten statt. Die Teilnahmegebühr beträgt in der Regel etwa 20 – 30 Euro inklusive Begrüßungsgetränk. Eine besondere Variante ist das Online-Speeddating. Hierbei kommunizierst du mit potenziellen Partnern über Mikrofon und Webcam.

Veranstalter und Termine in deiner Nähe findest du im Internet. Google ganz einfach nach „Speeddating“ und dem Namen der nächstgrößeren Stadt in der Nähe.

Online – Dating-Portale und Single-Börsen

Auch wenn sich nach wie vor die meisten Paare im realen Leben kennenlernen, findet der Prozess der Partnersuche mittlerweile auch immer öfter in der digitalen Welt des Internets statt. Eine besonders wichtige Funktion spielen dabei kommerzielle Webseiten, die oft einfach als Dating-Portale oder Single-Börsen bezeichnet werden.

Was sind Dating-Portale?

Als Dating-Portal, Single-Börse oder Kontaktbörse werden Angebote im Web bezeichnet, deren erklärter Zweck darin besteht, zueinander passende Menschen zusammenzubringen. Die Teilnehmer melden sich in einem oder mehreren der Portale an und stellen neben Fotos auch eine ganze Reihe persönlicher Informationen bereit. Dazu gehören außer dem eigenen Lebensalter, Körpergröße und Gewicht auch Informationen über den Bildungsgrad, Hobbys, Interessen und Lebenseinstellungen. Auch religiöse Einstellungen oder Ernährungsgewohnheiten spielen eine Rolle.

Je nach Anbieter werden den Partnersuchenden unterschiedliche Hilfen bei der Suche nach dem perfekten "Match" geboten. So geben einige Portale an, mithilfe komplexer Computeralgorithmen die am besten zueinander passenden Paare zu finden. Den Teilnehmern werden dann entsprechende Angebote gemacht. Das heißt, sie erhalten Partnervorschläge. Das kann hilfreich und nützlich sein. Insbesondere bei großen Agenturen, bei denen Hunderttausende oder gar Millionen von Singles registriert sind.

Was ist ein Match?

Du wirst bei der Online-Partnersuche häufiger über den Begriff "Match" stolpern. Damit können zwei verschiedene Dinge gemeint sein:

1. Allgemein zwei Partnersuchende, die aufgrund ihrer persönlichen Eigenschaften und anderer Vorgaben gut zueinander passen.
2. Zwei Partnersuchende, die sich gegenseitig (!) aus einer Liste von Vorschlägen ausgesucht haben. So entsteht zum Beispiel bei Tinder ein Match, wenn du einen Mann als attraktiv bewertet hast und dieser Mann dich ebenfalls kennenlernen möchte.

Die Partnersuchenden können die Suche auch selbst durch bestimmte Vorgaben wie Höchstalter, Körpergröße oder auch Entfernung zum eigenen Wohnort einschränken.

Kontaktbörsen und Dating-Portale gibt es in allen Schattierungen. Diese reichen von seriösen Vermittlungsagenturen bis hin zu "Escort-Services", bei denen es sich oft um nichts anderes als organisierte Prostitution handelt. Wenn du ernsthaft auf Partnersuche bist, macht es also Sinn, wenn du dich bei einem der großen seriösen Anbieter anmeldest. Die Vorteile liegen auf der Hand:

1. Du wirst bei einem der großen seriösen Unternehmen nicht mehr übers Ohr gehauen, als in der Branche üblich (siehe: Kosten).
2. Du hast bei einem großen Anbieter schlicht viel mehr Auswahl, weil dort eben auch mehr potenzielle Partner für dich registriert sind.

Kleinere Agenturen zu nutzen, macht eigentlich nur dann Sinn, wenn diese eine ganz spezielle Zielgruppe bedienen. Wenn du also zum Beispiel Golfspielerin oder Reiterin bist und Wert darauf legst, dass dein zukünftiger Partner dein Hobby teilt, sind deine Chancen auf Erfolg vielleicht bei einer auf diese Zielgruppen spezialisierten Agentur größer.

Welche Dating-Portale gibt es?

Allein in Deutschland gab es im Oktober 2018 über 2500 verschiedene Dating-Portale, Single-Börsen und Kontaktvermittlungen.

Die größten Anbieter

- Elite Partner: etwa 2 Millionen Mitglieder
- eDarling: etwa 2,8 Millionen Mitglieder
- Parship: etwa 5 Millionen Mitglieder
- Flirt Life: etwa 5 Millionen Mitglieder
- LoveScout24:
- neu.de
- Zoosk: etwa 4 Millionen Mitglieder

Auch für ältere Singles

- Zweisam: etwa 3 Millionen Mitglieder
- Silber Singles: etwa 2 Millionen Mitglieder
- Elite Partner
- Parship

Anbieter für die Vermittlung von Seitensprüngen etc.

Bei den Folgenden handelt es sich NICHT um Portale zum Flirten und zur Partnersuche. Vielmehr geht es hier nur um eins: Sex in allen Varianten.

- secret.de
- casualsex24.de
- Joyclub.de
- poppen.de (Nomen est omen!) ;-)

Wie groß sind meine Chancen?

Der Slogan eines der großen Dating-Portale lautet: “Alle 11 Minuten verliebt sich ein Single über Parship”. Ich habe keine Ahnung, auf welche Weise Parship herausgefunden hat, was in den Köpfen seiner Mitglieder vorgeht. Aber selbst, wenn wir einmal davon ausgehen, dass das stimmt, sagt das natürlich noch gar nichts über DEINE Chancen aus, hier einen passenden Partner zu finden.

Vielleicht verliebt sich alle paar Minuten irgendjemand. Aber wird diese Verliebtheit auch erwidert? Oder verlieben sich vielleicht die Männer reihenweise in das Profil einer extrem gut aussehenden Frau, die am anderen Ende der Welt lebt? Oder in eine, die sich vielleicht schon vor Wochen in einen anderen Mann verliebt hat? Du siehst: Solche Aussagen sind gar keine. Sie sagen nichts darüber aus, wie groß DEINE Chancen bei diesem Unternehmen sein würden. Tatsächlich werden mit diesem Werbespruch nur KundInnen angelockt, die hoffen, dass es bei ihnen vielleicht auch nur 11 Minuten dauern wird, bis sich jemand in sie verliebt.

Die Realität sieht aber leider anders aus. Um dir ein realistischeres Bild zu verschaffen, lohnt es sich, einen Blick in die Diskussionsforen der verschiedenen Anbieter zu werfen. Diese sind zum Teil auch ohne Mitgliedschaft einsehbar, und du erfährst dort oft wesentlich ehrlicher, wie gut oder schlecht das Daten mit einem Portal funktioniert.

Bei unserem in-11-Minuten-verliebt-Service beklagen sich zum Beispiel Frauen und Männer darüber, dass sie nach über einem Jahr Mitgliedschaft gerade einmal drei Dates hatten, die noch nicht einmal erfolgreich waren. Insbesondere, wenn du einfach nur “normal” gut aussiehst, wirst du nur noch selten von Männern ausgewählt. Und wenn du vielleicht ein paar Pfunde zu viel hast, sinken deine Chancen bei solchen Portalen ins Bodenlose.

Du darfst nicht vergessen, dass die meisten Männer – trotz kompliziertester Matching-Algorithmen – vor allem mit den Augen entscheiden. Männer, die bereits gescheiterte Beziehungen hinter sich haben – und davon findest du viele auf den Dating-Portalen – tendieren auch dazu, jetzt (endlich!) Profile von Frauen auszusuchen, bei denen alles besser ist, als bei der geschiedenen Ex-Frau, mit der es nicht funktioniert hat. Das heißt, die neue Frau soll nicht nur toll aussehen, sondern auch noch all die Eigenschaften haben, die sie bei der vorherigen vermisst haben. Dass die Männer sich selbst, ihr Aussehen und die eigenen "Unzulänglichkeiten" dabei völlig unkritisch sehen, muss ich wohl nicht extra erwähnen.

Wie groß deine Chancen bei einem der Dating-Portale wirklich sind, hängt also auch hier vor allem davon ab, ob du optisch dem Schönheitsideal der meisten Männer entsprichst. Wenn du also – wie die meisten von uns – nicht blendend gut aussiehst, solltest du keine allzu großen Erwartungen haben.

Tipp: Keine langen Abos

Bei den meisten Portalen kannst du die wirklich wichtigen Funktionen (Männer anschreiben, deren Profile und Fotos sehen) nur nutzen, wenn du zahlendes Mitglied bist. Ob und wie gut das Daten über ein bestimmtes Portal läuft, kannst du in der Regel bereits nach wenigen Wochen der Mitgliedschaft feststellen. Du solltest also zu Beginn eine Mitgliedschaft mit einer möglichst kurzen Laufzeit wählen. Auch wenn der monatliche Beitrag dann ein bisschen höher ist, fährst du damit besser, als wenn du dich sofort für ein ganzes Jahr bindest. Wenn du dann feststellst, dass hier für dich nichts läuft, kannst du zum nächstmöglichen Zeitpunkt wieder aussteigen und sparst dadurch eine Menge Geld.

Und nur der Vollständigkeit halber: Ein kurzes Abo ist natürlich auch dann besser, wenn sich – wider Erwarten – tatsächlich nach 11 Minuten jemand in dich verliebt und du dich in ihn. In dem Fall hast du das Abo nur 11 Minuten gebraucht, bezahlst aber noch ein ganzes Jahr lang ...

Was taugen kostenlose Angebote?

Neben den bekannten großen Agenturen und Portalen, bei denen eine Mitgliedschaft ohne Weiteres mehrere hundert Euro im Jahr kosten kann, gibt es auch kostenlose Vermittlungsanbieter. Aber natürlich wissen wir alle, dass kostenlos nicht wirklich kostenlos bedeutet. Auch wenn kein Geld fließt, bezahlst du bei diesen Angeboten auf zweierlei Weise:

1. Werbung
   Einige Portale finanzieren sich dadurch, dass den Teilnehmern ununterbrochen Werbung für alle möglichen Produkte präsentiert wird. Im einfachsten Fall irgendeine Werbung, oft aber auch Werbung, die auf dich zugeschnitten ist. Das heißt, dass aus deinen persönlichen Angaben ein Profil zusammengestrickt wird, auf dessen Basis du dann Werbung siehst, die dich als Zielgruppe betrachtet. Kurz: Wenn du dich als alleinerziehende Mutter mit 450-Euro-Job anmeldest, erhältst du andere Werbung als der BWLer in einer Führungsposition.
2. Deine Daten
   Bei der Anmeldung und beim Erstellen deines Profils gibst du automatisch eine Menge persönlicher Informationen über dich preis. Selbst wenn du nur einen Nickname verwendest, können die auswertenden Algorithmen sehr leicht herausfinden, wer du wirklich bist. Dazu werden zum Beispiel zusätzlich die Daten verwendet, die dein Webbrowser, dein PC und der Ort, von

dem du dich einwählst, bereitstellen. Solche Kundenprofile sind viel Geld wert und du kannst trotz aller Versicherungen davon ausgehen, dass dein Profil von einem "kostenlosen" Anbieter verkauft wird. Schließlich stellt niemand einen solchen Service umsonst zur Verfügung. Mitarbeiter, Speicherplatz und Datenverbindungen müssen bezahlt werden.

Welche Männer finde ich bei den kostenlosen Anbietern?

Diese Frage kannst du – mit ein bisschen nachdenken – leicht selbst beantworten. Erfahrungen anderer Frauen zeigen, dass dort vor allem drei Typen von Männern zu finden sind:

1. Männer, die schnellen Sex wollen
   Die Erfahrung zeigt, dass sich bei den kostenlosen Anbietern viele Typen herumtreiben, denen es nur darum geht, möglichst viele Frauen „abzuschleppen" oder „rumzukriegen". Dabei ist es einigen auch ziemlich egal, welche Frau das ist oder wie sie aussieht. Für einen One-Night-Stand ist diesen Männern JEDE Frau recht.
2. Männer, denen das Geld für einen Bezahldienst fehlt
   Das sind wahrscheinlich noch die Besten, die du dort antreffen wirst. Wenn es dir nichts ausmacht, wenn ein Mann kein Geld hat, kannst du hier mit Glück vielleicht einen finden, der zwar arm, aber nett ist.
3. Männer, die "nur mal gucken" wollen
   Es gibt viele Männer (Frauen natürlich auch), die zwar in einer Beziehung leben, aber trotzdem mal gucken wollen, was der Markt so hergibt. Das Interesse ist dann aber auch wieder nicht so groß, dass man Geld dafür ausgeben möchte. Also meldet man sich mit einem Fake-Profil bei einem kostenlosen Anbieter

an und schaut ab und zu mal rein. Da diese Männer in der Regel gar nicht daran interessiert sind, eine (neue) Partnerin zu finden, sind sie für deine Zwecke schlicht wertlos.

Ausnahme: Lokale/private Angebote

Es gibt auch immer wieder private Anstrengungen, Bekanntschaften zu organisieren. Zum Beispiel in Form von lokalen Facebook-Gruppen. Der große Vorteil: Hier findest du in der Regel nur Männer, die auch tatsächlich bei dir "um die Ecke" wohnen. Außerdem kannst du leicht herausfinden, was derjenige für einer ist, indem du seine sonstigen Facebook-Aktivitäten anschaust. Vielleicht kennst du sogar jemanden, der deinen Wunschmann kennt. Der Nachteil: Du musst dich mit deinem Facebook-Profil in der Gruppe anmelden. Das heißt, dass jeder – sowohl Freunde, als auch Nachbarn, Kollegen oder dein Chef, erfährt, dass du auf Partnersuche bist. Das kann auch ein Vorteil sein, weil es sich herumspricht. Die meisten Frauen möchten aber wohl nicht, dass jeder über ihren Beziehungsstatus und den Wunsch, daran etwas zu ändern, Bescheid weiß.

Fazit

Kostenlose Angebote sind – von wenigen Ausnahmen abgesehen – für eine ernsthafte Partnersuche nur bedingt geeignet. Du musst dabei damit leben, deine Daten preiszugeben und wirst mit großer Wahrscheinlich vor allem auf Männer stoßen, die nur auf der Suche nach erotischen Abenteuern sind. Die Chancen, hier einen brauchbaren Partner für eine dauerhafte Beziehung zu finden, sind gering.

Vorsicht: Unseriöse Anbieter

Längst haben findige Geschäftemacher herausgefunden, wie man Menschen, die einen neuen Partner suchen, mit unseriösen Angeboten und

Tricks das Geld aus der Tasche ziehen kann. Oft geschieht dies über unterschiedlichste Lockangebote. Ganz gleich, ob im Internet oder in Zeitungsannoncen: Mit gefälschten Partnergesuchen von attraktiven Männern und Frauen werden Partnersuchende dazu verleitet, Kontakt zu der jeweiligen Agentur oder zum Betreiber der Webseite aufzunehmen.

Um den Kontakt zu dem meist gar nicht existierenden Traumpartner aufzunehmen, sollen sie dann im Voraus unterschiedlich hohe Geldbeträge überweisen, oder langfristige Verträge und Abos abschließen. Ganz dreiste Anbieter schicken gleich einen Mitarbeiter zu den arglosen Partnersuchenden nach Hause, um dort eine Unterschrift oder gar Bargeld zu ergaunern. Es gab sogar Fälle, in denen der Mitarbeiter den Kunden genötigt hat, mit ihm gemeinsam zum Geldautomaten zu gehen, um dort den geforderten Betrag in bar abzuheben.

Vorsicht: Teure SMS, lange Verträge und Abos

Auch im Bereich sogenannter Flirt-Seiten gibt es neben seriösen Angeboten leider eine ganze Reihe von Anbietern, die den Nutzern mit unlauteren Methoden das Geld aus der Tasche ziehen. Du solltest zum Beispiel äußerst vorsichtig sein, wenn der Anbieter versucht, dir teure Premium-SMS-Dienste anzubieten. Du bezahlst für solche SMS-Nachrichten eine Menge Geld. Deine „Flirt-Partner" sind aber oftmals keine Männer auf Partnersuche, sondern Angestellte des Anbieters, die die teure SMS-Kommunikation geschickt und möglichst lange aufrechterhalten. Um auch noch dieses Personal einzusparen, werden dazu zunehmend auch sogenannte Chatbots eingesetzt. Das sind Computerprogramme, die so entwickelt wurden, dass sie eine glaubhafte Textkommunikation mit den arglosen Kunden zu unterhalten.

Natürlich gibt es auch seriöse Flirtseiten. Auf solchen Seiten kannst du zum Beispiel während einer noch kostenlosen Mitgliedschaft nur die Nutzerprofile der anderen angemeldeten Kontaktsuchenden betrachten.

Erst wenn du mit einem oder mehreren Mitgliedern in Kontakt treten willst, musst du einen monatlichen Beitrag bezahlen. Wie immer bei solchen Verträgen ist es natürlich auch hier wichtig, sich nicht versehentlich für einen sehr langen Zeitraum von 24, 48 oder mehr Monaten zu binden, oder in eine Abo-Falle zu tappen. Vergiss nicht: Du wirst den Dienst nicht mehr benötigen, sobald du einen Partner gefunden hast.

Achtung Abos!

Ein Trick, auf den viele Benutzer aus Unwissenheit hereinfallen, ist der stillschweigende Übergang einer zeitlich begrenzten und oft sehr günstigen Mitgliedschaft, in einen deutlich teureren Abo-Vertrag. Eine andere, unseriöse Methode besteht darin, dass irgendwo im Kleingedruckten ein Hinweis darauf steht, dass die kostenlose oder kostengünstige Probephase automatisch dann endet, wenn der Benutzer eine kostenpflichtige Leistung in Anspruch nimmt. Einige Anbieter versuchen sogar, in diesem Fall das Widerrufsrecht erlöschen zu lassen. Lies die Bedingungen, unter denen du eine „Kurzmitgliedschaft“ oder eine „Probemitgliedschaft“ eingehst, also genau durch, damit es kein böses Erwachen gibt. Es macht auf jeden Fall auch Sinn, in einschlägigen Foren und Communities nachzulesen, welche Erfahrungen andere Flirt-Sucher bereits mit den unterschiedlichen Anbietern gemacht haben.

Fake-Profile

Es ist nicht alles Gold, was glänzt. Und auch nicht jeder Traummann, den du beim (Online-)Dating findest, ist wirklich an einem Kennenlernen interessiert. Es gibt leider immer wieder Fälle, bei denen es letztlich nur darum geht, dir das Geld aus der Tasche zu ziehen. Die Masche läuft immer nach einem ähnlichen Schema ab: Du hast Kontakt zu einem meist gut aussehenden Mann, der aus irgendwelchen Gründen plötzlich dringend Geld benötigt. Oft für eine richtig “gute” Sache. Er selbst, ein Verwandter oder Freund ist ganz plötzlich in einer Notlage und nur DU kannst ihn retten, indem du ihm Geld "leihst", bzw. das Geld direkt auf irgendein Konto überweist. Danach wirst du leider nie wieder etwas von ihm hören, und dein Geld ist futsch.

Eine andere Masche läuft so ab, dass der Mann dich überredet, ihm sehr private Fotos von dir zu schicken. Sobald er die hat, beginnt er, dich damit zu erpressen. Er droht dann, die Fotos in sozialen Medien oder irgendwo sonst im Internet zu veröffentlichen, wenn du nicht auf seine Forderungen (in der Regel Geld) eingehst.

Wenn du die folgenden Regeln beachtest, sollte dir so etwas nicht passieren:

1. Niemals Geld an einen Flirt-Kontakt überweisen!
   Ganz gleich, was derjenige dir erzählt, auch wenn die Sache angeblich noch so dringend ist: Schicke niemals Geld an einen angeblichen Flirt-Partner.
2. Niemals intime Fotos verschicken
   Schicke niemals private oder gar intime Fotos an einen Dating-Kontakt, den du nicht schon wirklich gut und lange kennst. Ich persönlich würde überhaupt keine intimen Fotos an wen auch immer schicken. Wenn der Mann an einem erotischen Kontakt interessiert ist, soll er dich im realen Leben anschauen, wenn du das möchtest.
3. Keine persönlichen Daten an Unbekannte!
   Gib niemals persönliche Daten wie deinen echten Namen, deine Adresse oder deine Telefonnummer an Männer weiter, die du noch nicht wirklich gut kennst. Und nur der Vollständigkeit halber: Gib NIEMALS deine Bankkonto-Daten an jemanden weiter, mit dem du nicht zumindest verheiratet bist. Das gilt

übrigens auch dann, wenn ER angeblich Geld auf dein Konto überweisen will. Denn: Wer deine Kontodaten hat, kann auch Geld von deinem Konto abbuchen. Und dass das passiert, ist viel wahrscheinlicher, als dass ein Fremder Geld auf dein Konto einzahlt!

4. Verhalten beobachten
   Auch wenn die Betrüger immer geschickter und professioneller vorgehen, kannst du oft selbst erkennen, dass etwas nicht stimmt. Beim Online-Flirten verraten sich Betrüger häufig während der Kommunikation mit den Frauen. Nachrichten werden oft von billigen Hilfskräften oder gar von automatisierten Bots geschrieben. Wenn du also feststellst, dass dein Online-Flirt sich seltsam ausdrückt oder bereits Besprochenes offenbar nicht mehr weiß, solltest du vorsichtig sein.
5. Zu schön, um wahr zu sein
   Ja, es gibt sie. Die gut aussehenden, durchtrainierten, romantischen, intelligenten und wohlhabenden Männer. Nur wirst du die wahrscheinlich nicht bei einer Partnervermittlung finden. Noch geringer ist die Wahrscheinlichkeit, dass sich einer dieser Supertypen ausgerechnet eine Frau wie uns beide aussucht, um sie aktiv anzuschreiben und um sie zu werben. Auch, wenn das im ersten Moment sehr schmeichelhaft ist, solltest du immer auch deinen Kopf einschalten und überlegen, wie realistisch es ist, dass dieser Supermann aus Millionen von Profilen gerade dich ausgesucht hat. Na? Stimmt, das ist zu schön, um wahr zu sein. Und das ist es auch nicht. Also: Sei ein bisschen vorsichtig, wenn du plötzlich von Männern angehimmelt wirst, die zu gut sind, um echt zu sein.

Was tun, wenn man in eine Falle getappt ist?

Viele, der unseriösen Anbieter setzen darauf, dass es den betrogenen Menschen häufig zu peinlich ist, eine Anzeige zu erstatten oder einen Rechtsbeistand damit zu beauftragen, das Geld zurückzufordern. Falls dir etwas Ähnliches passiert sein sollte, solltest du nicht zögern, Hilfe zu suchen. Diese findest du zum Beispiel bei den Verbraucherberatungsstellen oder ggf. auch direkt bei der Polizei, wo die entsprechenden Anbieter oft schon bekannt sind.

Das Gleiche gilt bei jeder Form von Betrug durch Flirt- oder Dating-Partner. Zögere nicht, die Polizei einzuschalten. Das muss dir auch nicht peinlich sein. Solche Fälle passieren jeden Tag. Du bist also nicht die einzige Betroffene. Du kannst durch eine Anzeige aber vielleicht verhindern, dass anderen Frauen das Gleiche passiert, wie dir selbst.

Flirten via Mail, Chat oder Whatsapp

Um einen guten Liebesbrief zu schreiben, musst du anfangen, ohne zu wissen, was du sagen willst, und enden, ohne zu wissen, was du gesagt hast.

(Jean-Jacques Rousseau)

Es ist schon ziemlich lange her, seit Rousseau diese schöne Beschreibung eines Liebesbriefs verfasst hat. Und leider gerät die Tradition, seinem Angebeteten wohlformulierte Briefe zu senden, auch immer mehr in Vergessenheit.

Heutzutage werden stattdessen Kurznachrichten verschickt. Entweder altmodisch per SMS oder per Chat im Internet oder über eine der vielen Messenger-Apps, die heute auf jedem Smartphone installiert sind. Und mit der Form haben sich auch die Inhalte verändert, die zwei Menschen, die sich mögen, einander zuschicken.

Auch beim Online-Flirten kommt irgendwann der Zeitpunkt, an dem du direkten Kontakt zu deinem Wunschpartner aufnehmen musst. Wenn das erste "Abchecken" des Profils erledigt ist oder wenn sich sogar bereits ein *Match* ergeben hat, müsst ihr miteinander reden, bzw. meist erst einmal schreiben. Dabei kannst du viel richtig, aber auch einiges falsch machen. Im Folgenden findest du die wichtigsten Tipps, mit denen du aus einem Erstkontakt per Textnachricht mehr machen kannst.

1. Du weißt selbst am besten, ob du dich gut (schriftlich) ausdrücken kannst. Wenn du das kannst und in der Lage bist, locker und einfühlsam zu schreiben, brauchst du im Grunde gar keine Regeln. Folge deinem Gefühl und schaue, was sich entwickelt. Die Kommunikation per Textnachrichten ist im Prinzip nichts anderes, als ein Gespräch. Der einzige Unterschied: Du musst ein wenig genauer überlegen, WAS du schreibst. Denn alles, was du schreibst, bleibt für die Ewigkeit gespeichert.
2. Partner oder Chat-Partner?
   Viele Online-Flirter machen den Fehler, dass sie viel zu lange chatten und Nachrichten schreiben, bevor sie sich im echten Leben treffen. Im Laufe der Zeit entsteht so in beiden Köpfen ein immer deutlicheres Bild des Anderen. Leider entspricht dieses Bild nicht immer der Realität, sodass es dann beim ersten Treffen manchmal zu Enttäuschungen kommt. Natürlich kann es auch sehr schön sein, sich mit einem Mann dauerhaft schriftlich auszutauschen. Nur bringt dich das deinem Ziel, einen Partner zu finden, keinen Schritt näher. Du hast dann letztlich zwar einen Chat-Freund, aber immer noch keinen Mann.
3. Schreibe persönlich
   Damit meine ich deinen Schreibstil. Dein Schreib-Partner ist

nicht ein unbekannter Austauschschüler, dem du vor seinem ersten Besuch deine Heimatstadt beschreibst. Wenn du beginnst, mit einem Mann zu schreiben, dann habt ihr schon eine sehr persönliche Beziehung. Ihr beide wisst, dass es darum geht, ob ihr zueinander passt und dass ihr möglicherweise ein Paar werden könntet. Und so solltest du auch schreiben. Persönlich und so, als würdet ihr euch schon länger kennen. Das baut Intimität und freundschaftliche Gefühle auf. Dein Text-Partner spürt, dass euch etwas verbindet und dass es dir ernst ist.

4. Wenn du ihn willst, dann zeige das auch
   Es gibt Ratgeber, in denen du nachlesen kannst, dass es besonders erfolgversprechend sei, wenn du dich möglichst uninteressiert zeigst. Dort steht dann zum Beispiel, dass du den Mann nicht anschreiben sollst, wenn er sich nicht von selbst meldet. Das ist natürlich Unsinn! Es gibt tausend Gründe, warum sich dein Chat-Partner nicht meldet. Vielleicht hat er gerade viel Stress, oder er hält sich gerade im Ausland auf, oder sein Handy ist kaputt, oder, oder, oder ... Dazu kommt, dass viele Männer nicht gerade gerne schreiben. Viele befürchten, sich und ihre Gefühle schriftlich nicht gut ausdrücken zu können, und nicht selten ist das auch so.
   Der langen Rede kurzer Sinn: Wenn du einen Mann gefunden hast, der dir gefällt, dann zeige das auch durch deine Textnachrichten. Natürlich sollst du ihn dabei nicht bedrängen und Nachrichten im 5-Minutentakt schreiben. Dein Interesse solltest du aber trotzdem zeigen, indem du nicht nach einem Tag Chatpause sofort aufgibst. Menschen neigen dazu, die Menschen zu mögen, die sich für sie interessieren. Diese Chance solltest du nutzen, indem du dein Interesse auch deutlich zeigst.

5. Ein kurzes Hallo
   Es müssen gar nicht immer ausformulierte Botschaften sein, die du ihm schickst. Ein kurzes: “Guten Morgen, gut geschlafen?” oder “Hallo, wollte dir nur einen schönen Abend wünschen.” bewirken, dass er sich freut und an dich denkt. Vielleicht bekommt er daraufhin auch Lust, dir zu schreiben, wie sein Morgen oder sein Abend war oder verlaufen wird.
6. Sofort antworten, oder nicht?
   Das hängt natürlich von der Art der Nachricht und von ihrem Inhalt ab. Wenn er dir sofort nach dem Aufstehen einen guten Morgen wünscht, antwortest du natürlich auch sofort. Auch später am Tag solltest du zügig antworten, wenn dir viel an ihm liegt. Wenn sich die Konversation aber länger hinzieht, kannst du auch gerne mal ein bisschen Zeit verstreichen lassen. Er soll ja nicht das Gefühl bekommen, dass du nichts anderes zu tun hast, als auf seine Nachrichten zu warten.
7. Zu viel ist zu viel
   Du wirst schnell merken, wie oft und in welchem Tempo er Nachrichten schickt. Daran kannst du dich orientieren. Denn, wenn du ihn von morgens bis abends mit Nachrichten überschüttest, wird ihn das ziemlich sicher irgendwann nerven. Insbesondere, wenn du auch noch jedes Mal eine prompte Reaktion erwartest, wird er sich kontrolliert und belästigt fühlen. Und das willst du ja ganz sicher nicht.
8. Ich muss jetzt los ...
   Wenn es dir geht, wie den meisten Menschen, dann hast du nicht immer Zeit und Lust zum Schreiben. Vielleicht hast du etwas anderes vor, oder du hast einfach keine Lust mehr zum Chatten. Das ist auch kein Problem, du solltest das aber dann

klar kommunizieren. Auf keinen Fall solltest du einfach dein Handy zur Seite legen und ihn am anderen Ende "verhungern" lassen. Wenn du euren Chat beenden willst, verabschiede dich einfach kurz und freundlich, vielleicht mit dem Versprechen, dass ihr später weiter schreibt.

9. Rächtschreibung ...
   Beim Chatten und beim Versenden von Textnachrichten achten die meisten Menschen nicht so genau auf ihre Rechtschreibung. Wenn du aber immer und immer wieder die gleichen offensichtlichen Schreibfehler machst, wird dein Text-Partner den Eindruck bekommen, dass du ungebildet bist, oder dass er dir nicht wichtig genug ist, um korrekt zu schreiben. Beides wäre ungünstig. Versuche also, "im Großen und Ganzen" korrekt zu schreiben. Dein Chat-Partner kennt dich ja vielleicht noch nicht persönlich und schließt aus deinem Schreibstil auf deine Persönlichkeit.
10. Wenn der Daumen streikt ...
   Das Schreiben von Textnachrichten, die aus mehr als zwei Sätzen bestehen, kann auf einer Handy-Tastatur zu einer echten Herausforderung werden. Die abgebildeten Tasten sind viel zu klein und irgendwann schmerzt auch der Daumen, wenn er ununterbrochen Buchstaben auf dem Bildschirm treffen muss. Zum Glück gibt es aber auch Alternativen. Messenger-Dienste wie zum Beispiel Whatsapp oder Telegram gibt es auch in Versionen, die man über die Tastatur des eigenen PCs bedienen kann. Auch Facebook & Co. sind im Browser am PC verfügbar, sodass man längere Texte dort sehr schnell auch über die

Computertastatur eingeben kann. Auch für Tablets und Smartphones gibt es externe Tastaturen, auf denen du wesentlich flotter und einfacher deine Textnachrichten eingeben kannst.

11. Flirten per Sprachnachricht
Sprachnachrichten sind kleine Tondokumente, die man über die meisten Chat- und Messenger-Programme verschicken kann. Du sprichst die Nachricht einfach in das Mikrofon deines Handys und der Empfänger kann sie dann jederzeit abhören. Natürlich eignet sich diese Form der Kommunikation nicht dafür, ein richtiges Gespräch zu führen (dann könnte man ja gleich telefonieren). Für ganz bestimmte, sehr persönliche Nachrichten sind sie aber besser geeignet als nackter Text. Wenn du ihm also etwas ganz besonders Nettes oder gar Erotisches sagen möchtest, kannst du ihm eine solche Sprachnachricht schicken. Er hört dann nicht nur die Nachricht, sondern auch den Klang deiner Stimme, was die ganze Sache viel persönlicher oder gar intimer macht.

Tindern! Oder lieber nicht?

Eigentlich wollte ich das Thema Tinder kurz und knapp abhandeln, weil ich dachte, dass Tinder für eine ernsthafte Partnersuche eher unwichtig sei. Allerdings hatte ich nicht mit meinen Freundinnen gerechnet, die mir erklärten, dass Tinder zum Thema Flirten und Kennenlernen unbedingt dazugehört. Tatsächlich hörte ich Sätze wie "Das macht doch heute jede(r)!" oder "So geht Flirten einfach heutzutage." OK, das war mir bisher entgangen. Ich hatte Tinder immer als eine Domäne der ganz jungen Menschen eingeschätzt (und meine Recherchen haben gezeigt, dass das auch so ist). Aber wenn gestandene Frauen zwischen 30 und 50 (meine Freundinnen) der Ansicht sind, dass Tindern zum Kennenlernen von Männern wichtig ist, dann ist vielleicht doch etwas dran.

Im Folgenden findest du, was ich über Tinder herausgefunden habe. Ich habe für meine Recherchen mit Frauen gesprochen, die Erfahrungen mit Tinder gemacht haben. Ich habe mich sogar testhalber bei Tinder angemeldet, um selbst zu erleben, wie das Flirten und Kennenlernen mit diesem Dienst funktioniert.

Los geht's ...

So funktioniert Tinder

Nur für den unwahrscheinlichen Fall, dass du Tinder noch nicht kennst, oder noch nicht so genau weißt, wie es funktioniert, hier eine kurze Information dazu:

Tinder ist eine App, also ein Programm, das auf deinem Smartphone läuft. Tinder ist eine Dating-App, bei der es darum geht, dass Menschen, die auf Partnersuche sind, zueinanderfinden.

Bei Tinder läuft das so ab, dass du aus den Profilbildern der angemeldeten Benutzer diejenigen aussuchen kannst, die dir gefallen. Das geht ganz einfach: Je nachdem, ob du ein Profilbild nach links oder rechts aus dem Bildschirm schiebst ("swipe"), legst du fest, ob du die Person auf dem Bild magst oder nicht. Ein Swipe nach rechts ist ein Like, ein Swipe nach links sortiert denjenigen aus. Swipen beide nach rechts, ist es ein *Match u*nd die beiden können Kontakt zueinander aufnehmen.

Anhand deines aktuellen Aufenthaltsortes oder deines Wohnortes kannst du festlegen, dass dir nur Fotos von Mitgliedern gezeigt werden, die ebenfalls aus deiner Nähe stammen oder sich gerade dort aufhalten. Nähere Informationen zu einem ausgewählten Profilbild erhältst du nur dann, wenn der Ausgewählte ebenfalls dein Bild als positiv bewertet hat. Du kannst also davon ausgehen, dass du nur solche Kontakte erhältst, die dich ebenfalls attraktiv finden.

Das ist aber auch gleich einer der großen Schwachpunkte bei Tinder. Die Auswahl findet zunächst ausschließlich aufgrund des Aussehens auf den Profilbildern statt. Das führt nicht nur dazu, dass Menschen, die optisch nicht dem allgemeinen Schönheitsideal entsprechen, deutlich weniger Chancen haben. Ein anderer Effekt ist, dass bei den Tinder-Fotos auch viel gelogen und manipuliert wird. Es kann also passieren, dass dein strahlend gut aussehender Tinder-Kontakt in der Realität eher mittelmäßig und im schlimmsten Fall ganz anders aussieht, als auf seinem Profilbild.

Zu alt zum Tindern?

Tinders erklärte Zielgruppe sind Menschen zwischen 18 und 35. Aber auch, wenn du älter bist, findest du bei Tinder Teilnehmer in deiner Altersgruppe. Allerdings ist die Auswahl dann deutlich kleiner, und die Wahrscheinlichkeit, ein Match zu finden, entsprechend geringer.

Tinder und der Datenschutz

Seit 2015 muss jeder Tinder-Nutzer, Zugriff auf sein Facebook-Konto gewähren. Das heißt: Tinder erhält Informationen über deine Facebook-Kontakte, über deine aktuellen und früheren Arbeitgeber und viele weitere persönliche Informationen über dich. Die Tinder-App verlangt sogar den Zugriff auf die Bewegungsdaten deines Smartphones, selbst dann, wenn du die App nicht gerade benutzt. Das heißt: Tinder weiß jederzeit, wo du gerade bist und welche Orte, Menschen, Ärzte oder Therapeuten du gerade besuchst!

Dadurch, dass Tinder automatisch auch auf deine Facebook-Fotos zugreift und diese anzeigt, bist du leicht zu identifizieren. Selbst dann, wenn du dir bei Tinder einen Nickname zulegst, können Freunde, Nachbarn, Kollegen und dein Arbeitgeber leicht herausfinden, dass du bei Tinder angemeldet bist. Zudem gibt es immer wieder Fälle, in denen, insbesondere Frauen, bei Tinder von Männern verfolgt werden ("Stalking"). Durch die Verbindung zu Facebook wird es solchen Männern leicht gemacht, deine wahre Identität und Adresse herauszufinden.

Die Tinder-Datensätze sind auch nicht nach außen geschützt. Das heißt: Jeder – selbst Nicht-Mitglieder – können die Tinder-Daten durchsuchen. Es gibt mittlerweile sogar Angebote und Apps, mit denen jeder blitzschnell überprüfen kann, ob eine bestimmte Person bei Tinder angemeldet ist.

Was kostet Tinder?

Die Basisversion von Tinder ist kostenlos. Wer mehr Möglichkeiten haben will, muss für die "Premium-Funktionen" von "Tinder-Plus" oder "Tinder-Gold" bezahlen. Die Kosten für eine Mitgliedschaft bei Tinder-Plus sind nach Alter des angemeldeten Teilnehmers gestaffelt und reichen von 1, 99 Euro bis 19,99 Euro im Monat. Je älter ein Teilnehmer ist, desto höher sind die monatlichen Kosten.

Darüber hinaus zahlst du bei Tinder – wie bei vielen anderen "kostenlosen" Social-Media-Angeboten natürlich auch mit deinen persönlichen Daten und dadurch, dass du beim Tindern Werbung konsumierst.

Ist Tinder etwas für mich?

Natürlich musst du diese Frage letztlich selbst für dich entscheiden. Ich kann dir an dieser Stelle nur meinen persönlichen Rat geben. Und der lautet:

Tinder ist für eine ernsthafte Partnersuche NICHT geeignet!

Es gibt eine Menge Gründe, die gegen Tinder sprechen. Ganz vorn mit dabei ist der im Prinzip nicht vorhandene Datenschutz. Wenn du dich bei Tinder anmeldest, gibst du zwangsläufig einen großen Teil deiner ganz persönlichen Daten und ganz persönliche Informationen über dich preis. Und zwar nicht nur für mögliche Partner oder Matches. Nein, deine Tinder-Mitgliedschaft und viele damit verbundenen Informationen über dich, stehen offen im Netz und sind für jeden einsehbar, der sich dafür interessiert.

Nur die "Schönsten" kommen durch

Durch das an Oberflächlichkeit nicht mehr zu übertreffende Auswahlverfahren per Swipe beschränkt sich das Interesse von Männern an dir ausschließlich auf dein Aussehen und dein Alter. In der Folge haben nur solche Frauen eine Chance "geliked" zu werden, die entweder sehr gut aussehen oder doch zumindest ein sehr gut aussehendes Foto von sich einstellen.

Aus diesem Grund wird bei den Tinder-Fotos gelogen und betrogen. "Echte" Fotos, die nicht aufwendig per Photoshop oder anderen Verschönerungsprogrammen bearbeitet wurden, haben kaum eine Chance, ausgewählt zu werden.

Dementsprechend sind die Unterschiede zwischen den ausgewählten Fotos und der Realität bei Tinder besonders groß. Ich kenne einige Frauen, die regelrecht entsetzt waren, als sie ihr Tinder-Match im wahren Leben getroffen haben. Nur allzu oft entpuppt sich ein dunkelhaariger 1,90-Mann mit Waschbrettbauch dann als mittelgroßer Glatzkopf mit Wohlstandswampe.

Aber, wenn mich jemand geliked hat, findet er mich doch gut

Nein, selbst das ist bei Tinder nicht immer der Fall. Bei Tinder gibt es deutlich mehr Männer als Frauen. Aus diesem Grund ist es absolut üblich, dass viele Männer grundsätzlich erst einmal ALLE Frauen liken, die sich in ihrer unmittelbaren oder weiteren Umgebung befinden. Die Männer warten dann einfach ab, von welchen Frauen sie ebenfalls geliked werden und suchen dann erst aus. Da ist Frust vorprogrammiert.

Aber immerhin findet man bei Tinder doch viele Singles

Auch hier muss ich dich enttäuschen. Bei Tinder sind überdurchschnittlich viele Menschen unterwegs, die nur mal ihren "Marktwert" checken wollen. Oder solche, die ihr Ego dadurch stärken, dass sie von Frauen ausgewählt werden. Sehr oft kommt es dann dazu, dass entweder gar kein Kontakt entsteht, oder, dass sich der Kontakt auf unverfängliches Chatten beschränkt. Echte Kontakte oder gar Dates im realen Leben kommen bei Tinder vergleichsweise selten zustande. Am ehesten noch bei ganz jungen Menschen, die auf schnelle und kurze Sexualkontakte aus sind.

Tinder schadet deinem Selbstbewusstsein

Verschiedene Untersuchungen haben in den letzten Jahren gezeigt, dass die Teilnahme an Sozialen Medien, wie zum Beispiel Facebook, auf

Dauer zu einer Verschlechterung des psychischen Wohlbefindens führen. Sei es, weil man ständig mit einer für einen selbst unerreichbaren Scheinwelt der anderen Teilnehmer konfrontiert wird, sei es, weil man auf unfreundlichste Art kritisiert oder belästigt wird, oder sei es, weil man schlicht, viel zu viel Zeit damit verbringt.

Auch in Bezug auf Tinder wurden entsprechende Untersuchungen durchgeführt. Dabei zeigte sich, dass Tinder-Nutzer generell ein deutlich herabgesetztes Selbstbewusstsein haben. Auch die Zufriedenheit mit dem eigenen Körper war bei Tinder-Teilnehmern deutlich geringer, als bei anderen Befragten. Es ist allerdings noch nicht endgültig geklärt, ob diese Effekte auf die Tinder-Nutzung zurückzuführen sind, oder ob, Menschen mit geringem Selbstwertgefühl eher dazu neigen, Tinder zu verwenden.

Fazit: Sollte ich Tinder nutzen, oder nicht?

Du hast jetzt alle Informationen, die brauchst, um diese Frage für dich selbst zu beantworten. Vielleicht hilft dir auch die folgende kurze Übersicht:

Tinder nutzen

+ Wenn du jung bist.
+ Wenn du sehr gut aussiehst.
+ Wenn du viel Selbstvertrauen hast.
+ Wenn du auf der Suche nach Kurzbekanntschaften bist.
+ Wenn du auf der Suche nach kurzen Sexualkontakten bist.

Tinder nicht nutzen

– Wenn du älter als 25 bist.
– Wenn du nur mittelmäßig gut aussiehst.
– Wenn du unsicher, schüchtern oder wenig selbstbewusst bist.

- Wenn dir ein Charakter-Match wichtiger ist, als ein One-Night-Stand.
- Wenn du ernsthaft auf der Suche nach einer dauerhaften Partnerschaft bist.

10 Tipps für Tinder-Dates

In vielen Punkten unterscheiden sich Dates mit Tinder-Kontakten nicht von anderen Rendezvous. Allerdings ist das Publikum bei Tinder sehr unterschiedlich. Du triffst hier häufiger als im "normalen" Leben Kontakte, mit denen du erst einmal klären solltest, worauf sie aus sind. Aus diesem Grund findest du hier 10 Tipps, mit denen deine Tinder-Dates erfolgreich laufen sollten.

1. Was willst du selbst?
   Die wichtigste Frage bei jedem Date, ganz besonders aber bei Tinder-Verabredungen. Suchst du eine Beziehung, einen Freund, Sex oder sogar den Mann fürs Leben?
2. Was will dein Date?
   Bei Tinder sind erfahrungsgemäß überdurchschnittlich viele Männer unterwegs, die nicht nach einer dauerhaften Beziehung, sondern eher nach erotischen Kurzbeziehungen suchen. Kurz: Es geht vielen Tinder-Männern vor allem um Sex. Es macht deshalb bei Tinder besonders viel Sinn, schon vor der Verabredung zu klären, was der Mann tatsächlich will und was er von dir erwartet. Wenn eure Erwartungen zueinander passen, ist alles gut. Wenn nicht, kannst du dir (oder auch ihm) so eine Enttäuschung ersparen.
3. Nicht zu lange schreiben
   Wenn du auf Tinder einen Mann gefunden hast, mit dem du auf einer "Wellenlänge" bist, solltest du ein Treffen im realen Leben

nicht allzu lange aufschieben. Die Erfahrung zeigt: Je länger zwei Menschen online miteinander chatten und flirten, desto höher steigen die Erwartungen auf den echten Kontakt. Das kann problematisch sein, wenn man zu lange damit wartet.

4. Der richtige Treffpunkt
   Bei Tinder kann sich jeder (!) anmelden, und die Angaben wie Fotos oder sonstige Details werden auch nicht überprüft. Das heißt, bevor du den Mann nicht selbst getroffen hast, weißt du im Grunde nichts Verlässliches über ihn, nur das, was er selbst von sich sagt.
   Aus diesem Grund scheidet sowohl "bei dir", als auch "bei ihm" als Treffpunkt aus. Überhaupt würde ich für ein erstes Treffen jeden Ort ausschließen, wo ihr beide ganz allein seid. Besser ist ein Café, eine Bar oder eine Kneipe, die du schon kennst. Auch eine gemeinsame Unternehmung an einem öffentlichen Ort kann eine gute Idee sein. Achte nur darauf, dass ihr euch dort, wo ihr euch trefft, auch ungestört unterhalten könnt. Ein Klub mit lauter Musik, Kino, Theater oder Konzert sind also keine guten Ideen.
5. Persönliche Informationen
   Beim ersten Treffen solltest du vorsichtig mit persönlichen Informationen umgehen. Wie gesagt: Bei Tinder gibt es "solche und solche". Wenn du kein gutes Gefühl hast, solltest du noch nicht einmal deinen echten Namen preisgeben. Viele Teilnehmer bei Tinder haben Nicknames, also irgendwelche Spitznamen oder einfach Fantasienamen. Wenn du dir nicht sicher bist, behalte deinen wirklichen Namen erst einmal für dich und bitte dein Date, dich einfach mit deinem Tinder-Namen anzusprechen. Wir haben ja bereits kurz über Chatnamen gesprochen.

Hier macht sich ein guter Chatname bezahlt. Oder möchtest du gerne als "Bärchen89" angesprochen werden? ;-)

6. Alkohol und Co.
   Deine Nervosität beim ersten Treffen mit Alkohol oder anderen Drogen zu lindern, ist keine gute Idee. Zum einen macht es einen denkbar schlechten Eindruck, wenn du schon beim ersten Date angetrunken bist. Zum anderen kennst du den Mann ja noch gar nicht und solltest vermeiden, angeheitert Dinge auszuplaudern, die du nüchtern vielleicht lieber für dich behalten hättest.

7. Wenn es nicht passt
   Es liegt in der Natur der Sache: Wenn ihr euch zum ersten Mal im richtigen Leben trefft und womöglich vorher noch nicht lange Kontakt hattet, dann kann es passen – oder auch nicht. Tatsächlich ist die Wahrscheinlichkeit, dass es nicht passt, sogar größer als andersherum. Schließlich müssen hier zwei Menschen, die sich bisher kaum kennen, zusammenpassen. Da gehört schon ein bisschen Glück dazu, dass das passiert.
   Das ist aber auch völlig OK. Wenn es (von deiner Seite) nicht passt, ist es auch völlig in Ordnung, das klar und deutlich zu sagen. Du musst dich zu nichts verpflichtet fühlen. Noch nicht einmal dazu, das Date bis zum Ende durchzustehen. Teile deinem Date Partner auf freundliche Art und Weise mit, dass es von deiner Seite nicht funktioniert. Du musst dafür auch keine Gründe angeben. Falls er doch nachhakt, sagst du einfach, er sei sehr nett und alles, aber dein Gefühl sei eben, dass es von deiner Seite aus nicht passt.

8. Wenn du Sex mit ihm willst
   Ich werde jetzt hier keinen Vortrag darüber halten, ob es sinnvoll ist, mit einem Mann, den du kaum kennst, Sex zu haben. Wenn du das willst, wirst du dir das schon gut überlegt haben. Ich gehe in diesem Fall aber auch davon aus, dass du vorbereitet bist und sich einige Kondome in deiner Tasche befinden. Es spricht nichts gegen einen One-Night-Stand. Es spricht aber sehr Vieles gegen ungeschützten Sex. Insbesondere bei Dates mit Männern, wo von vornherein klar ist, dass es vor allem um Sex gehen soll, kannst du davon ausgehen, dass dein Date schon eine ganze Reihe anderer Sexualkontakte vor dir hatte. Die Wahrscheinlichkeit, dass er sich dabei eine unangenehme oder sogar gefährliche Krankheit eingefangen hat, ist groß. Also: Sex: Ja. Ohne Kondom: Nie!
9. The Day After
   Wenn du die Nacht mit deinem Date verbracht hast, gibt es mehrere Varianten. Falls nicht einer von euch schon nachts wieder nach Hause gefahren ist, könnt ihr gemeinsam Frühstücken und schauen, ob ihr euch immer noch sympathisch seid. Dann könnt ihr auch darüber sprechen, ob und wann ihr euch wiedersehen wollt.
   Oder ihr habt euch schon in der Nacht getrennt. Dann kannst du überlegen, ob du ihn gerne noch einmal treffen möchtest. Da ihr ja ohnehin online in Kontakt steht, kannst du ihn einfach danach fragen. Dabei musst du auch keine Wartezeit oder etwas in der Art einhalten. Wenn dir danach ist, schreibe ihm einfach, dass du die Nacht schön fandest und ihn wiedersehen willst.
   Natürlich ist es aber auch für beide Seiten völlig OK, wenn kein

Wiedersehen gewünscht ist. Auch, wenn du gerne möchtest, er aber nicht, solltest du das ohne Widerspruch akzeptieren. Wenn du dich an die Tipps 1 und 2 gehalten hast, sollte das kein Problem für dich sein. Falls du aber mehr empfindest und es für ihn nur ein One-Night-Stand war, ist das zwar unschön, aber auch kein Drama. Du musst das dann einfach als Erfahrung verbuchen und beim nächsten Mal vielleicht anders an das Thema herangehen.

10. Folge deinem Gefühl
Wenn du keine Autistin bist – wovon ich nicht ausgehe – kannst du dich in 9 von 10 Fällen auf dein Gefühl und deine Menschenkenntnis verlassen. Wenn dir ein Mann nicht sofort sympathisch ist oder du sogar ein merkwürdiges Gefühl hast, beende die Sache. Auch wenn ein Mann allzu selbstsicher und routiniert auftritt, kannst du davon ausgehen, dass es sich um einen "Tinder-Profi" handelt, für den das Abschleppen von Frauen eine Art Hobby ist. Auch wenn Tindern eindeutig weniger romantisch ist, als andere Formen des Kennenlernens, geht es doch letztlich um das, was dein Herz dir sagt. Fühle dich zu nichts verpflichtet und folge deinem Herzen. Dann kann auch beim Tinder-Date nichts schiefgehen.

Männer ansprechen: So geht's

So, jetzt wird es ernst. Und falls dir schon beim Lesen der Überschrift der Schweiß ausbricht, kein Problem. Das geht den meisten Menschen so, Frauen und Männern. Umfragen zufolge möchten über 80 % aller Singles gerne wieder in einer Beziehung leben. Allerdings gaben nur 20 % an, dass sie dafür auch bereit seien, einen potenziellen neuen Partner selbst anzusprechen. Sowohl ein Großteil der Single-Frauen, als auch der Männer wünschen sich also einen neuen Partner, trauen sich aber nicht, den ersten Schritt zu machen. Sie sind wie die bekannten Königskinder: Sie möchten so gerne, können aber nicht zusammenkommen.

Diese unglückliche Situation solltest du für dich durchbrechen und selbst aktiv werden. Es ist für eine moderne erwachsene Frau heutzutage absolut nicht peinlich oder auch nur unangenehm, einen Mann anzusprechen, der sie interessiert.

In diesem Kapitel zeige ich dir einige Tipps und Hilfen, die dich dabei unterstützen.

Trau dich!

Nur 20 % aller Singles trauen sich, aktiv jemanden anzusprechen, den sie attraktiv finden. Die anderen trauen sich nicht oder nur ganz selten, selbst aktiv zu werden und warten stattdessen lieber darauf, dass sich „eine Gelegenheit" ergibt, oder sogar darauf, dass sie selbst angesprochen werden.

Das ist allerdings eine Einstellung, die nur in den allerwenigsten Fällen zum Erfolg führen wird. Selbst wenn du die Tipps aus dem Kapitel „So bringst du Männer dazu, dich anzusprechen" beherzigst, brauchst du ein wenig Mut, um bei der Partnersuche erfolgreich zu sein.

Dabei sind wir Frauen in der unglücklichen Situation, dass vielerorts immer noch die Meinung vorherrscht, dass der erste Schritt vom Mann ausgehen sollte, was natürlich kompletter Unsinn ist. Auch viele Männer fühlen sich dabei unwohl, denn es gibt mindestens genauso viele schüchterne Männer wie Frauen. Und die Zahlen bestätigen das auch: Wenn nur jede 5. männliche Single sich überhaupt traut, eine Frau anzusprechen, kannst du wahrscheinlich sehr lange warten, bis ein brauchbarer Mann Kontakt zu dir aufnimmt.

Also: Schau der Realität ins Auge. Du musst selbst aktiv werden. Vielleicht fällt dir das schwer, aber das macht nichts. Du kannst das alles üben und trainieren. Ich garantiere dir, schon nach wenigen Wochen wirst du keine Angst mehr davor haben, einen Mann anzusprechen.

Routine ist wichtig

Ganz wichtig ist, dass du möglichst viel Routine darin bekommst, mit anderen Menschen zu sprechen. Fange damit an, dass du auf der Straße Menschen ansprichst, die für dich völlig unwichtig sind. Frage sie nach der Uhrzeit oder sprich über das Wetter. Du wirst feststellen, dass das ganz einfach ist, solange du damit keine Flirtabsichten verfolgst. Trotzdem: Wenn du ein schüchterner Mensch bist, ist diese einfache Übung wichtig für dich. Du erlangst dadurch Routine und deine Hemmungen werden von Mal zu Mal weniger.

Männer ansprechen geht überall

Also, ganz gleich, ob im Supermarkt, in der Straßenbahn oder beim Gassi gehen mit dem Hund: Wenn du einen Mann entdeckst, der dir auf den ersten Blick sympathisch ist, werde aktiv! Warte erst gar nicht so lange, bis dir Bedenken kommen. Starte zumindest sofort das Minimalprogramm, indem du ihm in die Augen schaust und lächelst. Checke auf diese Weise, ob du überhaupt eine Chance hast. Lächelt der Mann zurück, und bleibt der Blickkontakt sogar einen Augenblick länger bestehen als nötig, sieht es gut für dich aus!

Es gibt dann keine Ausreden mehr, um nicht zum nächsten Schritt überzugehen und den Mann anzusprechen.

„Mut ist, wenn man Todesangst hat, aber sich trotzdem in den Sattel schwingt."

(John Wayne)

Nur eine Chance? Nutze sie!

Manchmal ergibt es sich, dass du genau eine Gelegenheit hast, deinen Traummann anzusprechen und kennenzulernen. Das ist zum Beispiel immer dann der Fall, wenn Du einem Mann zufällig begegnest und genau weißt, dass sich dieser Zufall nicht wiederholen wird.

Ganz gleich, ob während einer Zugfahrt oder beim Coldplay-Konzert, im Urlaub oder an der Autobahnraststätte. Manchmal trifft man Menschen, von denen man genau weiß, dass man sie nie wieder sehen wird, wenn man nicht selbst die Initiative ergreift und ihre Bekanntschaft sucht. Das ist umso tragischer, wenn es sich dabei vielleicht um deinen Traummann handeln könnte.

In diesem Fall gibt es nur eine Handlungsoption: Du musst denjenigen sofort ansprechen, auch wenn du dabei ein hohes Risiko eingehst, einen Korb zu bekommen. Auf der anderen Seite: Wenn du den Mann ohnehin nie wiedersiehst, kann dir das im Grunde auch völlig egal sein. Natürlich kannst du auch hier deine Chancen drastisch erhöhen, wenn du den Betreffenden auf eine respektvolle und witzige Art und Weise ansprichst, die ihr zeigt, wie wichtig und ernst es dir dabei ist.

Beispiele:

> *„Entschuldigung, darf ich Sie ansprechen? Sie sind mir eben sofort aufgefallen und ich würde es mir nicht verzeihen, es nicht wenigstens zu versuchen, Sie kennenzulernen."*
>
> *„Ich würde es mir nicht verzeihen, Sie einfach wieder aus meinem Leben verschwinden zu lassen."*
>
> *„Ich würde es mir nicht verzeihen, nicht wenigstens Hallo zu sagen, bevor ich Sie vielleicht niemals wiedersehe."*

In solch einem speziellen Fall ist es auch durchaus in Ordnung, ihm eine Visitenkarte oder einfach einen Zettel mit deiner eigenen Telefonnummer zur überreichen.

> *„Wenn Sie auch Lust haben, mich noch einmal wiederzusehen, rufen Sie mich bitte an."*
>
> *„Wenn nicht, hat es mich auf jeden Fall sehr gefreut, Sie getroffen zu haben."*

Ganz gleich, ob du damit Erfolg hast oder nicht: Wenn du das nicht tust, ist das Ergebnis definitiv negativ!

Du hast nur die eine Chance. Nutze sie!

Chancen gehen nie verloren. Die, die man selbst versäumt, nutzen andere.

Keine Angst vor schönen Männern

"Männer denken mit den Augen" ist eine Erkenntnis, die leider oft – aber eben nicht immer – zutrifft. Gemeint ist damit, dass viele Männer ihre Freundinnen oder Partnerinnen vor allem danach aussuchen, wie attraktiv diese sind. Das ist auch der Grund, warum weniger gut aussehende Frauen bei Tinder oder anderen Dating-Portalen keine guten Chancen haben. Dort wird zu 99 % nach dem Aussehen ausgewählt.

Im wirklichen Leben sieht das (zum Glück) etwas besser aus. Auch hier wirst du oft auf Männer treffen, die besser gucken als denken können. Aber es gibt eben auch andere, und die sind gar nicht so selten, wie du vielleicht denkst.

Aber gut aussehende Männer wollen doch auf jeden Fall eine schöne Frau, oder?

Jein. Klar, vielen Männern ist das Aussehen ihrer Partnerin wichtiger als ihr Charakter. Aber das sind vielleicht ohnehin nicht unbedingt die, die auf deiner Wunschliste ganz oben stehen. Einen Partner vor allem wegen seines Aussehens auszuwählen, zeugt nicht gerade von großer Intelligenz, weshalb wir auf die auch ganz gut verzichten können. Es gibt aber eben auch welche, die anders "gestrickt" sind. Und unter diesen – ich nenne sie jetzt einfach mal die "guten Männer" – sind immer auch ein paar, die selbst besonders gut aussehen.

Viele Frauen verzichten grundsätzlich auf den Versuch, besonders attraktive Männer kennenzulernen. Zu groß ist die Angst, dass man bei „so einem" ja ohnehin keine Chance hat und dass besonders gut aussehende Männer auch nur auf attraktive und/oder gut situierte Partnerinnen stehen.

Diese Bedenken sind absolut verständlich und auch nachvollziehbar. Wer hat schon Lust, ein Risiko einzugehen, wenn er davon überzeugt ist, am Ende doch keine Chance zu haben und mit Sicherheit einen Korb zu bekommen? Wie so oft liegen aber auch bei diesem Thema die Wahrheit und das, was die meisten glauben, weit auseinander. Vielleicht rühren die Gerüchte von den unnahbaren Schönen noch aus Schulzeiten her, wo es tatsächlich oft so war (und heute noch ist), dass die besonders Attraktive unter sich blieben.

Allerdings trifft das im Erwachsenenalter nicht mehr zu. Erwachsene beurteilen die Attraktivität eines Partners oft nach anderen Kriterien als dem Aussehen. Dazu gehören zum Beispiel:

+ Vertrauen
+ Zuverlässigkeit
+ Einfühlungsvermögen
+ die Fähigkeit zuzuhören
+ Humor

Sicher hast du dich selbst auch schon manchmal darüber gewundert, wie manche Frauen an ihre attraktiven Partner kommen. Wenn du einmal in einer typischen deutschen Fußgängerzone die vorbeiflanierenden Paare beobachtest, wirst du feststellen, dass viele gut aussehende Menschen einen Partner an ihrer Seite haben, der ganz offenbar andere Qualitäten haben muss, als gutes Aussehen.

Also, wenn ein Mann dich wirklich interessiert, trau dich auch dann, wenn du subjektiv der Ansicht bist, er sei „zu schön“ für dich. Wenn es nicht klappt, hast du es wenigstens versucht. Wenn aber doch, dann hast du die Chance auf einen echten Glücksgriff. Deine Erfolgschancen stehen deutlich besser, als du glaubst!

So sprichst du einen Mann erfolgreich an

Es gibt nicht die eine „richtige" Art, einen Mann anzusprechen. Genauso wenig wie eine mit Erfolgsgarantie. Das macht die Sache aber ja eigentlich auch erst spannend. Wenn du dich an die folgenden Regeln hältst, bist du auf jeden Fall „auf der sicheren Seite". Du machst damit nichts falsch und vermeidest typische Fehler.

Keine (dummen) Sprüche!

Das ist eine Warnung, mit der eigentlich jeder Flirtratgeber für MÄNNER beginnen müsste. Wenn man erlebt, welche abgrunddämlichen Sprüche wir Frauen uns von manchen Männern anhören müssen, ist diese Warnung für Männer auch absolut berechtigt.

Aber auch für uns Frauen gilt, dass irgendwelche auswendig gelernten und vermeintlich witzigen Anbaggersprüche absolut tabu sind. Die meisten dieser Sprüche sind entweder erschreckend einfallslos, ziemlich dumm oder so sehr abgegriffen, dass nicht gerade die Originalität desjenigen unterstreichen, der oder die sie äußert. Wenn es schon ein flotter Spruch sein soll (weil das manchmal leichter fällt, als eine ernsthafte Ansprache), dann lass dir bitte etwas Originelles einfallen. Wenn dir nichts Passendes einfällt, sei einfach ehrlich:

> *„Ich überlege schon die ganze Zeit, wie ich Dich/Sie ansprechen könnte. Mir fällt einfach nichts wirklich Geniales ein."*

Wenn dir wirklich gar nichts einfallen will, mache es kurz und einfach:

> *„Entschuldigung, darf ich Dich/Sie ansprechen?"*

Das ist eine klare und einfache Frage. Ist der Mann interessiert, wird er keine Probleme haben, einfach mit „Ja" zu antworten.

Und für Mutige:

> *„Sie gefallen mir. Ich würde Sie gerne zu einem Kaffee einladen."*

"Du bist mir aufgefallen, hast du Lust, dich mit an meinen Tisch zu setzen?"

Tipp: Nicht erschrecken!

Menschen (auch Männer!) sind manchmal ein wenig schreckhaft. Und wenn sich jemand erschreckt, befindet er sich in einer Alarmstimmung, die auch noch anhält, wenn sich herausstellt, dass keine Gefahr droht. In diesem Zustand sind die meisten Menschen nicht besonders zugänglich, jeder Gedanke an Flirten wird durch den Alarm aus dem Kopf vertrieben.

Du solltest es deshalb unbedingt vermeiden, dich einem Mann überraschend oder übertrieben schnell zu nähern. Nähere dich einem Mann, den du ansprechen willst, niemals von hinten, zum Beispiel, um ihm auf die Schulter zu tippen. Das kann ihn erschrecken und versetzt ihn mit Sicherheit nicht in eine flirtfreundliche Stimmung. Zudem erscheint jemand, der uns erschreckt, gefährlich oder wirkt zumindest sofort unsympathisch.

Ganz wichtig: Das Wir-Gefühl

Es gibt einen kleinen psychologischen Trick, mit dessen Hilfe du ganz leicht die Sympathie eines Menschen gewinnen kannst. Dazu reicht es aus, zwischen dir und dem anderen Menschen ein sogenanntes Wir-Gefühl zu erzeugen. Das Wir-Gefühl ist ein Gefühl der Zusammengehörigkeit. Du machst den anderen dadurch zu einem Verbündeten, der dir automatisch Sympathien entgegenbringt.

Um ein Wir-Gefühl zu erzeugen, muss man nur Gemeinsamkeiten in der aktuellen Situation finden. Es reicht schon, gemeinsam auf die gleiche Bahn zu warten oder in der gleichen Warteschlange zu stehen. Es ist sogar besonders vorteilhaft, wenn es etwas gibt, über das man sich gemeinsam ärgern kann. So ist es erfahrungsgemäß viel einfacher mit jemandem ins Gespräch zu kommen, wenn beide sich zum Beispiel über die Verspätung eines Zuges beklagen, als dann, wenn es nichts zum Ärgern gibt. Auch das Wetter ist ein guter Einstieg in eine Wir-Unterhaltung. Insbesondere dann, wenn es besonders heiß, besonders kalt oder besonders regnerisch ist. Eigentlich immer, wenn es etwas gibt, über das man gemeinsam stöhnen kann.

So bleibt das Gespräch in Gang

So, du hast es also geschafft, deinen Traummann anzusprechen. Jetzt gilt es, das Gespräch in Gang zu halten. Denn, was nützt es, wenn du den Mann ansprichst, das Gespräch aber schon nach dem zweiten Satz versandet?

Die Zauberformel: Fragen stellen!

Und das sollten nicht irgendwelche Fragen sein. Besonders gut geeignet sind hier sogenannte offene Fragen. Also solche, auf die man nicht einfach mit *Ja* oder *Nein* antwortet, sondern solche, die dem Gesprächspartner die Möglichkeit geben, mehr von sich zu erzählen. Offene Fragen beginnen in der Regel mit einem Fragewort (wie, warum, was ...).

Beispiele: Offene Fragen

„*Was gefällt Dir/Ihnen besonders an ...?*"

„*Wie gefällt Ihnen ...?*"

„*Was hältst du von ...?*"

„*Was meinst du dazu?*"

Der zweite Teil der Zauberformel:

Interessiert zuhören!

Das bedeutet, nicht nur, dass du wirklich aufmerksam auf das hörst, was dein Gesprächspartner zu sagen hat, sondern, dass du ihm das auch zeigst. Dazu gehört es zum Beispiel, an den entsprechenden Stellen zu nicken, nachzufragen oder auch einmal etwas zu wiederholen, was dein Gesprächspartner sagt.

Vorsicht Ironie

Vermeide in so einem ersten Flirt-Gespräch jede Form von Ironie oder mehrdeutigem Humor. Nicht jede(r) kann mit so etwas umgehen. Das gilt besonders für Gespräche mit einem fremden Menschen. Die meisten Gesprächspartner neigen in dieser Situation dazu, alles, was du sagst, für absolut ernst gemeint zu halten. Natürlich sind auch alle komplizierten, komplexen oder kontroversen Themen für eine solche Unterhaltung ungeeignet. Vermeide alles, was zu einer Verschlechterung der Gesprächsstimmung führen könnte.

Meinungsumfrage

Ein guter Einstieg in ein Gespräch ist es, den Mann nach seiner Meinung oder seinem Rat zu fragen. Frage nach der Meinung oder bitte um einen Rat bei Dingen, von denen du sicher sein kannst, dass der Mann darauf antworten und sein Wissen präsentieren kann.

Beispiel 1: Im Technikmarkt

> *„Entschuldigung, ich suche ein Geschenk für meinen kleinen Bruder. Wissen Sie vielleicht, welche Spiele für die Playstation bei den jungen Männern heute angesagt sind?"*

> *„Entschuldigung, kennen Sie dieses Spiel? Ich suche etwas für meinen Neffen und bin unsicher, ob das das Richtige für einen 12-jährigen Jungen ist."*

> *„Ich kann mich nicht entscheiden. Welcher von diesen Kopfhörern wird*

meiner Nichte besser gefallen?"

Vorsicht: Andere Männer!

Mache dir klar, dass das Geschenk, das Buch oder das Parfüm für einen „unverdächtigen" Verwandten gedacht ist. Kein interessierter Mann hat Lust, dir einen Rat zu erteilen, wenn er glaubt, dass du damit einen Konkurrenten erfreuen möchtest. Die Hilfsbereitschaft ist übrigens höher, wenn dein Geschenk für ein Kind oder einen Jugendlichen gedacht ist.

Beispiel 2: Fragen nach einer Meinung

Jeder Mensch wird gerne nach seiner Meinung gefragt. Das gilt natürlich auch für Männer. Gelegenheiten dazu gibt es fast überall. Besonders gut funktioniert das beim Shoppen:

"Kennen Sie dieses Buch? Meinen Sie, dass es gut ist?"

"Wie es aussieht, kennen Sie sich mit XY aus. Könnten Sie mir einen Rat bei ... geben?"

Noch persönlicher wird es, wenn du den Mann indirekt nach seiner Meinung über dein Aussehen fragst:

"Was meinen Sie, steht mir dieses rote T-Shirt?"

"Sagen Sie mal als Mann: Steht mir dieser Mantel, oder macht er mich dick?"

Beispiel 3: Scherzhafte Fragen:

Scherzhafte Fragen wie die Folgenden eignen sich gut in einer entspannten Atmosphäre, zum Beispiel abends in der Kneipe. Sie sind meist glaubhafter, wenn du mit ein paar Freundinnen zusammen bist. Dann kann man so tun, als wäre die Frage tatsächlich in der Runde aufgekommen.

„Wer lügt mehr, Männer oder Frauen?"

Die „Wer lügt mehr"-Masche kursiert schon seit Jahren in den unterschiedlichsten Flirt-Ratgebern. Abgesehen davon, dass sie alles andere als originell ist, funktioniert sie aber oft erstaunlich gut. Insbesondere wenn du einen Mann ansprechen willst, der mit einer Gruppe von Freunden unterwegs ist, hast du mit dieser Frage sofort deren volle Aufmerksamkeit. So gut wie jeder Mann hat zu dieser Frage etwas zu sagen. Sind mehrere Personen beteiligt, entwickelt sich oft ganz schnell ein lebhaftes Gespräch zwischen Menschen, die sich vorher noch gar nicht kannten.

Beispiel 4: Der Kreuzworträtsel-Trick

Ein Kreuzworträtsel in Bahn, Straßenbahn oder U-Bahn erleichtert das Ansprechen ungemein.

„Was könnte das sein? Liebe auf Italienisch mit 5 Buchstaben?"

Die Frage sollte natürlich so geschickt ausgewählt sein, dass der Befragte auch eine Chance hat, sie zu beantworten. Gleichzeitig darf sie natürlich nicht so simpel sein, dass der Mann den Eindruck bekommt, dass der du minderbemittelt bist.

Deine Erfolgschancen steigen übrigens, wenn es sich bei dem gesuchten Begriff um einen handelt, der bei dem Mann positive oder romantische Assoziationen weckt.

Gut:

+ Magische Wirkung/Zauber mit 4 Buchstaben: Bann
+ Lagunenstadt mit 7 Buchstaben: Venedig
+ Zeitabschnitt im beginnenden Jahr: Frühling
+ Klavierstück Für ...: Elise

Vielleicht ein bisschen zu dick aufgetragen, aber trotzdem gut:

+ Anderer Begriff für Leidenschaft mit 5 Buchstaben: Liebe
+ Liebe auf Italienisch: Amore
+ Beständigkeit in der Liebe: Treue
+ Fremdwort für abenteuerlich: romantisch

Schlecht:

- Tierhaarprodukt mit 12 Buchstaben: Rasierpinsel
- Eckzahn des Wildebers: Hauer
- Rauschgift mit 6 Buchstaben: Kokain

Ganz schlecht:

- Spinnenart mit 10 Buchstaben: Kreuzspinne (verspeist das Männchen nach der Paarung) ;-)

Natürlich solltest du für den Fall gewappnet sein, dass der Mann sagt: „Zeigen Sie mal her …". In diesem Fall solltest du ganz schnell umschalten:

„Tatsächlich wollte ich Sie nur irgendwie ansprechen."

„Ist es sehr peinlich, wenn ich jetzt zugebe, dass ich nur einen Grund gesucht habe, um dich anzusprechen?"

Wenn du das einigermaßen charmant hinbekommst, hast du schon gewonnen.

Einen Mann um Hilfe bitten

Eine der einfachsten Methoden, einen fremden Mann anzusprechen, besteht darin, ihn einfach um Hilfe zu bitten. Das reicht vom simplen „Nach dem Weg fragen" bis zur Bitte mal kurz auf den eigenen kleinen Hund aufzupassen. Wenn es perfekt läuft, bietet dir sogar ein Mann an, dich zum Café, Restaurant oder Bar zu begleiten. Was liegt dann näher, als ihn zum Dank auf einen Kaffee oder einen Drink einzuladen?

„Entschuldigung, können Sie mir vielleicht sagen, wie ich zum Hauptbahnhof komme?"

„Entschuldigung, wo kann man denn hier ganz in Ruhe einen Kaffee trinken?"

„Entschuldigung, gibt es hier vielleicht in der Nähe ein gemütliches Restaurant?"

„Kannst du mir bitte mal kurz helfen?"

„Können Sie bitte einmal ganz kurz auf meinen Hund aufpassen?"

Ansprechen in der Straßenbahn

Ist das Ansprechen eines Mannes in der Straßenbahn nicht das gleiche, wie an jedem anderen Ort? Die Antwort lautet ja und nein. Die Straßenbahn (und auch andere öffentliche Verkehrsmittel) bieten einige Vorteile, die es so nirgendwo anders gibt:

Vorteile von öffentlichen Verkehrsmitteln:

+ Langeweile
  Die meisten Leute, die mit öffentlichen Verkehrsmitteln unterwegs sind, langweilen sich mehr oder weniger während der Fahrt. Oft lohnt es sich nicht, für eine kurze Strecke, damit zu beginnen ein Buch zu lesen oder gar das Notebook oder Tablet zu aktivieren. Aus diesem Grund sind Menschen in der Straßenbahn oft froh darüber, ein wenig Unterhaltung zu haben. Es ist also leichter und Erfolg versprechender, hier ein Gespräch zu beginnen.

+ Keine störende Begleitung
  In öffentlichen Verkehrsmitteln sind naturgemäß häufig auch Männer ohne Begleitung unterwegs. Du musst dir den Mann also nicht mit Freunden oder gar weiblichen Begleiterinnen „teilen".

+ Ortsgebunden
  Es ist viel einfacher, mit einem Mann, der bereits sitzt, ein Gespräch zu beginnen, als ihn zum Beispiel in der Fußgängerzone erst zu stoppen und dann noch zum Stehenbleiben zu bewegen.
+ Dazu setzen
  In öffentlichen Verkehrsmitteln ist es nicht peinlich oder ungewöhnlich, einen Sitzplatz neben oder gegenüber einem Mann zu wählen. Es macht allerdings schon einen besseren Eindruck, wenn du vorher kurz um Erlaubnis fragst:

„Darf ich mich zu Ihnen setzen?"

„Ist dieser Platz noch frei?"

etc.

+ Einfacher Gesprächseinstieg
  Wenn man gemeinsam in einer Bahn unterwegs ist, bieten sich eine ganze Reihe von unverfänglichen Gesprächsthemen an. Im einfachsten Fall kann man fragen, an welcher Haltestelle man aussteigen oder umsteigen muss, um nach XY zu gelangen. Auch ein Gespräch darüber, wie voll oder verspätet die Bahn (wieder mal) ist, kommt leicht in Gang.
  Sitzt man bereits nebeneinander oder gegenüber kann man auch sehr einfach die bereits besprochenen Tricks für den Gesprächseinstieg anwenden. Also zum Beispiel den Kreuzworträtseltrick. Ebenfalls eine gute Idee ist das Blättern in einem Reiseprospekt. Was liegt da näher als zu fragen: „Waren Sie schon einmal in XYZ?" Und schon ist ein Gespräch im Gange.

Nach der Telefonnummer fragen

Das Fragen nach der Telefonnummer eines Mannes ist ein kritischer Moment. Hier entscheidet sich, ähnlich wie bei der Frage nach einem

Date, ob wir beim Ansprechen oder Flirten erfolgreich waren, oder nicht. Allerdings gibt es, wie du sehen wirst, ein paar Tricks, mit der wir die Wahrscheinlichkeit erhöhen können, die Kontaktdaten eines Mannes zu bekommen.

Tipp: Telefonnummer notieren

Eine Grundvoraussetzung dafür, die Telefonnummer eines Mannes zu notieren, ist, etwas zum Schreiben dabei zu haben. Es gibt nichts Dümmeres, als eine Telefonnummer zu bekommen und sie dann nicht notieren zu können. Alternativ kannst du – wenn du das blind beherrschst – die Telefonnummer natürlich auch in deinem eigenen Handy speichern. Stilvoller und einfacher ist es aber, sie auf Papier zu notieren oder aufschreiben zu lassen.

So nicht!

Achtung: „Ruf mich mal eben an, damit ich deine Nummer habe.“ ist eine schlechte Methode. Es ist nicht nur völlig unromantisch, sondern sieht auch so aus, als wolltest du dir noch nicht einmal die Mühe machen, die Nummer selbst zu notieren. Hinzu kommt, dass der Mann dafür selbst aktiv werden muss. Das kann ihm in bestimmten Situationen zu lästig sein und bietet ihm außerdem noch eine Chance für den Ausstieg – falls ihn vielleicht der Mut schon wieder verlassen hat.

So erhöhst du deine Chancen:

1. Frage nicht nach der Telefonnummer, sondern nach der E-Mail-Adresse.
   Erfahrungsgemäß sind die meisten Menschen viel eher bereit, die eigene E-Mail-Adresse weiterzugeben, als die eigene Telefonnummer. Wenn du es schaffst, per E-Mail einen Kontakt zu dem Mann aufzubauen, ist es bis zum Erhalten der Telefonnummer nur noch ein vergleichsweise kleiner Schritt.

Es ist übrigens leichter, die E-Mail-Adresse zu bekommen, wenn du einen konkreten Anlass hast, den Mann per E-Mail zu kontaktieren. Oft ergeben sich im Gespräch Situationen, in denen es um den Austausch von Informationen geht. Biete dann einfach an, die gewünschte Information, Adresse, Telefonnummer etc. per E-Mail zu schicken.

2. Frage nicht nach der Telefonnummer, sondern danach, wie man in Kontakt bleiben kann.
   Eine Frage wie „Können wir irgendwie in Kontakt bleiben?" wirkt viel weniger aufdringlich und bedrängend als die direkte Frage nach der Telefonnummer. Du überlässt so dem Mann die Entscheidung, ob und wie eine weitere Kontaktaufnahme stattfinden kann.

3. Gib dem Mann DEINE Telefonnummer
   Verständlicherweise haben viele Menschen ein ungutes Gefühl dabei, einem Fremden ihre Telefonnummer zu geben. Jeder weiß, dass so etwas schon häufig zu Belästigungen bis hin zum Stalking geführt hat. Gib dem Mann stattdessen deine eigene Telefonnummer. Du gehst damit zwar das Risiko ein, niemals angerufen zu werden, andererseits erhältst du aber eine kleine Chance, wo es sonst vielleicht gar keine gegeben hätte. Wegen der vergleichsweise geringen Erfolgsaussichten solltest du diese Alternative erst dann wählen, wenn 1 oder 2 nicht funktioniert haben.

Tipp: Visitenkarte

Für den Fall, dass es einmal ganz schnell gehen muss. (zum Beispiel, wenn der Mann aus der Bahn aussteigen muss) solltest du immer eine Visitenkarte griffbereit in der Tasche haben. Wenn die Zeit reicht, schreibe noch schnell deine private Telefonnummer auf die Rückseite.

So gibst du dem Mann (und dir selbst) wenigstens die kleine Chance noch einmal Kontakt zueinander aufzunehmen.

Worst Case: Kontaktdaten vergessen oder verloren

Es ist schon vorgekommen, dass beim Flirten vergessen wurde, die Kontaktdaten auszutauschen, oder diese verloren wurden. Aber auch, wenn du gar nichts über den Mann weißt, gibt es jetzt noch Hoffnung. Vorausgesetzt, der Mann hat ebenfalls Interesse an dir, kannst du Folgendes versuchen:

+ Am nächsten Tag/Abend am gleichen Ort
  Wenn ihr euch in einer Kneipe, in einer Bar oder einem Café kennengelernt habt, sei am kommenden Tag zur gleichen Zeit wieder da. Wenn der Mann dich wiedersehen möchte, ist es naheliegend, dass er den Ort wieder aufsucht. Um alle Unwahrscheinlichkeiten auszuschließen, kannst du das am darauffolgenden Tag noch einmal wiederholen.
+ In der nächsten Woche am gleichen Ort
  Sollte das nicht zum Erfolg führen, sei genau in einer Woche wieder am Ort des Kennenlernens. Vielleicht hat der Mann nur an diesem Tag oder Abend frei, oder er hält sich grundsätzlich jeden Dienstag dort auf.
+ Telefonnummer hinterlassen / mit Foto
  Wenn ihr euch in einem Café, einer Bar oder einer Kneipe kennengelernt habt, hinterlasse dort deine Telefonnummer. Am besten nimmst du dafür ein Foto von dir selbst und schreibst auf die Rückseite, wen du wiedersehen möchtest und deine Telefonnummer. Bitte die Thekenbesatzung deine Nachricht weiterzugeben, wenn nach dir gefragt wird. Wenn du sagst, worum es geht, sind

die Menschen hinter der Theke sicher hilfsbereit. In manchen Lokalen gibt es auch ein Schwarzes Brett, an dem Nachrichten hinterlassen werden können. Auch hier gilt: Foto nicht vergessen, denn wie soll der Mann sonst wissen, wer nach ihm sucht?

So fragst du erfolgreich nach einem Date

Eins ist klar: Viele Menschen würden lieber einen freiwilligen Besuch beim Zahnarzt absolvieren, als jemanden nach einem Date zu fragen. Und das ist auch kein Wunder. An dieser entscheidenden Stelle zeigt sich meist endgültig, ob unser Charme und unsere Flirtbegabung ausreichend waren, um die nächste Stufe zu erklimmen.

Aber: Es gibt keine Alternative! So schwer es dir auch fallen mag, um diese Frage kommst du nicht herum. Schlage etwas vor, das sich aus dem Gespräch ergeben hat. Es ist viel einfacher, ein Treffen vorzuschlagen, wenn sich das Thema für eine gemeinsame Aktivität aus dem vorhergehenden Gespräch ergeben hat. Wenn ihr darüber gesprochen habt, dass ihr beide gerne joggt, verabredet euch zu einem gemeinsamen Lauf. Seid ihr beide Hundebesitzer, schlage einen gemeinsamen Spaziergang mit den Vierbeinern vor.

Ihr habt über Malerei gesprochen? Verabredet euch zu einer Kunstausstellung. Filme? Geht gemeinsam ins Kino und anschließend etwas essen. Im Grunde spielt es keine Rolle, was du vorschlägst. Wenn es etwas ist, das euch beide gleichermaßen interessiert, sind deine Chancen eindeutig besser. Dazu kommt, dass eine Verabredung zu einer gemeinsamen Aktivität sehr viel Spannung und Erwartungsdruck aus der Situation nimmt. Es ist eben viel zwangloser, sich zum gemeinsamen Radfahren zu verabreden als zu einem offiziellen Date.

Was tun mit einem „Vielleicht"?

Halte dem Mann zugute, dass er vielleicht einfach überrascht ist, oder Zeit zum Überlegen braucht. Es ist dann sehr, sehr wichtig nicht zu drängeln. Versuche nicht, in irgendeiner Form Druck zu machen. Akzeptiere die Antwort, so wie sie ist. Ganz im Gegenteil: Du kannst wichtige Sympathiepunkte erringen, wenn du Verständnis dafür äußerst, dass der Mann sich nicht ad hoc entscheiden kann oder will.

Aber auch eine klare Absage an dieser Stelle ist keine Niederlage. Es ist für den Mann einfach nur ehrlich und vernünftig, an diesem Punkt klarzustellen, wenn nichts läuft. Das muss ja gar nichts mit dir zu tun haben. Vielleicht ist er einfach nur glücklich verheiratet, bereits verliebt oder hat andere Gründe, sich aktuell auf keine Beziehung einlassen zu wollen. Das zu akzeptieren, ohne sich selbst dabei schlecht zu fühlen, ist eigentlich nicht schwierig, oder?

So erhöht man die Chance auf ein Date

Die Wahrscheinlichkeit einer positiven Antwort kann man leicht erhöhen, wenn man die Art und Weise verändert, in der man die Frage stellt. Grundsätzlich sind dabei sogenannte „offene Fragen" weniger gut geeignet als „geschlossene Fragen".

Wie du ja schon weißt, sind offene Fragen solche, bei denen der Befragte seine Antwort frei formulieren kann. Offene Fragen beginnen oft mit einem W-Wort (wie?, wann? wo? wie oft? etc.). Offene Fragen sind immer dann sinnvoll, wenn du ein Interesse daran hast, dass dein Gesprächspartner frei sprechen kann. Zum Beispiel dann, wenn du möglichst viel über jemanden erfahren möchtest. Bei einer geschlossenen Frage gibt es nur eine begrenzte Zahl von Antwortmöglichkeiten. Diese können im einfachsten Fall „Ja" oder „Nein" lauten.

„Kommst du häufiger hier her?"

„Darf ich Sie in der nächsten Woche einmal anrufen?"

Wenn es darum geht, zu einem Ergebnis zu kommen (zum Beispiel darum, ein Treffen zu vereinbaren), ist es besser, Entscheidungsfragen zu stellen, bei denen sich dein Gesprächspartner für eine von zwei oder drei Optionen entscheiden muss.

Offene Frage:

„Wann darf ich dich wieder anrufen?"

Entscheidungsfrage:

„Wann passt es dir besser? Am Mittwoch oder am Freitag?"

Tipp:

Auch wenn du eine Absage erhältst, muss das nicht zwangsläufig bedeuten, dass du bei diesem Mann nie eine Chance bekommst. Vielleicht ändert sich sein Beziehungsstatus irgendwann und er erinnert sich an dich. Wie gut wäre es dann, wenn er deine Telefonnummer noch hätte. Also, wenn du das Gefühl hast, dass dein Wunsch nach einem Date aus Gründen abgelehnt wurde, die nichts mit dir persönlich zu tun haben, hinterlasse auf jeden Fall deine Kontaktdaten. Am einfachsten in Form einer Visitenkarte, auf deren Rückseite du handschriftlich deine private Telefonnummer schreibst. Wenn nichts draus wird, sei's drum! Vielleicht ergibt sich aber doch noch einmal etwas ...

Wer nichts waget, der darf nichts hoffen.

(Friedrich Schiller)

So klappt ein perfektes Date

Irgendwann ist es so weit: Eine ernsthafte Verabredung, oder neudeutsch, ein *Date* steht an. Ein Date ist etwas ganz Besonderes. Es ist mehr als eine Verabredung unter Freunden, aber weniger als ein Rendezvous. Ein Date ist ein Treffen von zwei Menschen, die noch darüber nachdenken, ob sie zueinander passen und vielleicht irgendwann mal ein Paar werden könnten.

Die Betonung hierbei liegt auf *zwei* Menschen. Zu einem Date bringt man also keine Freundinnen oder andere Aufpasser mit. Bei einem Date geht es nur um dich und deinen Date Partner. Einzige Ausnahme: Wenn du dich mit einem Mann triffst, den du noch gar nicht kennst oder einschätzen kannst, darfst du eine Freundin irgendwo im Hintergrund platzieren, falls du dich nicht wohl dabei fühlst, dich mit diesem Mann allein zu treffen. Die Erfahrung zeigt aber, dass Männer, bei denen Frauen so ein "merkwürdiges" oder sogar "ungutes" Gefühl haben, eher sowieso nicht infrage kommen.

Im Folgenden erfährst du alles, was du beim Daten beachten solltest und alles, was du tun kannst, damit das Date erfolgreich verläuft.

Gute Treffpunkte für ein Date

Für ein erstes Date solltest du einen Ort vorschlagen, an dem du dich gut und sicher fühlst. Der Mann muss sich einfach danach richten, wo DU ihn gerne treffen möchtest. Einer der wenigen Fälle, wo ich wirklich dafür plädiere, unsere Rolle aus Frau einmal auszunutzen. Wenn ein Mann diesem leicht zu erfüllenden Wunsch deinerseits nicht nachkommen will, stimmt eh schon etwas nicht mit ihm oder eurer angehenden Beziehung.

Eine gute Idee ist es auch, einen Treffpunkt zu vereinbaren, den beide noch nicht kennen. Das verbindet und erzeugt automatisch ein wenig mehr Nähe. Alternativ kann man sich auch zunächst an einem Ort treffen, den du vorgeschlagen hast und dann später gemeinsam einen Ortswechsel vornehmen, um in eine Kneipe oder ein Café zu gehen, das beide noch nicht kennen.

Tipp: Aufregung erzeugt Sympathie!

Untersuchungen zeigen, dass die Sympathie zweier Menschen, die sich noch nicht kennen, umso größer ist, je aufregender und interessanter der Ort ist, an dem sie sich zum ersten Mal treffen.

Aus Angst wird Liebe:

In einem unglaublichen Experiment konnten Wissenschaftler nachweisen, dass die Wahrscheinlichkeit, dass sich ein Mann und eine Frau ineinander verlieben, deutlich steigt, wenn sich beide in einer aufregenden oder gar gefährlichen Situation kennenlernen.

In dem Experiment ließen die Forscher zufällig ausgewählte Männer und Frauen auf zwei verschiedenen Brücken aufeinandertreffen. Im ersten Fall handelte es sich um eine ganz normale, solide Brücke. Im zweiten Fall um eine schwankende, nicht besonders sicher erscheinende Hängebrücke. Das Ergebnis war eindeutig: Die Paare, die sich auf der unsicheren Brücke begegneten, entwickelten eine messbar größere Sympathie zueinander. Erklärt wurde dies unter anderem mit der vermehrten Ausschüttung von Adrenalin.

Um deine Erfolgschancen zu erhöhen, solltest du für dein Date also einen Treffpunkt auswählen, der – wenn schon nicht besonders gefährlich – so doch wenigstens interessant und vielleicht ein klein wenig aufregend sein sollte. So gemütlich ein gemeinsamer Abend in der eigenen Stammkneipe auch sein kann. Um die Sympathie deines Dates zu erwecken, sind aufregendere Orte besser geeignet.

Ein gutes Mittelding zwischen Abenteuer und langweiligem Herumsitzen im Café ist es, sich für den gemeinsamen Besuch eines Stadtfestes, einer Kirmes oder eines Weihnachtsmarktes zu verabreden. Dort gibt es in der Regel eine Menge zu sehen und zu besprechen. Ebenfalls gut geeignet sind bestimmte Ausflugsziele oder Sehenswürdigkeiten.

So ist zum Beispiel ein Date in einem historischen Schloss viel romantischer als ein Treffen in einem langweiligen Café. Außerdem können sich beide Seiten hier natürlicher und entspannter zeigen, als im Café oder im Restaurant. Du lernst hier deinen Date Partner auch schon ein wenig mehr von seiner „Alltagsseite“ kennen.

Aktiv klappt‘s besser

Eine gute Idee ist es, sich für eine Aktivität zu verabreden. Zum Beispiel zum Wandern, Spazieren gehen, Joggen oder Hunde ausführen. Man ist dann ungezwungener und sitzt sich nicht reglos gegenüber wie bei einer Prüfung oder beim Vorstellungsgespräch.

It ain‘t funny how we don‘t talk anymore ...

Wähle für ein Date einen Ort, an dem man Gelegenheit hat, miteinander zu reden. Damit scheiden also Disco oder Klub (zu laut!), Kino, Theater etc. für ein Treffen aus.

Tipp: Notausstieg

Wähle für das erste Date einen Ort, an dem man das Rendezvous auch problemlos abbrechen kann, wenn man feststellt, dass es absolut nicht funkt. Es wäre als ungünstig, wenn man sich sofort für ein 5-Gänge-Menü im Restaurant verabredet und dann schon vor dem Aperitif festzustellen, dass man sich nichts zu sagen hat. Wenn du beim ersten Treffen mit deinem Date essen gehen willst, trefft euch doch einfach bereits eine Stunde vorher zu einem Drink. Wenn ihr beide dann feststellt, dass ihr euch gar nichts zu sagen habt, könnt ihr das Essen einfach canceln und seid nicht gezwungen, noch 2 oder 3 weitere Stunden miteinander zu verbringen. Aus eigener Erfahrung kann ich sagen, dass selbst zwei Stunden mit einem Mann, mit dem man sich so rein gar nichts zu sagen hat, eine Folter sein können ;-)

So läuft's beim ersten Date

Natürlich weißt du, selbst, wie du zu einem Date erscheinen solltest. Betrachte deshalb die folgenden Tipps bitte nicht als Beleidigung deiner Intelligenz, sondern als kurze Checkliste. Denn in der ganzen Aufregung, kommt es auch bei Frauen vor, dass sie schon mal das ein oder andere vergessen.

Essentials: Checkliste

+ Du erscheinst natürlich frisch geduscht zu deinem ersten Date.
+ Deine Zähne sind geputzt und in einwandfreiem Zustand.
+ Gegen möglichen Mundgeruch hast du etwas unternommen.
+ Du trägst absolut saubere Kleidung und saubere Schuhe.
+ Deine Haare sind frisch gewaschen und zumindest minimal gestylt.

Kein Stress!

Starte frühzeitig zu deinem Date. Wenn du schon abgehetzt oder sogar zu spät erscheinst, macht das keinen guten Eindruck. Außerdem bist du sicher auch nicht in Bestform, wenn du schon genervt bei deinem Date eintriffst.

Keine übertriebenen Erwartungen

Viele erste Dates leiden darunter, dass einer oder beide Date Partner einfach zu viel von so einem Treffen erwarten.

Das erste Date hat vor allem den Zweck, herauszufinden, ob es ein zweites Date geben wird.

Hab deshalb bitte keine allzu hohen Erwartungen an das erste Date. Es muss keine Offenbarung sein, um gut zu werden. Es kann sonst passieren, dass beide Teilnehmer total gehemmt sind, weil sie meinen, dass jeder Satz nicht nur auf die sprichwörtliche Goldwaage gelegt wird, sondern auch noch schicksalsentscheidend für den Fortgang der Beziehung ist.

Sieh deshalb das erste Date nur als das, was es tatsächlich ist, nämlich ein erster Versuch, um zu testen, ob es sich lohnt, sich weitere Male zu treffen. Je weniger hoch du deine Erwartungen schraubst, desto entspannter kannst du das Treffen genießen.

Sei zufrieden, wenn du beim ersten Date eines oder mehrere der folgenden Ziele erreichst:

+ Eine angenehme Unterhaltung führen.
  Vielleicht sogar eine spannende oder interessante? Das ist schon mehr, als die meisten hinbekommen!
+ Etwas aus dem Leben deines Date Partners erfahren.
  Wenn ja, bist du auf einem guten Weg.
+ Eine erneute Verabredung!
  Sehr gut. Du hast alles richtig gemacht. Wäre der Mann nicht interessiert, würde es kein zweites Treffen geben.

Vorsicht: Zu viel Nähe

Ganz wichtig: Verzichte beim ersten Date auf jede Art von übertriebener Nähe. Werde auf keinen Fall aufdringlich! Ein Date ist (noch) keine Aufforderung zu irgendeiner Art von körperlicher Zuneigung.

Handytabu! Hier ist volle Konzentration gefragt

Konzentriere deine Ihre Aufmerksamkeit ausschließlich auf deinen Date Partner! Stelle dein Handy auf „lautlos“. (Aus Sicherheitsgründen nicht ganz ausschalten!) Deaktiviere auch den Vibrationsalarm. Nichts ist peinlicher, als ein Handy, das während des Dates in deiner Hosentasche oder auf dem Tisch rumort. Vielleicht gerade in dem Moment, in dem dir dein Gegenüber seine Liebe gestehen will. Sollte das doch einmal passieren, drücke den Anruf ohne aufs Handy zu schauen weg. Es muss klar sein, dass im Augenblick nichts wichtiger ist, als der Mann, mit dem du verabredet bist.

Mitbringsel?

Insbesondere Männer meinen oft, beim ersten Date ein Geschenk oder (ganz altmodisch) Blumen für die Frau mitbringen zu müssen. Generell solltest du Geschenke in diesem Stadium der Beziehung nicht annehmen. Denn mit jedem Geschenk beschenkt sich der Schenkende vor allem selbst. Unter anderem dadurch, dass du ihm zumindest ein wenig verpflichtet bist. Das gilt ganz besonders für Geschenke, die über eine nette oder witzige Kleinigkeit hinausgehen. Bei Blumen ist es naturgemäß schwierig (aber auch möglich), diese zurückzuweisen. Im Zweifelsfall akzeptierst du das florale Präsent mit dem Hinweis darauf, solche Geschenke doch bitte bis auf Weiteres zu unterlassen.

Jedes Geschenk, das du annimmst, bedeutet ein Stück Verpflichtung gegenüber dem Schenkenden.

Soll ich selbst ein Geschenk mitbringen?

Natürlich gilt der obige Spruch auch umgekehrt. Wenn DU etwas schenkst, entsteht eine Verpflichtung bei deinem Date Partner. Ich würde trotzdem davon abraten. Zumindest beim ersten Date, wenn man noch gar nicht weiß, wie der andere tickt und ob es zu weiteren Treffen kommt, würde ich kein Geschenk mitbringen.

Wenn du trotzdem gerne etwas mitbringen willst, dann eine originelle Kleinigkeit von geringem materiellem Wert. Wichtig ist, dass der Mann das Mitbringsel annehmen kann, ohne sich in irgendeiner Weise verpflichtet zu fühlen. Suche etwas aus, das man auf den Schreibtisch stellen, oder an Pinnwand oder Kühlschranktür hängen kann. So wird er immer an dich denken, wenn sein Blick darauf fällt.

Problemfall Wetter

Es ist erwiesen, dass das Wetter einen erheblichen Einfluss auf unsere Stimmung hat. Je nach Wetterlage sehen wir unsere Umwelt und unsere Mitmenschen mit ganz anderen Augen.

Für unser Date bedeutet das, dass:

+ Sonnenschein ist gut
– Regen ist nicht so gut

Leider kann man hierzulande das Wetter nur selten für einige Tage im Voraus bestimmen. Wenn es doch möglich ist, solltest du das erste Date an einem Tag mit gutem Wetter stattfinden lassen. Sowohl du selbst als auch dein Date Partner werden an einem solchen Tag bessere Laune haben und ihr werdet euch gegenseitig wohlwollender betrachten. Auch die Erinnerung an das Treffen erscheint in einem angenehmeren Licht, wenn es bei schönem Wetter stattfindet.

Die richtige Begrüßung

Die Frage nach der richtigen Form der Begrüßung beim ersten Date ist nicht leicht zu beantworten. Ist ein Händedruck zu förmlich? Eine Umarmung zu intim? Wie sieht es aus mit Küsschen links und Küsschen rechts?

Ich will dich hier nicht mit der unbefriedigenden Antwort stehen lassen, dass sich die passende Begrüßung schon in den ersten Sekunden des Treffens von selbst ergibt (obwohl es oft genauso ist). Sicher hängt der Grad der Förmlichkeit einer Begrüßung auch damit zusammen, ob man sich schon vor dem Treffen ein wenig kennengelernt hat, zum Beispiel beim Chatten oder beim Austausch von Text- oder E-Mail-Nachrichten.

Je intensiver und persönlicher eine solche Kommunikation schon stattgefunden hat, desto persönlicher darf auch die erste Begrüßung ausfallen.

Auch Äußerlichkeiten können Aufschluss darüber geben, welche Art von Begrüßung angebracht ist. Kommt dein Date in Freizeitklamotten und Turnschuhen zum Treffen, kann die Begrüßung in der Regel spontaner und persönlicher ausfallen, als wenn er im dunklen Anzug mit Krawatte oder im Business Dress erscheint. Das Gleiche gilt natürlich auch für dich selbst: Wenn du im kleinen Schwarzen oder auch in deinem Business-Outfit erscheinst, erwartet er von dir sicher eher eine formelle Begrüßung als eine Umarmung.

Handschlag

Das ist sicher eine sehr förmliche Begrüßung, die eher zu Geschäftspartnern als zu einem Date passt. Wenn du aber unsicher bist, kann ein Handschlag für das erste Mal OK sein. Achte dann aber bitte darauf, keinen schlabbrigen Spaghetti-Griff anzubringen. Andererseits solltest du natürlich die Hand des Mannes auch nicht zerquetschen, nur um zu zeigen, wie tough du bist.

Umarmung

Eine kurze (!) Umarmung ist heute nicht mehr unbedingt ein Zeichen von großer Intimität. Gerade jüngere Menschen und alle, die wenig Wert auf formelles Verhalten legen, haben damit kein Problem. Vorsicht ist geboten, wenn du merkst, dass der Mann die Umarmung nicht erwidert, oder sich dagegen sperrt. In diesem Fall lasse sofort los und murmle eine kurze Entschuldigung.

Küsschen links und Küsschen rechts (Bussi-Bussi-Methode)

Ganz gleich, wie man zu dieser französischen oder russischen Begrüßung steht: Sie ist nun einmal auch bei uns recht weit verbreitet. Deshalb wäre es sicher unklug, sie zu verweigern. In der Regel ist sie verbunden mit einer kurzen Umarmung. Warte in jedem Fall ab, wie der Mann reagiert, und versuche nicht, einseitig die Küsschen-Methode anzubringen.

Gar keine Berührung

Das ist sicher die schlechteste Wahl. Verschenkt man doch dadurch eine wichtige, weil Sympathie fördernde, Möglichkeit, einer ersten Berührung. Aber auch diese Art der Begrüßung kommt vor. Zum Beispiel dann, wenn beide Date Partner sehr zurückhaltend oder schüchtern sind.

Nie vergessen: Lächeln!

Ganz gleich, zu welcher Art von Begrüßung du dich entschließt, oder welche sich spontan ergibt: In jedem Fall musst du lächeln! Es hat schon Begrüßungen beim ersten Date gegeben, bei denen ein Teilnehmer so verkniffen dreingeschaut hat, dass der andere davon überzeugt war, ihn (optisch) total enttäuscht zu haben. Zur Begrüßung solltest du in jedem Fall deiner Freude darüber, dass es zu dem Date gekommen ist, Ausdruck verleihen. Hat sich dein Date Partner herausgeputzt, bietet sich hier die beste Gelegenheit, das wohlwollend oder bewundernd zur Kenntnis zu nehmen.

„Schön, dass es mit unserer Verabredung geklappt hat."

„Sie sehen gut aus."

Daran anschließend können allgemeine und naheliegende Fragen kommen.

„Ich hoffe, du hast gut hierher gefunden."

„Ich hoffe, Sie haben problemlos einen Parkplatz gefunden."

Mache schon bei der Begrüßung klar, dass du gegebenenfalls offen dafür bist, das Lokal zu wechseln. Du erfährst so auch gleich, welchen Geschmack dein Date hierbei hat. Außerdem kannst du so sofort checken, wie sehr er bereit ist, auf deine Wünsche einzugehen.

„Gefällt es dir hier? Wir können ja vielleicht später noch woanders hingehen?"

Pünktlichkeit und Absagen

Dass du unter allen Umständen pünktlich zu deiner Verabredung erscheinst, ist eine Selbstverständlichkeit. Es gibt keine Ausnahme von dieser Regel!

Was ist, wenn im Stau stecke?

Neben Erdbeben und Atombombenabwurf gibt es so gut wie keine Ausreden, zu einem Date zu spät zu kommen ;-)

Sollte das aber doch einmal passieren und du im Stau steckst oder einen anderen wichtigen Grund hast, den Termin nicht pünktlich einhalten zu können, gilt folgende Regel:

Rechtzeitig Bescheid sagen:

Für diesen Fall solltest du die Handynummer deiner Verabredung kennen und in deinem Handy gespeichert haben. Eiere nicht lange herum. Sage klipp und klar, dass, warum und um wie viel du zu spät kommen wirst. Der Mann kann dann selbst entscheiden, ob er bereit ist, auf dich zu warten. Und wenn er klug ist, wird er das auch.

Für den Fall, dass du keine Handynummer hast: Finde die Telefonnummer des Cafés, der Bar oder des Restaurants heraus und rufe dort an.

Beschreibe den Mann und bitte die Bedienung, die Nachricht über deine Verspätung zu überbringen.

Was mache ich, wenn ich absagen will?

Für den Fall, dass du es dir nicht anders überlegt hast und immer noch an der Verabredung interessiert bist, kann ich dir nur raten, nicht abzusagen! Mit großer Wahrscheinlichkeit wird so eine Absage, noch vor dem ersten Date, dazu führen, dass du den Mann nie wiedersehen wirst.

Es kann jedoch aus unterschiedlichen Gründen auch der Fall eintreten, dass du feststellst, dass du an dem Date generell nicht mehr interessiert bist. Vielleicht hast du in der Zwischenzeit einen anderen Mann kennengelernt, oder du hast es dir einfach anders überlegt. Alles kein Problem, wenn du deinem Date auf faire und ehrliche Weise rechtzeitig absagst.

Wenn du an dem Mann nicht weiter interessiert bist, mache das auch klar. Versuche nicht, dir die Sache durch viele „Vielleichts“ und „Eventuells“ leichter zu machen. Wenn du nicht mehr interessiert bist, wäre es unfair, den Mann in dem Glauben zu lassen, dass du dich in ein paar Tagen schon wieder melden wirst. Gehe in solchen Fällen so vor, wie du selbst auch behandelt werden möchtest, wenn der umgekehrte Fall eintreten sollte.

Gute Gespräche beim Date

Oje, worüber sollen wir bloß reden? Die Befürchtung, dass beim Date peinliche Stille herrschen könnte, haben nicht wenige Menschen. Und es ist ja auch tatsächlich nicht so ganz einfach, einen Abend mit einem Menschen herumzubringen, den man möglicherweise noch überhaupt nicht kennt. Nicht jeder ist ein Small Talk-Experte und wenn zwei Amateure auf diesem Gebiet zusammentreffen, können auch schon mal unangenehme Gesprächspause entstehen.

Aber keine Angst, so ein erstes Date haben schon Millionen von Menschen erfolgreich hinter sich gebracht und du wirst bestimmt nicht die Erste sein, bei der es überhaupt nicht funktioniert. Es gibt allerdings einige Regeln, die du einhalten solltest, damit es ein Abend mit interessanten Gesprächen wird und kein Fiasko, das möglicherweise im Streit endet.

Gesprächsthemen

Das beginnt schon bei der Auswahl passender Gesprächsthemen. Es ist wichtig, Gesprächsthemen zu finden, zu denen beide gleichermaßen etwas beitragen können. Gut sind Themen, bei denen Gemeinsamkeiten zur Sprache kommen:

+ Job
+ Hobbys
+ Haustiere
+ Sport

Ebenfalls gut geeignet sind Themen, die per se gute Gefühle und Stimmungen vermitteln:

+ Urlaube
+ Wunschträume

+ Pläne
+ erbrachte Leistungen
+ Natur
+ Kunst, Literatur, Film

Wenn du einen tieferen Einblick in die Vorstellungen und die Gedankenwelt deines Dates gewinnen willst, bieten sich natürlich auch tiefschürfendere Themen an:

+ Philosophie

Du solltest es aber dabei nicht übertreiben. Wenn du deinen Gesprächspartner mit komplizierten philosophischen Ausführungen auf dem falschen Fuß erwischt, erfährst du nichts über ihn und erweckst gleichzeitig vielleicht noch den Eindruck, eine vergeistigte Streberin zu sein.

Im Zweifelsfall – also, wenn das alles nicht richtig funktioniert – könnt ihr euch auch einfach darüber unterhalten, wie schwierig es sein kann, sich mit einem fremden Menschen zu unterhalten. Oder ihr tauscht eure lustigsten Flirt-Erfahrungen aus. Das bricht das Eis erfahrungsgemäß so gut wie immer.

Tipp: Offene Fragen

Gleich, welches Thema du anschneidest. Gib deinem Gesprächspartner durch offene Fragen genügend Raum, um etwas von sich erzählen zu können. Vermeide vor allem, zu dozieren oder einen Monolog zu führen!

Welche Fragen sind erlaubt?

Das erste Date dient dazu, sich näher kennenzulernen. Von daher sind Fragen zu allen Themen erlaubt, über die du etwas wissen möchtest, bevor du dich auf eine Beziehung einlässt. Natürlich ist es völlig legitim, sich nach der Lebenssituation des Mannes zu erkundigen. Lebt er allein, hat er Kinder, ist er womöglich noch verheiratet? Auch ganz praktische Dinge sollten geklärt werden. Wenn du überzeugte Nichtraucherin bist, ist es nicht unwichtig zu erfahren, ob er sich damit anfreunden kann, oder darauf, besteht, am Tag 3 Packungen Camel ohne Filter zu vernichten.

Sonderfall Sexfragen:

Stelle beim ersten Date keine Fragen zu intimen Details wie zum Beispiel dem Sexleben deine Date Partners. Dazu gehören sowohl Fragen nach der Anzahl bisheriger Sexualpartner als auch nach sexuellen Vorlieben. Wenn es dir um mehr geht, als nur um eine flüchtige, körperliche Beziehung, solltest du solche Fragen für einen späteren Zeitraum aufsparen.

Diese Gesprächsthemen solltest du vermeiden!

Es gibt Gesprächsthemen, die absolut zuverlässig als Flirtkiller wirken. Wenn du erfolgreich flirten willst, solltest du also unbedingt wissen, welche das sind. Dazu zählen auf jeden Fall die Folgenden:

- Die eigenen (Ex)-Partner
  Wer mit einem Flirt- oder Date Partner über den oder die Ex spricht, vermittelt den Eindruck, mit der vergangenen Beziehung noch nicht abgeschlossen zu haben oder – noch schlimmer! – kein wirkliches Interesse am aktuellen Gesprächspartner zu haben. Vielleicht denkt dein Date auch, er soll nur als Ablenkung oder Ersatz herhalten, bis du deinen Verlust überwunden hast. Es gibt im Grunde nur eine Ausnahmesituation. Nämlich dann, wenn dein Gesprächspartner ausdrücklich danach fragt. Aber auch dann gib möglichst neutral Auskunft. Komm bitte nicht auf die Idee, dich bei deinem Gesprächspartner über deinen Ex „auszuweinen“ oder dich über ihn zu beschweren!

- Krankheiten
  „Oh je, meine Bandscheiben!“ Wer so in ein Date startet, muss sich nicht wundern, wenn das erste Treffen auch das letzte war. Kein Mann möchte eine Partnerin haben, die über ihre Krankheiten jammert. Schließlich suchst du ja einen Partner und keinen Physiotherapeuten.
- Geld
  Geld hat man, man redet nicht darüber ... ;-) ... nein, im Ernst: Geld ist kein Thema für ein erstes Date. Hast du genug davon, wirkt das schnell arrogant, oder so, als wolltest du ihn damit beeindrucken oder kaufen. Hast du nicht viel Geld, solltest du das auch das nicht beim ersten Treffen thematisieren. Sollten die materiellen Vorstellungen deines Date Partners stark von deinen abweichen, merkst du das noch früh genug. In gar keinem Fall solltest du den Eindruck erwecken, du seist wohlhabend, wenn das gar nicht der Fall ist.
- Die eigene Leidensgeschichte
  Beim ersten Date solltest du dich von deiner besten Seite zeigen. Dazu gehört nicht, deine unglückliche Lebensgeschichte (falls du eine haben solltest). Vermeide in jedem Fall, dich selbst als Opfer oder als vom Leben ungerecht behandelt darzustellen. Beides macht auf deinen Date Partner einen denkbar schlechten Eindruck. Wer möchte schon jemanden kennenlernen, der einem etwas vorjammert?
- Gewicht/Gewichtsprobleme
  Über das Thema Gewicht wird bei einem Date nicht gesprochen. Weder über dein eigenes und erst recht nicht über das deines Date

Partners! Überflüssige Pfunde werden entweder kommentarlos akzeptiert oder fließen (insgeheim) in die Bewertung ein. Auf keinen Fall werden sie thematisiert.

– Korrekturen und Vorhaltungen
  Wenn dein Date Partner irgendetwas nicht brauchen kann, dann ist es jemand, der ihn korrigiert oder ihm Vorhaltungen macht.

  Äußerungen wie ...
  „Es ist aber nicht gesund, so viel Zucker zu nehmen."

  oder
  „Ich könnte ja keine toten Tiere essen."
  "Rauchen ist aber ungesund!"
  etc. ...

  ... führen fast zwangsläufig zur Disqualifizierung.

Zuhören ist (viel) wichtiger als reden

Das ist eine von den Regeln, die eigentlich jeder kennen sollte, die aber leider nur von den wenigsten beherzigt werden. Bei manchen ist es einfach die Nervosität, andere meinen, damit Eindruck machen zu können. Permanent selbst zu reden, ist aber ein absoluter Flirtkiller!

Zuhören, aber richtig!

Auch das richtige Zuhören will gelernt sein. Wer glaubt, dass Zuhören einfach darin besteht, selbst nicht zu reden, unterliegt einem Irrtum. Tatsächlich bedeutet richtiges Zuhören, sich gedanklich voll und ganz auf den Gesprächspartner einzulassen. Dazu gehört, dass du versuchst, seine Gedankengänge nachzuvollziehen und dich ehrlich dafür interessierst, was er sagt.

Zeige deinem Flirt-Partner, dass du voll und ganz bei der Sache bist. Nicke zustimmend oder schüttele den Kopf bei entsprechenden Gesprächspassagen. Stelle Fragen, die zeigen, dass du wirklich aufmerksam zugehört hast und dich ehrlich dafür interessierst, was du hörst.

Ein typischer Fehler besteht darin, bereits eigene Gedanken oder Antworten im Kopf zu formulieren, während dein Gesprächspartner noch spricht. Auch wenn niemand deine Gedanken lesen kann, dein Flirt-Partner bemerkt sofort, wenn du mit deinen Gedanken mit etwas Anderem beschäftigt bist, als ihm zuzuhören.

Eine echte Flirtsünde ist es auch, die Sätze deines Gesprächspartners zu Ende zu führen. Es gibt Menschen, die sind richtige Experten in dieser unangenehmen Kunst. Selbst, wenn du weißt, was dein Gesprächspartner sagen will, und selbst, wenn er dabei nicht zum Ende kommt. Seine Aussagen oder Sätze für ihn zu beenden, ist eine unschöne Art, ihm zu zeigen, dass man "mitdenkt".

Denke über seine Antworten nach, wenn du mit dem Sprechen an der Reihe bist. Lass dir ruhig Zeit, um eine gute Antwort zu überlegen. Dein Gesprächspartner wird es zu schätzen wissen, wenn du nachdenkst, bevor du sprichst. Das ist eine sehr angenehme und liebenswerte Eigenschaft. Zuhören heißt übrigens nicht gleichzeitig auch Gutheißen. Du musst natürlich nicht allem zustimmen, was dein Gesprächspartner sagt.

Keine Ablenkungen!

Natürlich ist die Beschäftigung mit dem Handy, also Anrufe entgegennehmen, Nachrichten empfangen oder gar schreiben und auch jede andere Form von „Herumfummeln“ mit dem Smartphone – außer im Notfall – absolut tabu!

Das gehört zum richtigen „aktiven“ Zuhören:

+ Kurze Bestätigung bei Zustimmung
+ Nachfragen bei Unklarheiten
+ Regelmäßiger Blickkontakt
+ Mitfühlen, sich in die Situation deines Gesprächspartners versetzen
+ Eine zum Erzählten passende Mimik
+ Keine Nebenbeibeschäftigungen (Handy o. ä.)

Übrigens, wenn ein Mann beginnt, von sich zu erzählen, hast du bereits einen ganz wichtigen Schritt zum näheren Kennenlernen gemacht. Du hast sein Vertrauen gewonnen, und das ist schon mehr als nur ein gutes Zeichen.

Kein Streit, keine Diskussionen!

Es ist mehr als offensichtlich, dass man sich mit jemandem, dessen Zuneigung man gewinnen möchte, nicht streiten sollte. Erfahrungsberichte von Partnersuchenden zeigen allerdings, dass das nicht immer funktioniert. Insbesondere Männer fühlen sich schnell herausgefordert, wenn ihr Date Ansichten vertritt, denen sie sich nicht anschließen können oder wollen. Es gibt für diesen Fall im Grunde nur zwei Optionen:

1. Es handelt sich um Nebensächlichkeiten oder um Themen, bei denen es nur um den persönlichen Geschmack geht.
   Wenn dein Gesprächspartner Metal-Fan ist, während du selbst Popmusik magst, solltest du das einfach akzeptieren, ohne irgendwelche (ab)wertenden Bemerkungen zu machen.
2. Wenn es sich um wesentliche Meinungsunterschiede oder Unterschiede in der Weltanschauung handelt, solltest du gut überlegen, ob es tatsächlich Sinn macht, eine Beziehung zu beginnen. Auch wenn solche unterschiedlichen Ansichten in der ersten Be-

geisterung als „nicht so wichtig“ oder als überwindbar erscheinen, stellen sie in der Regel später eine ständige Quelle für Streit und Auseinandersetzungen dar.

Beispiele für Einstellungen, die gar nicht zusammenpassen:

- Vegetarier – Fleischesser
- Tierschützer – Pelzträgerin
- Streng gläubig – Atheist / Freigeist
- Politisch engagiert (links) – Politisch engagiert (rechts)
- Freiheit – Kinderwunsch
- Partylöwe – Couchpotato

Streit und romantische Gefühle passen nicht zusammen. Lass es also nicht wegen unwichtiger Dinge zu einer Auseinandersetzung kommen. Ein Streit verdirbt das schönste Rendezvous.

Niemals jammern oder klagen!

Das Gerücht, dass Männer auf hilflose Frauen stehen, denen sie dann väterlich zur Seite stehen wollen, ist nicht totzukriegen. Tatsache ist, dass es tatsächlich einige Exemplare von dieser Spezies gibt.

Doch ganz im Ernst: Sind das die Männer, an denen du interessiert bist? Für alle anderen gilt: Je unglücklicher, unzufriedener und hilfloser du selbst wirkst, desto geringer wird das Interesse von Männern an dir als Frau sein. Schließlich willst du ja einen Mann mit deiner Persönlichkeit und deinen guten Eigenschaften erobern, und nicht, indem du sein Mitleid erregst, oder?

Safety First

Flirten und Daten sind schöne Dinge, die vor allem Spaß und Freude machen sollen. Leider gibt es dabei auch einen weniger schönen Aspekt, über den wir uns unterhalten müssen. Ich spreche von deiner Sicherheit bei der ganzen Sache. Denn leider kommt es immer wieder vor, dass wir Frauen an Männer geraten, denen wir nicht (ver)trauen können.

Und leider haben solche Männer schon lange herausgefunden, dass Frauen, die auf Partnersuche sind, eine "leichte Beute" sein können, wenn sie nicht aufpassen. Im schlimmsten Fall kommt es dann während oder nach einem "Date" zu Übergriffen und Misshandlungen bis zur Vergewaltigung. In weniger schlimmen Fällen werden Frauen bedrängt, bedroht oder beleidigt.

Und auch, wenn das nicht die Regel oder der "Normalfall" ist, solltest du darauf vorbereitet sein. Was du selbst dazu tun kannst, um nicht in eine solche Situation zu geraten, erfährst du in diesem – leider notwendigen – Abschnitt.

Sicherheit beim Date

Der Treffpunkt

Wir haben ja bereits darüber gesprochen, dass der Treffpunkt für ein (erstes) Date ein Ort sein sollte, an dem DU dich sicher und wohl fühlst. Das heißt in der Folge natürlich auch, dass DU den Treffpunkt bestimmst. Kein halbwegs intelligenter und einfühlsamer Mann wird damit ein Problem haben. Falls dein Date-Partner das ablehnt und auf einem anderen Ort besteht, ist das bereits ein Warnzeichen, dass mit diesem Date-Kontakt irgendetwas nicht stimmt. Einzige Ausnahme: Dein Date-Partner hat eine wirklich gute Idee für einen Treffpunkt, auf die du selbst nicht gekommen bist. Aber auch dann gilt, dass DU entscheidest, ob ihr euch dort, oder an einem Ort DEINER Wahl trefft.

Wähle für die ersten Dates mit einem unbekannten Mann immer belebte Orte aus, wo sich auch andere Menschen aufhalten. Dabei spielt es keine Rolle, ob das ein Café, eine Kneipe oder ein Museum ist. Hauptsache du bist mit dem Mann nicht ganz alleine dort. Suche immer solche Orte aus, wo du im Notfall andere Menschen um Hilfe bitte kannst.

No-Gos sind deshalb die folgenden Treffpunkte:

- bei ihm zu Hause
- bei dir zu Hause
- einsame Parks
- im Wald
- auf dem Friedhof
- auf einem Rastplatz oder auf einem einsamen Parkplatz

Lasse dich bitte niemals darauf ein, wenn ein Mann versucht, dich zu überreden, euch an einem solchen Ort zu treffen. Jeder Mann, der auf solchen Treffpunkten besteht, hat etwas zu verbergen. Im harmlosesten Fall wartet zu Hause eine Frau mit drei Kindern auf den Familienvater, die auf keinen Fall etwas von seinen Date-Eskapaden erfahren dürfen. In weniger harmlosen Fällen triffst du auf einen Mann, der dich bedrängt oder zum Sex zwingen will. Also: Finger weg, wenn Er auf einem einsamen Treffpunkt besteht.

Während des Dates

Es gibt einen Rat, den jede verantwortungsvolle Mutter ihren Töchtern mit auf den Weg gibt, wenn diese irgendwo feiern gehen. Dieser Rat lautet:

Getränke und Speisen niemals unbeaufsichtigt lassen!

Die Befürchtung dahinter besteht nicht etwa darin, dass irgendjemand heimlich deinen Kräuterlimonade-Almdudler austrinkt. Die Warnung bezieht sich viel mehr auf sogenannte KO-Tropfen oder andere Drogen, die manche Menschen anderen in die Getränke kippen, um diese dann wahlweise auszurauben oder zu vergewaltigen. Da solche Drogen und Medikamente überall leicht zu bekommen sind, hat sich diese kriminelle Methode in den letzten Jahren leider weit verbreitet.

Für dich heißt das:

- Getränke niemals unbeaufsichtigt lassen.
- Niemand an deinen Getränken "herumfummeln" lassen.
- Getränk mitnehmen, wenn du dich vom Tisch entfernst.
- Getränk austrinken, bevor du zur Toilette gehst.
- Keine geöffneten Getränke von anderen annehmen.

Das gleiche gilt natürlich auch für andere Lebensmittel. KO-Tropfen kann man auch in einem Salat platzieren.

Vorsicht Alkohol!

Übrigens braucht ein Täter gar keine KO-Tropfen, wenn das Opfer (freiwillig) große Mengen Alkohol in sich hineinkippt. Falls dein Date-Partner also versucht, dich dazu zu überreden, doch noch ein Gläschen hiervon und davon zu konsumieren, ist Vorsicht geboten. Am besten bleibst du bei Dates während der Kennenlern-Phase immer halbwegs nüchtern. Selbst wenn dein Date-Partner nichts Böses vorhat, machst du betrunken oder angetrunken ganz sicher keinen guten Eindruck.

Dass dasselbe auch für alle anderen Drogen gilt, muss ich wohl nicht extra betonen.

Keine sensiblen Informationen preisgeben

So lange du einen Mann noch nicht näher kennst, muss er weder deine Adresse, noch deinen vollen Namen erfahren. Ihr könnt euch einfach darauf einigen, nur den Vornamen preiszugeben, oder gleich bei euren Nicknames zu bleiben, wenn ihr euch beim Online-Daten kennengelernt habt.

Das gleiche gilt für alle anderen privaten Informationen über dich. Wenn du Kinder hast, kannst du das erwähnen, nicht aber, wie die Kinder heißen und wo sie zur Schule gehen. Für dich selbst gilt das natürlich auch: Du kannst sagen, dass du Kauffrau bist und in einer Verwaltung arbeitest, aber nicht, in welchem Unternehmen, wie dein Chef heißt und was du von ihm hältst.

All diese Dinge gehen einen (noch) unbekannten Menschen nichts an. Wenn ihr euch sympathisch seid und es zu weiteren Treffen kommt, erfährt er das alles noch früh genug. Wenn nicht, ist es umso besser, wenn du nicht alles ausgeplaudert hast.

Backup, Covering oder Schutzengel installieren

Wenn du dich zum ersten Mal mit einem noch unbekannten Mann triffst, solltest du immer eine Backup-Lösung im Hintergrund haben. Das kann eine Freundin oder ein Freund sein, die genau wissen, wo du gerade bist, oder die sich sogar im Hintergrund am Ort des Dates aufhalten. Eine Vertrauensperson vor Ort hat natürlich den Vorteil, dass sie sofort sieht, was passiert und gegebenenfalls direkt eingreifen kann. Der Nachteil dabei: Mit dem Wissen, dass die beste Freundin dich beobachtet, wirst du wahrscheinlich beim Flirten nicht besonders entspannt sein. Die Alternative ist eine Person in der Nähe, die im Notfall schnell vor Ort ist.

Tipp

Vereinbare einen oder zwei Anrufe während des Dates. Vereinbare mit der Anruferin zwei Code-Wörter oder Code-Sätze.

Zum Beispiel:

"Wir sehen uns dann nächste Woche." für *Alles klar, es läuft gut.*

oder

"Ich melde mich schnellstmöglich bei dir." für *Hol mich hier raus!*

Auf diese Weise bekommt dein Date-Partner nichts davon mit, dass du ein OK signalisierst oder aber Hilfe anforderst.

Wenn du mutig bist oder wenn keine Zeit bleibt, einen Schutzengel zu informieren, kannst du auch eine neutrale Person vor Ort auswählen. Dazu suchst du am besten jemand aus, der auch zuverlässig in der Nähe bleibt. Zum Beispiel die Bedienung oder den Barkeeper. Informiere sie einfach kurz darüber, dass du ein *Blind Date* hast, und bitte sie, ab und zu ein Auge auf dich zu haben. Wenn du noch jung bist, suche dir als Schutzengel eine ältere Person aus. Auch wenn das ein bisschen Mut erfordert, kann ich dir versichern, dass insbesondere Männer sich durch dein Vertrauen geehrt fühlen und besser auf dich aufpassen werden, als auf ihre eigenen minderjährigen Töchter ;-)

Telefon, Handy, Smartphone

Entgegen aller Ratschläge zum Thema gutes Benehmen und Höflichkeit, bleibt dein Handy bei einem ersten Date mit einem Unbekannten immer (!) eingeschaltet und griffbereit. So kannst du jederzeit selbst eine Nachricht absetzen oder Anrufe deines Backups entgegennehmen.

Darüber hinaus gibt es für Smartphones mittlerweile eine ganze Reihe von Sicherheits-Apps für Frauen. Die meisten davon wollen dafür sorgen, dass du sicher nach Hause kommst. Dazu bieten Apps wie "Mein

Notruf", "enCourage" oder "WayGuard" Unterstützung an, wenn du als Frau auf dem Heimweg Hilfe brauchst. Einige Apps informieren bei einem Notfall sofort andere Teilnehmer in der Nähe. Andere geben deine Standort-Daten an ausgewählte Kontakte oder direkt an die Polizei weiter. Welche App für dich infrage kommt und für dein Smartphon verfügbar ist, kannst du leicht durch eine Suche in den Appstores von Google und Apple herausfinden.

Sicherheit beim Online-Dating

Beim Online-Daten gelten noch einmal ganz besondere Sicherheitsregeln. Beherzige die Folgenden bitte zumindest so lange, bis du dir wirklich sicher bist, dass dein Date-Partner ein total vertrauenswürdiger Typ ist. Und falls du diesen Eindruck schon nach sehr kurzer Zeit hast, dann beherzige die Regeln trotzdem noch länger. Das Flirt-Leben steckt voller Überraschungen – und es sind nicht immer gute!

Nutze keine kostenlosen oder besonders billigen Online-Dating-Anbieter

Du kannst bei diesen davon ausgehen, dass keine oder so gut wie keine Überprüfung der angemeldeten Single-Männer stattfindet. Hinzu kommt, dass die kostenlosen Dienste deine persönlichen Daten noch weniger schützen und noch stärker zu Werbezwecken nutzen, als die Kostenpflichtigen.

Such dich einen seriösen Nickname aus

Nicknames wie "SexySabine" oder "HotBaby89" machen die falschen Männer auf dich aufmerksam und lassen dich in einem sehr ungünstigen Licht erscheinen.

Wähle seriöse Fotos aus

Fotos in Unterwäsche, im Bett oder im Bikini am Pool haben dieselbe Wirkung, wie die oben genannten Nicknames. Auch wenn du eine tollen Körper hast, solltest du ihn auf einem Profilfoto beim Online-Daten nicht zeigen.

Nutze sichere Kommunikationswege

Die Chat- und Mail-Funktionen einer seriösen Dating-Plattform sind so angelegt, dass dein Chat- oder Mail-Partner nichts über deinen echten Namen, Wohnort oder Arbeitgeber erfährt. Das ändert sich aber oft, wenn du dich dazu überreden lässt, mit Flirt-Partnern über andere Kanäle zu kommunizieren. Bei Verwendung eines Messenger-Dienstes wie WhatsApp erhält dein Chat-Partner auf jeden Fall schon einmal deine Telefonnummer. Wenn du E-Mails über deinen privaten Account schreibst, gibst du oft unfreiwillig deinen vollständigen Namen preis. Und wenn du – was du ohnehin niemals tun solltest! – private Mails über deine Jobadresse verschickst, weiß der Empfänger nicht nur, wie du heißt, sondern auch, wo du arbeitest.

Nicht zu viel über dich verraten

Die Beantwortung der Frage nach einem Hobby ist OK. Die Beantwortung der Frage, wo und in welchem Verein oder in welchem Studio nicht! Achte darauf, dass du durch solche "nebensächlichen" Informationen nicht mehr über dich preisgibst, als dir lieb ist.

Nicht alles glauben, was Männer so erzählen

Nirgendwo wird so viel gelogen, wie beim Online-Flirten. Du solltest deshalb alles, was ein Mann über sich selbst erzählt, mit großer Vorsicht betrachten. Es muss ja gar nicht mal böse Absicht sein, aber Männer neigen generell dazu, im Umgang mit Frauen ziemlich dick aufzutragen. Glaube einfach nicht alles, was ein Mann dir erzählt. Im Zweifelsfall hilft immer Gehirn einschalten und den gesunden Menschenverstand bemühen ;-)

Sichere deine Online-Konten

Stelle sicher, dass nur du Zugriff auf deine Online-Konten bei Dating-Portalen oder Sozialen Netzwerken hast. Wähle ein sicheres Passwort, das niemand erraten kann, und lass deine Anmeldedaten nicht auf dem Schreibtisch (auch nicht unter der Tastatur oder als PostIt am Bildschirm) herumliegen.

Keine Geo-Tags verwenden

Geo-Tags sind Informationen über deinen aktuellen Aufenthaltsort. Solche Geo-Tags werden bei einigen Diensten und in bestimmten Sozialen Netzwerken automatisch mit jeder Nachricht verschickt, die du schreibst. Mithilfe dieser Informationen kann im Prinzip jeder herausfinden, wo du gerade bist. Schalte diese Funktion also ganz ab, oder beschränke sie zumindest auf Nachrichten an die Kontakte, die zu deinem Freundeskreis gehören. Natürlich nützt das Abschalten der Geo-Tags nur dann etwas, wenn du nicht in jeder zweiten Nachricht selbst schreibst, wo du bist und was du gerade tust!

Keine sensiblen oder sehr privaten Dinge schreiben oder schicken

Schicke bitte niemals irgendwelche Texte oder Bilder, die du nicht genau so auch als Postkarte verschicken würdest. Selbst wenn dein Flirt-Kontakt vertrauenswürdig sein sollte (was leider nicht immer der Fall ist), weißt du nie, in welche Hände deine Daten oder deine Fotos geraten. Vielleicht verliert er sein Handy, oder fängt sich einen Computervirus ein. Vielleicht sehen seine Freunde die Fotos auf seinem Handy, und vielleicht benutzt er die Informationen und Fotos gegen dich, wenn ihr euch im Streit trennt. Es gibt eine Menge Ursachen, warum Privates plötzlich im Netz kursiert, und das sind eine Menge Gründe, so etwas erst gar nicht zu verschicken.

Keine peinlichen Dinge schreiben

Was einmal abgeschickt wurde, kannst du nicht mehr zurückholen. Selbst, wenn der verwendete Messenger-Dienst eine Löschfunktion haben sollte, kann deine Nachricht schon zigfach kopiert oder geteilt worden sein, wenn du bemerkst, dass du etwas geschrieben hast, das du besser gelassen hättest.

Kein Doxing

Als Doxing bezeichnet man das Veröffentlichen von persönlichen Informationen über einen anderen. Meist geschieht das in einem negativen Zusammenhang als eine Art Aufruf zur Belästigung. Also, auch wenn sich ein Mann unmöglich verhält und du dich maßlos über ihn ärgerst: Komme bitte nicht auf die Idee, seinen Namen, seine Telefonnummer oder Adresse irgendwo zu veröffentlichen. Das gleiche gilt auch für seinen Arbeitgeber, seine Familie etc. Wenn es um eine kriminelle Handlung wie Missbrauch oder Vergewaltigung geht, gehe direkt zur Polizei, aber starte keinen öffentlichen Rachefeldzug. Das bringt dir nur Ärger ein, selbst, wenn du das eigentliche Opfer bist.

Verhalten in Restaurant, Bar oder Kneipe

Die meisten Paare, die sich zu einem ersten Date verabreden, treffen sich in einem Café, einer Bar, einer Kneipe oder in einem Restaurant. Dabei gibt es ein paar Kleinigkeiten zu beachten, damit das Date auch zu einem Erfolg wird.

Und keine Angst, es wird hierbei nicht um eine kniggemäßige Anleitung gehen, wie man korrekt auf Französisch bestellt, oder darum, wie man einen Hummer möglichst elegant zerlegt. Nein, wir werden uns über viel praktischere Dinge unterhalten. Zum Beispiel darüber, wer zum Schluss bezahlt. Denn, obwohl die Antwort auf diese Frage so offensichtlich ist, ist das das häufigste Thema, nach dem bei der Flirtberatung gefragt wird.

Also: Packen wir's ...

Vorsicht Alkohol!

Es ist eine bekannte Tatsache: Jemanden, ansprechen, Flirten und Kennenlernen erfordern Mut. Von einem Menschen mehr, von anderen weniger. Leicht fällt das aber nur den allerwenigsten. Und nur sehr wenige sind darin wirklich routiniert.

Was liegt da näher, als die Anspannung mithilfe von ein paar Gläschen Prosecco, Rotwein oder einem Bierchen zu reduzieren? Schließlich fällt das Flirten doch viel leichter, wenn man ein bisschen angeheitert ist. Irgendwie ist alles ein bisschen lustiger und Gespräche kommen auch besser in Gang, wenn beide Seiten nicht mehr ganz nüchtern sind.

Leider kann ich dir von diesem und von anderen "Mother's little Helpers" nur abraten. Zwar finden Männer es in der Regel nicht so schlimm, wenn eine Frau ein bisschen (!) angeheitert ist – wenn man sich aber noch gar nicht kennt, kann so auch ganz leicht der Eindruck entstehen, dass du vielleicht ein kleines oder auch größeres Alkoholproblem hast. Und spätestens dann wirkst du nicht mehr witzig, sondern eher bemitleidenswert, was keine gute Basis ist, um einem Mann von dir zu überzeugen. Das gilt ganz besonders dann, wenn du schon promillebelastet zu eurem Date erscheinst.

Etwas anders ist es, wenn ihr gemeinsam mit anderen auf einer Party oder abends in eurer Lieblingskneipe das ein oder andere Bier trinkt. Aber auch dort wird dich dein Date Partner genau beobachten. Sollte er den Eindruck bekommen, dass du mehr trinkst, als gut für dich ist, wirkt das mit Sicherheit negativ.

Call me when you're sober

Ein absolutes No-Go ist es, einen Mann im angetrunkenen oder gar betrunkenen Zustand anzusprechen. Wenn du es dir mit dem Mann nicht für immer verscherzen möchtest, verzichte darauf und starte einen erneuten Anlauf, wenn du nüchtern bist!

Ein ganz anderer Grund, beim ersten Kennenlernen möglichst auf Alkohol und andere Drogen zu verzichten, ist deine eigene Sicherheit. Manche Männer neigen dazu, eine angetrunkene Frau als Freiwild zu betrachten. Ganz gleich, ob sie versuchen, dich betrunken zu machen, oder dich schon in diesem Zustand antreffen. Nicht selten kommt es dann zu Übergriffen und im schlimmsten Fall zu Missbrauch und Vergewaltigung. Du solltest also schon allein aus diesem Grund in Gegenwart eines Mannes, den du noch nicht kennst, immer die Kontrolle über dich selbst und die Situation behalten. Selbst, wenn es zum einvernehmlichen Sex kommen sollte, kann es passieren, dass du dich am nächsten Morgen fragst, welcher Teufel dich geritten hat, als du mit DIESEM Typ ins Bett gestiegen bist.

Wenn er (zu viel) trinkt

Natürlich solltest du dir auch genau anschauen, wie dein Date- oder Flirt-Partner mit Alkohol umgeht. Wenn du feststellst, dass er zu viel trinkt, oder sogar schon betrunken ist, solltest du euer Rendezvous freundlich aber bestimmt beenden. Das gleiche gilt, wenn du bemerkst, dass der Mann durch den Alkohol aggressiv oder aufdringlich wird. Sollte das passieren, rate ich dir, den Kontakt ein für alle Mal zu beenden. Ich kann dir versichern, dass du mit so einem Mann – auch, wenn er beteuert, dass das nie wieder passieren wird – nicht glücklich werden wirst.

Und nur der Vollständigkeit halber:

Es kommt immer wieder vor, dass Männer meinen, sich in Gegenwart einer Frau nicht die Blöße geben zu dürfen, trotz Alkoholkonsums den Autoschlüssel abzugeben. Sollte dein Date trotz Alkohol darauf bestehen, noch selbst zu fahren, ist das allein schon ein Zeichen von geringer Intelligenz. Auf keinen Fall solltest du aber selbst so dumm sein und dann auch noch mit in den Wagen steigen. Dass du selbst schlau genug bist, nicht mehr selbst zu fahren, wenn du getrunken hast, setze ich jetzt einfach mal voraus :-)

Die Rechnung bitte ...

Früher – und das ist noch gar nicht so lange her – war alles ganz einfach. Nach einem gemeinsamen Essen oder einem Abend in der Bar zahlte immer (!) der Mann. Bestenfalls griff die Frau symbolisch zum Geldbeutel, aber nur, um vom Mann mit der Aussage: “Ich mach das schon.” gestoppt zu werden. Mit dieser Regelung waren alle glücklich und zufrieden. Schließlich verdiente ein Mann deutlich mehr Geld als eine Frau, sofern diese überhaupt einem Beruf nachging.

Glücklicherweise hat sich diesbezüglich einiges geändert. Die meisten Frauen verdienen heute ihr eigenes Geld (wenn auch oft noch weniger als die Männer), und viele wollen sich nicht mehr so einfach von einem Mann "aushalten" lassen. Schließlich geht für die Frau mit jeder Einladung auch ein Stück Abhängigkeit und Verpflichtung einher. Zumindest dann, wenn die Einladungen nicht abwechselnd und gegenseitig erfolgen. Umfragen zeigen, auch im Jahr 2018 geht noch fast jede vierte Frau davon aus, dass der Mann bei einem Date die Rechnung übernehmen sollte.

Wie soll ich das handhaben?

Ganz einfach: So, wie du dich am besten dabei fühlst. Das Ganze hängt natürlich auch eng damit zusammen, wie gut ihr euch bereits kennt und wie eure jeweilige finanzielle Situation aussieht.

Wenn du dich einladen lässt, kann das eine nette, romantische Geste des Mannes sein. Es kann aber auch dazu führen, dass du dich ihm gegenüber verpflichtet fühlst. Es kann auch sein, dass der Mann eine Gegenleistung für seine "Investition" erwartet. Wer seine Date Partnerin für 200 Euro in ein edles Restaurant einlädt, möchte wahrscheinlich anschließend nicht hören, dass der Abend vorbei ist und ihr euch nie wieder sehen werdet.

Das alles kannst du leicht vermeiden, indem ihr – zumindest so lange ihr noch nicht näher kennt – eure Rechnungen grundsätzlich getrennt bezahlt. Das solltet ihr aber klären, bevor die Bedienung mit der Rechnung an euren Tisch kommt. In manchen Lokalen sollte man sie sogar bereits bei der Bestellung darüber informieren, damit es zum Schluss keine große Rechnerei gibt.

Für den Fall, dass du deinen Date Partner einladen möchtest, kannst du das schon vor dem Essen mit ihm klären, indem du ihn einfach fragst:

„Ist es für dich/Sie OK, wenn ich/Sie Dich einlade?“

Er kann dann einfach sagen, „Ja, danke!“, oder „Ich zahle selbst“. Im zweiten Fall solltest du auf keinen Fall im Restaurant oder Café beginnen, darüber zu diskutieren! Akzeptiere die Entscheidung kommentarlos, so wie sie gefallen ist.

Sollte sich die Beziehung vertiefen und als dauerhaft herausstellen, werden die Karten ohnehin noch einmal neu gemischt. Ihr könnt das Thema dann immer noch in einer ruhigen Minute diskutieren und eine Lösung finden, die für beide OK ist. Bei Paaren, bei denen beide ein eigenes Einkommen haben, ist es durchaus nicht ungewöhnlich, einfach abwechselnd die Rechnung zu übernehmen.

Und wie gesagt: Die Frage nach den Zahlungsmodalitäten klärt man nicht, wenn die Bedienung bereits am Tisch steht und den Rechnungsblock gezückt hat, sondern vorher!

Wer einlädt, der zahlt auch

Etwas anders sieht die Sache aus, wenn eine ausdrückliche Einladung zum Essen ausgesprochen wird. Dann gilt ganz einfach: Wer einlädt, zahlt. Ob das dann der Mann oder du selbst bist, hängt nur davon ab, wer die Einladung ausgesprochen hat.

Tipp

Falls du zum Essen eingeladen worden bist, aber nicht über die nötigen Finanzen verfügst, die Einladung zu erwidern, kannst du den Mann auch einfach zu dir nach Hause zu einem selbstgekochten Essen einladen. Das ist deutlich preiswerter, schmeckt möglicherweise sogar besser und es ist viel persönlicher, als nur zum Schluss ein paar Geldscheine zu zücken.

Peinlich!

Es gibt einige peinliche Verhaltensweisen im Zusammenhang mit der Rechnung im Restaurant, die leider immer wieder vorkommen:

- Schlangenmenschen
  Die Bedienung kommt mit der Rechnung und ihr windet euch beide hin und her und wartet darauf, dass der andere sagt „Getrennt bitte“.
- Geld “vergessen”
  Es gibt tatsächlich immer noch Menschen, die es mit so einem billigen und peinlichen Trick versuchen. Wenn du an so einen gerätst, mache zukünftig einen großen Bogen um ihn. Einzige Ausnahme: Er gibt dir das Geld im Anschluss anstandslos zurück.
- Der Houdini
  Es gibt Menschen, die verschwinden ganz “zufällig” Richtung Toilette, oder gehen mal kurz zum Rauchen, wenn sich die Bedienung für die Abrechnung nähert.
- Vom Gourmand zum Gourmet
  Ebenfalls unangenehme Zeitgenossen sind die, die sich üblicherweise von Pommes und Fischstäbchen ernähren, dann aber das Teuerste von der Karte bestellen, sobald klar ist, dass jemand anderes zahlt.

Stimmungskiller

Ein echter Stimmungskiller ist das Herumgerechne, wer denn jetzt zwei Cola und den kleinen Salat, und wer das Wasser und die Vorsuppe hatte. Ebenfalls ein No-Go ist es, bei einem Date eine Bewirtungsquittung fürs Finanzamt anzufordern. Wer auf solche Ideen kommt, muss sich nicht wundern, wenn das erste Date auch das letzte war.

Geiz wirkt unattraktiv

Das bedeutet nicht, dass du mit dem Geld um dich werfen sollst. Ein angemessenes Trinkgeld für die Bedienung (in der Regel ca. 5 – 10 % vom Rechnungsbetrag) solltest du aber ohne weiteren Kommentar springen lassen. Zeig dich generell großzügig, ohne verschwenderisch zu wirken. Großzügigkeit zahlt sich aus. Wer großzügig ist, wirkt sympathisch. Geiz ist hingegen ein Stimmungs- und Sympathiekiller!

Bring mich nach Hause

Ich habe auf einer großen (elitären) Dating-Plattform neulich einen Beitrag von einer Frau gelesen, die von ihrem Date enttäuscht war, weil sie vom ersten Date abends, um 11 Uhr, allein mit der Bahn nach Hause fahren musste. Zuvor hatte er sie gefragt, wie sie nach Hause komme, und sie hatte ihn gebeten, sie zur Bahnhaltestelle zu bringen. Das hatte er auch gemacht. Trotzdem war die Frau von diesem Verhalten so enttäuscht, dass sie den Kontakt zu dem Mann – mit dem sie vorher einen netten Abend verbracht hatte – beendete.

Was war da los? Ich denke, dass auch da mal wieder enttäuschte Erwartungen im Spiel waren. Aus Sicht dieser Frau hätte der Mann von selbst auf die Idee kommen müssen, sie abends, um 23 Uhr, nicht mehr allein mit der Bahn nach Hause fahren zu lassen. Vielleicht hatte sie auch erwartet, dass er mehr Initiative zeigen würde, mit ihr eine gemeinsame Nacht zu verbringen. Oder es lag vielleicht auch an etwas völlig anderem.

Dieser Vorfall zeigt aber, dass es gerade zu Beginn einer möglichen Beziehung sehr wichtig ist, die eigenen Wünsche und Bedürfnisse klar und deutlich zu machen. Schließlich können Männer keine Gedanken lesen und vielleicht wollte der Mann einfach nicht aufdringlich erscheinen. Schließlich hatte er sie ja sogar gefragt, wie sie nach Hause komme. Es war ihm also nicht einfach gleichgültig.

Forderungen ersticken das zarte Pflänzchen Zuneigung im Keim.

(Helga Schäferling)

Bei den Themen “nach Hause kommen” oder “nach Hause bringen” scheiden sich auch im Kreis meiner Freundinnen die Geister. Einige –

insbesondere die etwas älteren – meinen, es sei ja wohl selbstverständlich, dass ein Dating Partner eine Frau sicher und gesund wieder vor ihrer Haustür abliefert. Andere meinen, das sei ja wohl albern. Schließlich könne jede erwachsene Frau auch ohne männliche Begleitung nach Hause kommen. Entweder mit dem eigenen Fahrzeug oder auch mit der Bahn oder mit dem Taxi.

Ich persönlich neige dazu, den letzteren recht zu geben. Dies zumal ja noch längst nicht jede Frau möchte, dass ihr Dating Partner, den sie ja noch kaum kennt, überhaupt weiß, wo sie wohnt. Schließlich sind ja auch nicht wenige Stalker und andere Spinner unterwegs, denen Frau ihren Wohnort nicht unbedingt verraten möchte. Und selbst, wenn der Mann am ersten Abend ganz nett war, musst du ihn natürlich nicht sofort mit nach Hause bringen. Dies umso mehr, wenn du vielleicht Kinder oder andere Mitbewohner hast, denen du den Neuen lieber erst vorstellst, wenn du weißt, dass es was Ernstes werden könnte.

Wenn du dem Mann vertraust, und dich im Bahnhofsviertel nur ungern nachts allein auf den Weg nach Hause machen möchtest, dann bitte ihn einfach darum, dich zumindest bis zur Straßenbahn oder bis zum Bus zu begleiten. Und wenn er mit dem Auto da und kein Volltrottel ist, wird er dir natürlich anbieten, dich auch vor deiner Haustür abzusetzen. Dann entscheidest du, ob du das möchtest oder nicht.

Und nur der Vollständigkeit halber: Das Ganze gilt natürlich auch umgekehrt, falls du mit dem Wagen da bist und er zu Fuß oder mit der Bahn gekommen ist. Auch, wenn es Männern in der Regel nicht so viel ausmacht, nachts mit der Bahn zu fahren, kann es trotzdem ein netter Zug sein, ihm eine Heimfahrt in deinem Auto anzubieten. Natürlich nur, wenn du der Überzeugung bist, dass es sich für diesen speziellen Mann lohnt.

Der berühmte „Kaffee“

Auch wenn es in jedem zweiten amerikanischen Spielfilm so ist, muss die Verabschiedung vor der Haustüre nicht zwangsläufig dazu führen, dass du ihn noch „auf einen Kaffee“ zu dir in die Wohnung oder ins Haus einladen musst. Wohlgemerkt, du „musst“ das nicht machen, kannst es aber natürlich, wenn du das willst. Die Entscheidung, ob er dann mit hochkommt oder nicht, liegt dann allein bei ihm.

Männer, die anfangen zu drängeln oder zu quengeln, wenn du sie nicht mit nach Hause einlädst, kannst du getrost von deiner Favoritenliste streichen. Wer schon beim ersten Date auf Sex besteht, obwohl er merkt, dass du daran noch nicht interessiert bist, ist kein weiteres Treffen wert.

Tipp: Den eigenen Wagen auf Vordermann bringen

Manchmal ergibt es sich, dass dein Date mit dir gemeinsam in deinem Auto fährt. Zum Beispiel dann, wenn du ihn nach Hause bringst oder auf dem Weg zu einem Restaurant. Es ist nicht notwendig, mit einem klinisch sauberen Fahrzeug vorzufahren, um einen guten Eindruck zu machen. Ein verdreckter Innenraum, in dem noch die Überreste deines letzten Besuchs beim “goldenen M” herumliegen, geht allerdings auch nicht.

Für die meisten Leute ist es wichtig, dass dein Wagen halbwegs sauber ist und im Innenraum keine unangenehmen Düfte zu riechen sind. Im schlechtesten Fall schließt der Mann aus dem Zustand deines Wagens auf deine generellen Vorstellungen von Sauberkeit und Körperpflege! Entsorge also vor dem Date den Müll, deine verschwitzten Sportklamotten und die klamme Decke, auf der normalerweise dein Hund liegt.

Es gibt eine ganze Reihe von Mitteln und Maßnahmen, mit denen man den Innenraum eines Fahrzeugs wieder in eine angenehme Umgebung verwandeln kann. Duftbäumchen am Rückspiegel gehören übrigens nicht dazu. Die sind nicht nur ziemlich spießig, sondern geben häufig auch merkwürdige Düfte von sich, auf die manche Leute wahlweise mit Kopfschmerzen oder einer Allergie reagieren. Je nach Zustand des Wagens kann es auch sinnvoll sein, diese Aufgabe in professionelle Hände abzugeben.

Richtig verabschieden

Und scheide ich von dir, so lasse ich dir mein Herz zurück ...

(Guillaume de Machault)

Ganz so dramatisch wie in der schönen Gedichtzeile von Guillaume de Machault ist es in der Regel nicht. Trotzdem ist die Verabschiedung – insbesondere nach dem ersten Date – der Moment der Entscheidung. Hat man sich noch mehr zu sagen, möchte man sich wiedersehen? Oder hat der Abend gezeigt, dass das erste Date besser auch das letzte bleiben sollte?

Gerade beim Verabschieden kann es auch passieren, dass ein Abend, der sehr harmonisch und vielversprechend verlaufen ist, zum Schluss noch versehentlich ruiniert wird. Meist sind es die Männer, die fatale Fehler begehen, wenn der Abschied naht. Doch auch Frauen können Fehler machen, besonders dann, wenn sie das Gefühl haben, dass der Abschied eine "jetzt-oder-nie-Situation" ist. Manche Menschen versuchen dann, auf den letzten Metern noch ganz schnell alles nachzuholen, wozu es im Lauf des Abends nicht gekommen ist.

Da werden plötzlich Kussattacken gestartet, wo man sich doch eigentlich noch gar nicht nähergekommen war. Liebesschwüre werden geäußert, obwohl man sich doch noch kaum kennt. Alles in einer Art Torschlusspanik, weil man befürchtet, wenn er oder sie jetzt geht, dann war es das.

Dabei ist das doch in Zeiten moderner Kommunikationsmittel und ständiger Erreichbarkeit gar nicht mehr notwendig. Schließlich besteigt der Date Partner ja kein Schiff, auf dem er sich für Monate der Gnade von Sturm und Wellen aussetzt. Vielmehr kann man ganz bequem –

zur Not noch am selben Abend – noch alles schreiben oder mitteilen, was Mann oder Frau noch auf dem Herzen hat.

Eine wichtige Regel für das Verabschieden vom Date Partner lautet also:

Nur keine Panik!

Sag zum Abschied leise Servus ...

Es gibt unzählige psychologische Untersuchungen zu diesem Thema: Ganz gleich, was wir erleben, im Gedächtnis bleiben uns immer die letzten Minuten. Alles, was vorher passiert, ist zwar nicht völlig vergessen, spielt aber für unser Gedächtnis und vor allem für unser Gefühl eine weniger wichtige Rolle. Als Gesamteindruck behalten wir immer das im Gedächtnis, was ganz zum Schluss bei einem Ereignis passiert ist.

Aus diesem Grund ist es ganz besonders wichtig, den Abschluss eines romantischen Abends gut hinzubekommen. Auf diese Weise erscheint auch für unseren Date Partner der ganze Abend in einem positiveren Licht. Es ist so sogar möglich, Dinge, die im Verlauf des Abends schiefgelaufen sind, zu relativieren und noch nachträglich zu „reparieren".

Im Folgenden ein paar Tipps für den Fall, dass dir der Abend und dein Flirt-Partner gut gefallen haben und du ihn wiedersehen willst.

Zum Schluss ein Kompliment:

Bring beim Abschied zuletzt immer ein Kompliment an. Bedanke dich für den schönen Abend und hebe noch einmal hervor, wie sympathisch dir der Mann ist.

> *„Danke für den schönen Nachmittag. Es hat mir viel Spaß gemacht, mich mit dir zu unterhalten".*

> *„Danke für die spannende Unterhaltung. Ich habe viele interessante*

Dinge gelernt.“

„Danke für das schöne Gespräch. Ich wusste bisher gar nicht, wie interessant … ist/sein kann“ .

„Sie sind ein sehr freundlicher/liebenswerter/bemerkenswerter Mensch“.

„Das war ein wunderschöner Abend mit Ihnen …“

Wenn du den Mann wiedersehen möchtest, mache das beim Abschied noch einmal deutlich:

„Ich mag Sie sehr gerne. Sie sind ein wunderbarer Mann.“

„Ich würde dich gerne bald wiedersehen.“

„Es war ein sehr schöner Abend. Ich würde mich freuen, wenn wir das bald noch einmal wiederholen könnten“

„Ich muss leider los, möchte dir aber vorher noch sagen, dass ich dich sehr mag.“

Das ist eindeutig, ohne kompromittierend zu sein. Deinem Date gibt diese Bemerkung zum Abschied aber etwas Positives zum Nachdenken, quasi ein Kompliment für „auf den Weg“.

Erneut verabreden?

Insbesondere, wenn das Date gut gelaufen ist, liegt der Wunsch nahe, sich sofort für ein weiteres Treffen zu verabreden. Doch Vorsicht! Fang hier nicht an zu drängeln. Es ist durchaus OK, zu sagen, dass man einen schönen Abend hatte und den gerne bald wiederholen möchte. Wenn darauf aber keine (positive) Reaktion des Manns erfolgt, ist Abwarten angesagt.

Es ist in Ordnung, Interesse zu bekunden, es ist aber nicht klug, den Eindruck zu erwecken, als hinge deine Seligkeit davon ab. Besser sind einfache Angebote:

„Was hältst du davon, wenn ich dich in nächsten Tagen mal anrufe?“

„Sollen wir morgen mal mailen?“

„Hast Du am Wochenende schon was vor?“

Ob es beim Abschied zum Händeschütteln, einer kurzen Umarmung oder einem Küsschen kommt, hängt natürlich davon ab, wie das Date gelaufen ist und wie nahe ihr euch schon im eigentlichen wie auch im übertragenen Sinn gekommen sind.

Tipp: Vorsicht Kussattacke!

Manche Menschen meinen, beim Abschied die letzte Gelegenheit für einen Kussversuch nutzen zu müssen. Das kann aber nur funktionieren, wenn der Abend bis zu diesem Zeitpunkt gut gelaufen ist und es auch bereits zu zärtlichen Berührungen gekommen ist. War das nicht der Fall, ist es keine gute Idee, nach einem körperlich distanzierten Abend beim Abschied plötzlich eine Kussattacke zu starten. Wenn es bereits zu einer Umarmung kommt, kannst du zunächst einen Versuch mit einem Kuss auf die Wange starten. Das ist für beide Seiten noch relativ unverfänglich. Der Übergang vom unverbindlichen, angedeuteten Kuss während einer französischen Verabschiedung, und einem zärtlichen Kuss auf die Wange, ist fließend. Handele dabei nach deinem Bauchgefühl.

Ohne Abschied gibt's kein Wiedersehen.

(Walter Ludin)

Was tun, wenn es gar nicht funkt?

Wir haben ja bereits mehrfach über den Fall gesprochen, wie man sich verhält, wenn man selbst bei einem Mann „abblitzt". Doch wie verhält man sich, wenn der umgekehrte Fall eintritt? Was tust du, wenn du merkst, dass es bei dir selbst nicht funkt? Oder noch komplizierter: Der Mann ist ernsthaft interessiert, du selbst merkst aber bereits beim ersten Date, dass du keine liebevollen Gefühle für ihn entwickeln kannst, oder willst.

Grundsätzlich ist auch in diesem Fall Ehrlichkeit gefragt. Insbesondere, wenn du merkst, dass der Mann ernsthafte Gefühle für dich entwickelt, musst du fairerweise die Notbremse ziehen. Auf keinem Fall solltest du Zuneigung oder Interesse vortäuschen, nur um dich der unangenehmen Aufgabe zu entziehen, Klartext zu reden. Bei einem Flirt oder einem ersten Date muss immer für beide Seiten klar sein, dass es sich um einen Versuch handelt, der keinen von beiden in irgendeiner Weise verpflichtet. Beide Seiten müssen jederzeit das Recht haben, das Treffen abzubrechen oder zumindest klarzustellen, dass es keine gemeinsame Zukunft geben wird.

Spezialfall: Enttäuschung nach Online-Bekanntschaft

Manchmal ist es so, dass man seinen Date Partner beim ersten Treffen zum ersten Mal "in natura" sieht. Zum Beispiel dann, wenn man sich bis dahin per Foto online kennengelernt hat. Leider kommt es manchmal vor, dass der Mann, der dann vor dir sitzt, nur eine entfernte oder gar keine Ähnlichkeit mit dem hat, dessen Profilfoto so attraktiv war.

Vielleicht war das Foto einfach schon alt und es bestand keine böse Absicht. Trotzdem ist es völlig legitim, klipp und klar zu sagen, was du denkst, wenn statt des durchtrainierten dunkelhaarigen Mittdreißigers plötzlich ein übergewichtiger Frührentner mit Glatze vor dir steht.

Klar, Menschen verändern sich mit der Zeit und selbst der größte Computer-Depp bekommt es heutzutage hin, ein Selfie mit Beauty-Filter anzufertigen. Trotzdem sollte aber auch bei Profilfotos eine gewisse Restähnlichkeit oder auch Restehrlichkeit vorhanden sein. Alles andere führt nicht nur zu einer Enttäuschung beim Date Partner, sondern ist gewissermaßen schon ein wenig Betrug. Und damit sollte eine neue Beziehung nun wirklich nicht beginnen.

Wenn du also feststellst, dass du dich mit dem unerwarteten Aussehen deines Date Partners absolut nicht anfreunden kannst, darfst du das auch sagen. Vielleicht wartest du aber auch erst einmal ab, wie sich der Abend entwickelt. Schließlich gab es ja wahrscheinlich während eurer Online-Bekanntschaft, abgesehen von Äußeren, sicher auch ein paar „innere Werte“, die den Mann für dich attraktiv erscheinen ließen.

Klartext ist auch per Mail oder Textnachricht OK

Gerade wenn du feststellst, dass der Mann mehr Interesse an dir hat, als du an ihm, kann es sehr unangenehm sein, ihm ins Gesicht zu sagen, dass du nichts für ihn empfindest. In diesen Fällen ist es aber auch absolut OK, wenn du nach dem Date per Telefon, Textnachricht oder E-Mail auf höfliche Weise mitteilst, dass du nicht daran interessiert bist, den Kontakt zu vertiefen. Das ist dann unter Umständen für deinen Date Partner enttäuschend. Es ist aber allemal besser, als ihn im Unklaren zu lassen, sodass er sich weitere unrealistische Hoffnungen macht.

Tricks für den frühzeitigen Abgang

Es gibt verschiedene Tricks, um ein Treffen vorzeitig abzubrechen, wenn du feststellen solltest, dass du es absolut nicht ertragen könntest, wenigstens für ein oder zwei „Anstandsstunden“ durchzuhalten. So kannst du dich zum Beispiel zu einem bestimmten Zeitpunkt auf dem Handy anrufen lassen und dann einen wichtigen Termin vorschieben.

Es gibt sogar spezielle Apps, die eigens für solche Gelegenheiten entwickelt wurden. Die App lässt dann dein Handy klingeln, sodass du behaupten kannst, einen wichtigen Anruf bekommen zu haben.

Tipp: Kein 5-Gänge-Menü

Da es beim ersten Date manchmal schon nach kurzer Zeit klar wird, dass man für den anderen nichts empfindet oder dass es einfach an gemeinsamen Interessen fehlt, empfiehlt es sich, dafür einen Ort zu wählen, an dem beide ohne Komplikationen jederzeit aufstehen und gehen können. Es ist also sinnvoller, sich in einem netten Lokal auf ein Bier zu verabreden, als im Sterne-Restaurant einen Tisch für ein 5 gängiges Menü zu reservieren.

Die „Ein-Drink Regel"

Diese Regel kommt häufiger bei Date Partnern zum Einsatz, die das Thema Kennenlernen schon ein wenig professioneller angehen. Man findet sie zum Beispiel manchmal bei routinierten Online-Datern, die sich regelmäßig mit potenziellen Partnern treffen. Die Regel besagt, dass man sich beim ersten Date grundsätzlich nur auf einen Drink trifft. Ist das Getränk ausgetrunken, beendet man das Date und beide Partner haben Gelegenheit, darüber nachzudenken, ob man sich zu einem zweiten Date verabreden möchte oder nicht.

Vorteil: Es gibt kein Herumlavieren, keine Ausreden, keine Entschuldigungen und keine Hinhaltetaktik.

Nachteil: Diese Art von professionellem Daten ist definitiv nicht besonders romantisch!

Wie auch immer du dich aus der Affäre ziehst, bleibe dabei stets fair. Versetze dich in die Lage deines Date Partners und überlege, wie du selbst behandelt werden möchtest, wenn deine Verabredung feststellt, dass du nicht sein Typ bist. Bleibe in jedem Fall freundlich und verabschiede dich mit ein paar netten oder tröstenden Worten.

So gewinnst du Männerherzen

Viele denken viel zu kompliziert, wenn es darum geht, einen guten Eindruck auf andere Menschen zu machen, oder einfach deren Sympathie zu gewinnen. Dabei sind es oft die einfachsten Dinge, die den Unterschied zwischen Sympathie, Gleichgültigkeit oder gar Ablehnung ausmachen.

Die elementarste Grundregel lautet: Lächeln und freundlich sein. Behandle einen Mann, der dich interessiert, einfach immer mit Wertschätzung und Respekt. Das macht dich sympathischer als die kompliziertesten Verführungstricks. Widme einem Mann, mit dem du sprichst, deine ungeteilte Aufmerksamkeit. Zeige ihm, dass er in diesem Augenblick der wichtigste Mensch für dich ist. Es gibt kaum etwas, das so viel Sympathie erweckt, wie die Aufmerksamkeit, die uns ein Mensch entgegenbringt.

Interessiere dich dafür, was er erzählt und schaue ihm dabei in die Augen. Lass dein Handy in der Tasche und überzeuge ihn mit deiner Intelligenz, deinem Humor und deinem Einfühlungsvermögen. Zeig dich von deiner besten Seite. Wie das geht, hast du ja bereits in den ersten Kapiteln erfahren. Sei optimistisch, gut gelaunt, locker und entspannt. Dann kann dir kein Mann widerstehen!

Komplimente machen, aber richtig!

Jeder freut sich über ein ernst gemeintes Kompliment. Das gilt für Männer genauso, wie für Frauen. Die Betonung hierbei liegt hier aber auf „ernst gemeint“. Damit scheiden alle billigen Standard-Komplimente aus. Mit einem einigermaßen intelligenten Kompliment kannst du bei jedem Mann punkten. In diesem Kapitel erfährst du, wie‘s geht.

Alleinstellungsmerkmal: Vermeide Standard-Komplimente

Es gibt eine ganze Reihe von überstrapazierten und langweiligen Standard-Komplimenten wie „Du hast wunderschöne Augen.“ oder „Du siehst wirklich umwerfend aus.“ Selbst wenn sie zutreffen, erscheinen diese Komplimente meist klischeehaft und wie auswendig gelernt. Es sind typische Standardkomplimente, wie es sie im Fernsehen und in schlechten Romanen zuhauf gibt. Aus diesem Grund haben sie auch im realen Leben nur selten die gewünschte Wirkung. Männer, die wirklich gut aussehen, haben sie bereits oft gehört und die anderen vermuten einen billigen Trick, mit dem du dich bei ihnen einschmeicheln willst. Auch Sätze wie “Du bist süß.” möchten die meisten Männer nicht hören. Männer möchten nicht “süß” oder gar “niedlich” sein.

Viel besser wirken ganz individuelle Komplimente, die wie eigens für den Mann, der vor dir sitzt, gemacht scheinen. Im Übrigen muss ein Kompliment auch nicht immer verbal erfolgen. Eine kurze Textnachricht oder ein Post-It-Zettel mit einem netten Kompliment zwischendurch sind origineller und machen oft mehr Eindruck.

Komplimente nicht nur fürs Aussehen machen!

Es muss ja auch nicht immer das Aussehen sein. Männer empfinden es in der Regel als schmeichelhafter, wenn sie ein Kompliment für ihren Humor, ihre Intelligenz oder für eine bestimmte Leistung bekommen.

Indirekte Komplimente

Man kann ein Kompliment auch einmal anders, zum Beispiel indirekt formulieren. Zum Beispiel so: „Alle Frauen schauen dir hinterher, ich glaube, ich werde gleich eifersüchtig.“

Schmeicheln, aber nicht lügen!

Mach grundsätzlich nur Komplimente, die du auch ehrlich meinst, und vermeide maßlose Übertreibungen. Die meisten Männer wissen sehr gut, dass sie nicht der „attraktivste Mann, den du je gesehen hast“ sind. So ein „Kompliment“ wirkt eher albern.

Ein Kompliment muss ernsthaft vorgetragen werden

Vielen Menschen fällt es mangels Übung schwer, ein ernst gemeintes Kompliment auch ernst vorzutragen. Dabei ist das äußerst wichtig. Vermeide jede Art von Flapsigkeit oder Theatralik, wenn du ein Kompliment machst. Das klingt jetzt vielleicht nach Spaßbremse. Du solltest das aber beherzigen, wenn du Erfolg haben willst. Es ist nichts Peinliches daran, ganz geradeheraus zu sagen, was dir an einem Mann gefällt. Durch den falschen Ton ist aber schon so manches gut gemeinte Kompliment ruiniert oder als Ironie missverstanden worden.

Die Dosierung macht‘s

Inflationär vorgebrachte Komplimente verfehlen ihre Wirkung! Auch wenn du den Mann noch so anhimmelst. Vermeide es, Komplimente im Minutentakt zu machen. Dir Wirkung nutzt sich sehr schnell ab und deine Komplimente wirken nicht mehr echt und ehrlich.

Stimmungsbarometer beachten!

Komplimente wirken nur gut, wenn sie in einer insgesamt positiven Stimmung ausgesprochen werden. Fällt dir mitten in einem Streit oder während einer kontroversen Diskussion plötzlich ein, dass dein Gesprächspartner „wunderschöne Augen“ hat, kann das auch nach hinten losgehen. Unter Umständen wirkt ein Kompliment dann eher wie Spott.

Gemeinsamkeiten finden

Gleich und Gleich gesellt sich gern, oder Gegensätze ziehen sich an. Was ist denn jetzt richtig?

Es gibt viele Meinungen und Untersuchungen zu diesem Thema. Und obwohl sich die meisten einig sind, dass eine gewisse Menge an Gegensätzlichkeit durchaus reizvoll sein kann, kommen letztlich alle zu dem Schluss, dass für eine harmonische Beziehung die Menge an Gemeinsamkeiten doch ausschlaggebender ist.

Einige, bereits weiter oben erwähnte, Untersuchungen zeigen, dass das Finden oder Herstellen von Gemeinsamkeiten für die Entstehung von Sympathie elementar wichtig ist. Menschen, die sich derselben Gruppe zugehörig fühlen, werden den anderen Mitgliedern dieser Gruppe immer mit mehr Sympathie begegnen als Außenstehenden. Dabei spielt es keine Rolle, ob es sich bei der Gruppe um einen definierten Kreis von Menschen handelt, wie in einem Verein oder einer Partei, oder ob es sich lediglich um Menschen mit den gleichen Interessen oder Idealen handelt. Um die Sympathien eines Mannes zu wecken oder zu verstärken, ist es also wichtig, dass du möglichst bald einige Gemeinsamkeiten findest.

Gemeinsame Hobbys:

Wenn du und dein Date Partner das gleiche Hobby haben, ist das so wie ein 6er im Lotto. Menschen, die die Begeisterung für ein Hobby teilen, mögen sich in der Regel schon per se. Zudem bietet ein gemeinsames Hobby Gesprächsstoff für viele Stunden und ist eine ideale Grundlage für die Planung gemeinsamer Aktivitäten.

Manche Hobbys sind darüber hinaus auch so zeitintensiv oder greifen so stark ins Alltagsleben ein, dass ein Zusammenleben im Grunde ohnehin nur mit jemandem möglich ist, der das Hobby teilt oder zumindest toleriert. Hobbys wie Reiten, Hundesport, Tauchen oder Kite-Surfen lassen sich kaum mit einem Partner pflegen, der an diesen Dingen überhaupt kein Interesse hat.

Gemeinsame Interessen:

Es müssen aber auch nicht unbedingt gemeinsame Hobbys sein. Auch wenn sich zwei Musikfreunde oder Filmbegeisterte treffen, stimmt die Chemie meistens. Das Gleiche gilt für Menschen, die gerne lesen, kochen oder reisen. Im Grunde spielt das Thema keine Rolle, wichtig ist, dass du im Gespräch mit deinem Date Partner Dinge findest, die ihr beide mögt oder auch beide nicht mögt.

Gemeinsamkeiten, die immer funktionieren:

Wenn sich im Gespräch spontan partout keine gemeinsamen Interessen herausstellen wollen, kann man immer noch auf Allgemeinplätze ausweichen. Aus psychologischer Perspektive funktioniert nämlich auch das gemeinsame Jammern über das schlechte Wetter, die Verspätungen der Bahn oder die zu hohen Steuern als Sympathiebringer. Ob das allerdings für eine dauerhafte Beziehung ausreichend ist, darf bezweifelt werden. Für einen Einstieg, oder um sich nach dem ersten Ansprechen überhaupt erst einmal ein Date zu erarbeiten, ist es aber OK.

Aufmerksam sein

Aufmerksam sein kann unterschiedliche Bedeutungen haben. Alle sind für unsere Bemühungen um die Zuneigung eines Menschen wichtig.

Aufmerksamkeit im Sinne von Höflichkeit

Höflichkeit? Ist das nicht etwas, was kleine Jungs gegenüber älteren Tanten zeigen sollten? Oder ein Verhalten, das zivilisierte Männer Frauen oder "Damen" gegenüber zeigen? Das stimmt, auch das sind Formen von Höflichkeit. Höflichkeit ist aber viel umfassender. Jeder Mensch kann sich einem anderen gegenüber höflich verhalten.

Der Philosoph Arthur Schopenhauer hat es so formuliert:

„Höflichkeit ist ein sprachliches oder nichtsprachliches Verhalten, das zum normalen Umgang der Menschen miteinander gehört und den Zweck hat, die Vorzüge eines anderen Menschen indirekt zur Erscheinung zu bringen oder ihn zu schonen, wenn er vielleicht nicht vorzüglich sein will.“

Er unterscheidet dabei zwei Formen von Höflichkeit:

a) positive Höflichkeit

Man zeigt Sympathie, Aufmerksamkeit und Neugierde gegenüber dem anderen.

b) negative Höflichkeit

Man schont und entlastet den anderen.

Insbesondere die negative Höflichkeit, die sich zum Beispiel im Helfen und Unterstützen sowie im Abnehmen unangenehmer Dinge äußert, wird in unserer Kultur vor allem von Männern gegenüber Frauen erwartet. Während früher noch jeder Edelmann bereit war, sein Leben für eine Frau einzusetzen, oder doch zumindest seinen Mantel über einem Schlammloch auszubreiten, damit die Dame trockenen Fußes zur Kutsche kam, ist diese Verhalten heute weniger stark ausgeprägt. Übrig geblieben sind formalisierte Höflichkeiten wie das Aufhalten der Tür für eine Frau, ihr den Vortritt zu lassen oder ihr in den Mantel zu helfen.

Was kann ich als Frau denn tun, um höflich zu sein?

Natürlich könntest du als emanzipierte Frau einfach den Spieß umdrehen und einem Mann in den Mantel helfen oder ihm die Tür aufhalten. Es fragt sich aber, ob die heutigen Männer ihrerseits emanzipiert genug sind, um diese Form der Höflichkeit auch wirklich würdigen zu können. Aber es gibt ja auch eine Menge anderer Dinge, die du im Rahmen der negativen Höflichkeit für einen Mann tun kannst. Nimm ihm einfach etwas mit den Worten "Das kann ich doch eben für dich erledigen." ab, und er wird sich ganz sicher darüber freuen. Wenn du dem dann noch ein "Für dich mache ich das doch gerne!" folgen lässt, hast du den gewünschten Effekt schon erreicht.

Die einfachste Form von Aufmerksamkeit: Zuhören

Aufmerksamkeit ist das schönste Kompliment. Ja, einem Mann deine volle Aufmerksamkeit zu schenken, ist mehr wert als ein ganzer Sack voller Komplimente! Dabei besteht das aufmerksame Zuhören nicht einfach darin, selbst den Mund zu halten. Vielmehr geht es darum, aktiv zuzuhören, an den richtigen Stellen zuzustimmen oder auch nachzufragen, wenn man nicht ganz sicher ist, etwas richtig verstanden zu haben.

Natürlich gehört zum aufmerksam Sein auch, dass du dein Handy und alle anderen Störquellen deaktivierst. Wenn du mit einem Mann zu einem Date verabredet bist, dann sollte es für dich währenddessen nichts

Interessanteres geben, als diesen Mann und das, was er sagt. Kaum etwas wirkt sympathischer und kann Menschen mehr bezaubern, als wenn du ihnen deine komplette Aufmerksamkeit schenkst.

Höre aufmerksam zu, fokussiere dich voll und ganz auf das, was der Mann sagt. Er merkt sofort, wenn du mit deinen Gedanken nicht bei der Sache bist. Viele Menschen machen zum Beispiel den Fehler, bereits im Kopf eine Antwort zu formulieren, während der andere noch spricht. Und auch, ohne Gedanken lesen zu können, bemerkt ein Gesprächspartner das sofort. Das hat unter anderem etwas damit zu tun, dass die Augen den Gesprächspartner nicht richtig fokussieren können, wenn wir, statt zuzuhören, eigene Gedanken wälzen. Der Gesprächspartner spürt dann, ohne es begründen zu können, dass sein Gegenüber nicht „bei der Sache" ist.

Versuche, dich in das Gesagte hineinzudenken. Insbesondere, wenn der Mann über Dinge spricht, die ihm wichtig sind, oder die ihm auf der Seele liegen. Versuche, genau zu verstehen, worum es geht und welche Gefühle dabei eine Rolle spielen.

Für Fortgeschrittene

Ein in der klientenzentrierten Psychotherapie eingesetztes Verfahren ist das Spiegeln dessen, was ein Gesprächspartner uns sagt. Vereinfacht ausgedrückt wiederholst du dabei das, was dein Gesprächspartner dir mitteilt, mit anderen Worten. Das Verfahren ist kein billiger Trick, um jemanden zu manipulieren. Vielmehr kannst du auf diese Weise zum Beispiel sehr einfühlsam prüfen, ob du deinen Gesprächspartner richtig verstanden hast. Gleichzeitig wirkt das Spiegeln auch vertrauensfördernd. Voraussetzung ist allerdings, dass es richtig gemacht wird. Auf einer weniger professionellen Ebene eignet sich die Methode aber auch für den Privatbereich. Man braucht dafür allerdings ein wenig Fingerspitzengefühl.

Psychotrick Spiegeln

Verschiedene psychologische Untersuchungen haben es gezeigt: Menschen, die sich sympathisch sind, tendieren dazu, die jeweilige Körperhaltung des anderen zu spiegeln. Das heißt, wenn in einem Gespräch der eine Teilnehmer die Beine übereinanderschlägt, macht das der andere auch. Lehnt sich der eine vor, tut es ihm der andere gleich. Meist ist es so, dass einer von beiden die Bewegungen vorgibt und der andere sie nachmacht. In der Regel geschieht dies gänzlich unterbewusst. Keiner von beiden weiß, dass es passiert.

Andere Untersuchungen haben gezeigt, dass man das auch umkehren kann. Das heißt, nicht nur Sympathie führt zum Spiegeln, sondern das Spiegeln kann auch zu mehr Sympathie führen. So zeigt es sich, dass uns Menschen, die die gleiche oder eine ähnliche Körperhaltung einnehmen wie wir selbst, deutlich sympathischer sind als andere.

Du kannst das bei einem Date für dich nutzen. Ahme unauffällig (!) die Körperhaltung deines Date Partners nach. Beugt sich der Mann vor, tust du das auch. Lehnt er sich zurück, machst du das ebenfalls. Greift er zu seinem Glas, greifst du zu deinem. Das funktioniert auch mit Aktionen, die denen deines Gesprächspartners nur ähnlich sind. Spielt er zum Beispiel mit seinem Feuerzeug, nimmst du stattdessen den Schlüsselbund und so weiter.

Vorsicht: Nicht übertreiben!

Natürlich darfst du es auch nicht übertreiben. Bemerkt dein Date, was du da machst, kann das auch den gegenteiligen Effekt haben. Du erweckst dann vielleicht den Eindruck, als wolltest du dich über ihn lustig machen. Oder – wenn dein Flirt-Partner diesen Trick auch kennt – dass du ihn mit so einem „billigen“ Trick herumkriegen willst, ohne wirkliche Gefühle für ihn zu empfinden.

Schau mir in die Augen, Kleiner

Wir haben es im Kapitel „Liebe auf den ersten Blick“ schon ausführlich besprochen: Blickkontakt erzeugt Sympathie. Kein anderes Mittel der nonverbalen Kommunikation transportiert mehr Emotionen. Kein anderes Mittel ist für die Kommunikation und die Bewertung dessen, was gesagt wird, wichtiger als der Augenkontakt.

Die ganze Palette von Emotionen wie Liebe, Angst, Traurigkeit, aber auch Aggression kann über den Blickkontakt transportiert werden. Mit den Augen können sogar eindeutig erotische Botschaften gesendet werden, ohne dass dazu weitere Worte oder Gesten notwendig wären. Das funktioniert zum Beispiel mit dem oft erwähnten "Schlafzimmerblick“.

Wie Forscher im Wissenschaftsmagazin „Nature“ berichten, spielt der direkte Blick ins Auge bei der Aufnahme und bei der Einordnung sozialer Kontakte eine entscheidende Rolle. Ein intelligenter und wacher Blick, der dem Blick des Betrachters nicht ausweicht, deutet auf Gesundheit, Stärke und andere wichtige Eigenschaften hin, die für die Partnerwahl eine wichtige Rolle spielen.

Zwischen Liebenden ist der Blickkontakt besonders intensiv und häufig. Der amerikanische Psychologe, Zick Rubin, hat genau nachgemessen:

Verliebte schauen sich während eines Gesprächs 75 % der Zeit an, andere nur 30 – 60 %.

Und der Effekt wirkt auch umgekehrt!

Je häufiger du den Blickkontakt mit deinem Date Partner suchst, desto besser. Humphrey Bogart wusste genau, was er mit „Schau mir in die Augen, Kleines!“ bei Ingrid Bergmann in Casablanca erreichen konnte.

Wenn du es richtig machst, wird es bestimmt auch für dich und deinen Flirt-Partner der „Beginn einer wunderbaren Freundschaft"!

Übrigens ...

... als Quelle für die Zeile "Schau mir in die Augen, Kleines." wird meist der Film Casablanca aus dem Jahr 1942 angegeben. Tatsächlich gibt es diesen Satz aber nur in einer ersten Synchronfassung des Films. Später hieß es dann "Ich seh' dir in die Augen, Kleines.". Im ursprünglichen originalen Drehbuch stand wohl stattdessen die Zeile "Here's good luck for you, Kid.", was auch viel besser zu den Filmszenen gepasst hätte. Schließlich spricht Humphrey Bogart den Satz nicht nur beim Abschied am Flughafen, sondern jedes Mal, wenn er Ingrid Bergman mit einem Drink zuprostet.

Berührungen, der erste Kuss und mehr

Nach dem Ansprechen und dem Fragen nach dem ersten Date ist der erste Kuss der nächste große Schritt beim Aufbau einer (dauerhaften) Beziehung. Von vielen Menschen wird der erste Kuss auch als "Nagelprobe" beim Daten empfunden. Schließlich entscheidet sich beim Versuch, einen ersten Kuss zu starten, ob der andere mitmacht, ob er einen selbst als attraktiv und erotisch anziehend betrachtet.

Für andere (oft Männer) ist der erste Kuss nicht so bedeutungsvoll. Oft wird er nur als notwendiger Schritt zu mehr und intensiveren erotischen Handlungen empfunden. Bei diesen Menschen hat das Küssen im Erwachsenenalter nicht mehr Bedeutung als zu Teenagerzeiten, als wahllos mit jedem geknutscht wurde, der bei 3 nicht auf den Bäumen war.

Küssen ist direkt nach Sex die zweitintimste Form, Zärtlichkeiten auszutauschen. Für manche Frauen ist das Küssen sogar noch intimer als Sex. Ich kenne Frauen, die mit einem Date Partner, den sie nur "ganz OK" finden, eher ins Bett gehen würden, als ihn zu küssen. Und soweit ich weiß, trifft das auch auf viele Prostituierte zu. Sex ja, Küssen nein! Küssen ist also auch in unserer völlig übersexualisierten Zeit offenbar immer noch ein sehr intimer Akt, den die meisten nur mit den Menschen teilen wollen, die sie auch wirklich mögen oder sogar lieben.

Wie das bei dir ist, musst du natürlich selbst herausfinden. Bist du eher der romantische Typ, für den Küssen immer mit Zuneigung und Erotik verbunden ist? Oder gehst du das Ganze eher pragmatisch an, und meinst, dass ein bisschen Knutschen auch ohne große Gefühle jederzeit geht?

Wie ist es beim ersten Date – Küssen – Ja oder nein?

Eine eindeutige Antwort auf diese Frage würde bedeuten, dass es beim Daten und Kennenlernen allgemein verbindliche Regeln oder gar Vorschriften gibt. Die gibt es aber nicht. Was du beim ersten Date tust oder auch nicht tust, hängt ganz allein davon ab, worauf du und dein Partner Lust haben. Wenn ihr schon beim ersten Date feststellt, dass ihr euch Hals über Kopf ineinander verliebt habt, dann könnt ihr Küssen, bis der Arzt kommt. Wenn du dir aber (noch) nicht sicher bist, ob dein Date Partner der Richtige ist, dann solltest du dich vielleicht ein wenig zurückhalten. Selbst wenn das Küssen für dich keine große Bedeutung haben sollte, könnte es bei deinem Date Partner möglicherweise anders sein.

Zehn Küsse werden leichter vergessen als ein Kuss.

(Jean Paul)

Jean Paul war ein deutscher Schriftsteller, der von 1763 bis 1825 gelebt hat. Und auch, wenn er von unserer modernen Welt natürlich nichts geahnt hat, das mit dem Küssen hat er schon damals richtig eingeschätzt. Ein Kuss erhält seine Bedeutung auch dadurch, ob man ihn ganz bewusst oder einfach nur inflationär einsetzt. So kann ein ganz “leiser” Kuss auf die Lippen beim Abschied eine größere Wirkung haben, als wenn die Partner den ganzen Abend knutschen, als gäbe es kein Morgen.

Wann ist der richtige Zeitpunkt für den ersten Kuss?

Ich könnte jetzt wahrheitsgemäß schreiben: “Das wirst du schon merken.” Allerdings würde dich diese Antwort wahrscheinlich nicht zufriedenstellen. Deshalb schiebe ich noch ein paar Sätze hinterher ...

Ganz wichtig ist, dass der erste Kuss nicht aus "heiterem Himmel" über deinen Date Partner hereinbricht. Ein Kuss ist eben doch deutlich mehr, als nur eine Umarmung und auch deutlich mehr, als Händchenhalten. Einem Kuss gehen in der Regel einige Signale voraus, zu denen auch Umarmungen und Händchenhalten gehören können.

In jeder Kultur gibt es eine gewisse Reihenfolge von Nähe und Berührungen beim Kennenlernen eines möglichen Partners. Ein Kuss ist zum Beispiel keine Selbstverständlichkeit, sondern erfolgt in der Regel erst dann, wenn einige weniger intime Berührungen ausprobiert und akzeptiert wurden.

Die Stufen auf dem Weg zum ersten Kuss könnten zum Beispiel so aussehen:

+ Stufe 1: Hand geben
+ Stufe 2: Berührungen der Hände (auf dem Tisch, beim nebeneinander her Gehen)
+ Stufe 3: Kurze Umarmungen (bei der Begrüßung, beim gemeinsamen Lachen über einen Scherz) Berührungen an der Schulter, Haar aus dem Gesicht streichen
+ Stufe 4: Halten der Hände über einen längeren Zeitraum (*Händchenhalten*) zum Beispiel bei einem gemeinsamen Spaziergang. Umarmen, bei Begrüßung und Verabschiedung
+ Stufe 5: Der Kuss

Auch hierbei gibt es noch weitere Abstufungen:

- Kuss auf die Wange
- Kuss auf den Mund
- Zungenkuss

Sollte nicht eigentlich der Mann ...?

Ich weiß, man kann das überall nachlesen und in den “guten alten” Zeiten war es auch sicher so, dass die Initiative zu einem (ersten) Kuss immer vom Mann ausgehen sollte. Aber wir leben glücklicherweise im 21. Jahrhundert, und heute darfst du als Frau genauso den ersten Schritt tun, wie dein männlicher Partner. Manchmal lässt sich das auch gar nicht vermeiden. Wenn du auf einen Mann triffst, der selbst schüchtern und zurückhaltend ist, bleibt dir gar nichts anderes übrig, als selbst aktiv zu werden. Viele Männer sind heutzutage auch extrem vorsichtig geworden, wenn es darum geht, sich einer Frau zärtlich zu nähern. Bedingt durch die überaus begrüßenswerte MeToo-Bewegung trauen sich manche Männer schlicht gar nichts mehr, um jeden Verdacht zu vermeiden, es könne als sexueller Übergriff gewertet werden.

Im Film ist es immer ganz einfach: Nach einem gemeinsamen Abend, an dem man ein Restaurant oder eine Bar besucht hat, bringt er sie nach Hause und bekommt zum Abschied oder zum Dank den Kuss, auf den er schon den ganzen Abend hingearbeitet hat.

In der Realität kann es auch so funktionieren. Viel wahrscheinlicher ist aber, dass du selbst aktiv werden, oder doch zumindest klar signalisieren musst, dass du nichts dagegen hast, geküsst zu werden. Und so ein Kuss sollte in der Regel ja auch nicht aus heiterem Himmel kommen. Üblicherweise gehen einem Kuss schon ein Flirt und einige Berührungen voraus. Männer ticken da manchmal leider etwas anders.

Während es für ihn völlig OK ist, sie zum Abschied ohne vorhergehende Annäherung zu küssen, ist diese Vorstellung für die meisten Frauen alles andere als erstrebenswert. Sie erwarten, dass dem Kuss im Verlauf des Abends eine schrittweise körperliche Annäherung vorausgeht. Der Kussversuch wird abgelehnt und der Mann steht da und fragt sich, was er falsch gemacht hat. Schließlich hatte man doch einen netten gemeinsamen Abend. Warum will sie ihn jetzt nicht küssen?

Insbesondere der erste Kuss ergibt sich nicht immer so spontan, natürlich und zwangsläufig wie im Film. Wenn du dir nicht ganz sicher bist, ob ein Kuss OK ist, ist es keine schlechte Taktik, einfach zu fragen:

"Wenn du mich jetzt küssen würdest, hätte ich nichts dagegen"

„Ich würde dich jetzt gerne küssen. Ist das OK?"

„Hättest du etwas dagegen, wenn ich dich jetzt küssen würde?"

Oder auch klipp und klar:

„Ich werde dich jetzt küssen!"

"Könntest du mich jetzt bitte küssen?"

"Es wäre jetzt angebracht, dass du mich küsst."

"Es war so ein schöner Abend. Jetzt fehlt mir nur noch ein Kuss zu meinem Glück."

Das gibt ihm die Möglichkeit, sich darauf einzustellen und ggf. auch ein Veto einzulegen, wenn er sich (noch) nicht wirklich sicher ist, den Kuss ebenfalls zu wollen. Allerdings wird das nicht häufig vorkommen. Wie gesagt, sind Männer da ein bisschen simpler strukturiert, als wir Frauen. Wenn dein Date Partner also schon nicht von selbst auf die Idee kommt, die Initiative zu ergreifen, wird er mit an Sicherheit grenzender Wahrscheinlichkeit nicht *Nein* sagen, wenn du aktiv wirst.

Kuss oder Küsschen?

Auch das ist eine Frage der logischen Reihenfolge und hängt vor allem davon ab, wie gut ihr euch bereits kennt und wie sehr ihr euch mögt. Natürlich ist es zunächst viel einfacher und wirkt viel natürlicher, wenn du zum Beispiel bei Begrüßung oder Abschied mit einem Küsschen auf die Wange beginnst. Es wäre sicher ein Fehler, bei der ersten Berührung mit dem Mund sofort mit einem Zungenkuss zu starten. Dieser steht eher am Ende der Entwicklung.

Männer ...

Manche Männer meinen, es reicht, wenn man am Ende zum Ziel kommt und dass man die vorhergehenden Schritte notfalls auch überspringen könne. Wenn du nicht dieser Meinung bist, darfst du das auch ganz offen sagen. Die meisten Frauen empfinden es zumindest als sehr merkwürdig, wenn nach einem Abend ohne eine einzige Berührung plötzlich eine Kussattacke erfolgt.

Der richtige Ort

Klar, küssen kann man (theoretisch) überall. Es gibt aber Orte, die insbesondere für einen ersten Kuss deutlich besser geeignet sind als andere. Gut sind alle Orte, an denen du dich wohlfühlst und wo ihr einigermaßen ungestört seid. Eine Bank in einem schönen Park ist also besser geeignet, als der Eingangsbereich eines Einkaufszentrums. Wenn ihr beide sehr schüchtern seid, kann auch ein Kino ein guter Ort zum Küssen sein. Natürlich solltet ihr dann auch darauf achten, dass ihr euch einen romantischen Film anschaut und dass ihr nicht gerade Plätze in der ersten Reihe auswählt.

Je nach Jahreszeit und Wetterlage ist auch ein Spaziergang in freier Natur eine gute Gelegenheit für den ersten Kuss. Es gibt viele wunderschöne und romantische Plätze, die dafür infrage kommen. Wie wäre es zum Beispiel im Park eines schönen alten Schlosses? Oder an einem schönen See? Wenn ihr es ganz romantisch mögt, könnt ihr sogar ein Ruderboot mieten und auf den See rausfahren. Und wenn es schon später geworden ist: Im Freien unterm Sternenhimmel. Einen romantischeren Ort zum Küssen, wirst du wahrscheinlich nicht finden.

Manche Orte ergeben sich auch mehr oder weniger von selbst: Wenn ihr euch vor der Haustür oder auf dem Bahnsteig voneinander verabschiedet, dann ist das natürlich der perfekte Ort und der perfekte Zeitpunkt, für einen Kuss. Und überhaupt: Ein Kuss sollte nicht daran scheitern, dass ihr keinen optimalen Ort zum Küssen findet. Wenn du das Gefühl hast, dass der richtige Zeitpunkt zum Küssen gekommen ist, dann tu es einfach. Auch ein Kuss mitten auf einer belebten Straßenkreuzung ist besser als die Gelegenheit ganz zu verpassen.

Gelegenheiten

Wenn du der Ansicht bist, dass es jetzt doch endlich mal Zeit für einen ersten Kuss wäre, kannst du auch ohne diesen direkt zu fordern, einiges dafür tun, dass es dazu kommt. Denke aber bei den folgenden Tipps und Tricks immer daran, dass es sich dabei um eher scherzhafte Anspielungen handelt, die dein Date Partner sicher gerne aufgreifen wird, wenn er daran interessiert ist, dich zu küssen. Ein Mann, der darauf nicht einsteigt, ist entweder wirklich schwer von Begriff, oder er steht einfach nicht auf dich.

+ Internationaler Tag des Kusses
  Es gibt ihn tatsächlich, den internationalen Tag des Kusses. Er wird jedes Jahr am 6. Juli begangen. Da es natürlich sehr unpraktisch wäre, für einen Kuss auf den 6.7. zu warten, kannst du einfach behaupten, der jeweils aktuelle Tag, sei der Tag des Kusses. Das stimmt dann zwar meistens nicht, ist aber eine gute Gelegenheit, um das Thema Küssen zu thematisieren, oder auch gleich praktisch in die Tat umzusetzen.
+ Gelegenheit: Mistelzweig
  In Westeuropa und insbesondere im englischen Sprachraum ist es beliebter Brauch, zur Weihnachtszeit Mistelzweige aufzuhängen. Stehen eine Frau und ein Mann unter einem solchen Mistelzweig,

sagt der Brauch, dass sie sich küssen dürfen. So eine Gelegenheit solltest du dir natürlich nicht entgehen lassen. Mit einer Bemerkung wie: „Oh, ein Mistelzweig, jetzt müssten wir uns eigentlich küssen!" kannst du leicht testen, wie der Mann reagiert.

Wie lange sollte ein Kuss dauern?

Ein Kuss kann von wenigen Sekunden bis zu einigen Minuten dauern. Wie lange er tatsächlich dauert, hängt von vielen Faktoren ab, insbesondere aber davon, wie sehr sich die Küssenden mögen und wie sehr der Kuss beide erregt. Handle einfach nach deinem Gefühl. Wenn dein Kusspartner den Kuss abbricht, oder sich von dir löst, ist es zumindest Zeit für eine Pause.

Übrigens, der Guinnessbuch-Rekord fürs Dauerküssen liegt bei ca. 31 Stunden! Du musst dich also ganz schön anstrengen, wenn du diesbezügliche Ambitionen hast. Und wenn du einmal mit Profiwissen glänzen willst: Die wissenschaftliche Erforschung des Küssens nennt man „Philematologie". Das zu erwähnen ist übrigens auch ein guter Einstieg, um von der Theorie zur Praxis überzugehen.

Berühren – Jetzt wird's ernst.

Beim Schreiben dieses Kapitels komme ich mir selbst ein bisschen wie eine alte Gouvernante aus dem 18. Jahrhundert vor. Ist es denn heute überhaupt noch zeitgemäß, sich über so etwas Gedanken zu machen? Glaubt man den Medien tindert doch heute jede zweite Frau durch die Welt und hat dabei unzählige Sexualkontakte. Angeblich ist Sex auch zwischen mehr oder weniger Unbekannten heute völlig normal.

Doch stimmt das tatsächlich? Es gibt viele Untersuchungen zu diesem Thema und alle zeigen, dass es – bis auf wenige Ausnahmen – auch heute nicht normal ist, mit jemandem ins Bett zu gehen, den man kaum kennt. Männer sind diesbezüglich weniger wählerisch, und für manche gilt tatsächlich: Hauptsache Sex, egal mit wem. Aber das ist nicht die Regel und wir Frauen haben da sowieso andere Vorstellungen. Die meisten Frauen erwarten, dass sich vor dem Sex eine positive Beziehung zu ihrem Sexualpartner entwickelt. Das beginnt damit, dass man sich zuerst (besser) kennenlernt, miteinander spricht und auch mit den ersten Berührungen.

Darf ich als Frau den ersten Schritt machen?

Liest man die einschlägigen Flirtratgeber, bekommt man den Eindruck, dass der erste Schritt zu körperlichen Berührungen immer vom Mann ausgehen muss. Aber das ist natürlich völliger Unsinn. Natürlich kannst du auch als Frau den ersten Schritt wagen. Überhaupt kein Problem. Ganz im Gegenteil: In Zeiten von MeToo und zunehmend zivilisierteren Männern bleibt dir sogar gar nichts anderes übrig. Manche Männer sind mittlerweile so vorsichtig, dass sie es gar nicht wagen würden, eine Frau, ohne vorherige Genehmigung, zu berühren. Du kannst, darfst und sollst also genau das tun, was du empfindest und wobei du dich am wohlsten fühlst. Wenn das die Berührung deines Flirt-Partners ist, umso besser.

Wichtig ist allerdings, dabei gewisse Regeln und eine logische Reihenfolge zu beachten. Auch wenn Männer hier weniger empfindlich sind und sich vielleicht sogar geschmeichelt fühlen, solltest du nichts überstürzen. Wenn du nach 5 Minuten des Kennenlernens auf seinem Schoß sitzt und ihn mit heißen Küssen überschüttest, könnte das sogar einen Mann überfordern. Möglicherweise erweckst du dadurch auch den (falschen) Eindruck, dass das für dich Routine ist. Beim Thema „Berührungen" ist im eigentlichen, wie auch im übertragenen, Sinn Fingerspitzengefühl gefordert. Eine einfühlsame Berührung zur richtigen Zeit kann dir eine Menge Sympathiepunkte einbringen. Umgekehrt kann unsensibles Grapschen oder „Befummeln" auch das Gegenteil bewirken.

(Die richtigen) Berührungen machen sympathisch

Das haben Forscher in vielen unterschiedlichen Studien herausgefunden. So konnte gezeigt werden, dass Bedienungen in einem Restaurant deutlich mehr Trinkgeld erhielten, wenn Sie ihre Kunden während des Servierens auch nur kurz am Arm berührten. Andere Untersuchungen zeigen, dass Menschen andere Personen als deutlich sympathischer einschätzen, wenn sie vor der Befragung von diesen scheinbar „zufällig" kurz berührt wurden.

Immer checken:

Beobachte, wie sich der Mann bei einer Berührung verhält. Du kannst meist schon bei kurzen zufälligen Berührungen feststellen, wie dein Date Partner reagiert.

Der berühmte „Zucktest"

Der Name verrät schon, worum es geht. Menschen reagieren meist unmittelbar auf eine „zufällige" Berührung. Ist ihnen der Berührende nicht sympathisch, ziehen sie zum Beispiel ihre Hand blitzschnell weg, um die Berührung zu unterbrechen. Du kannst daran leicht ablesen, wie es um deine Chancen bei einem Mann bestellt ist.

Versucht er, einer zufälligen Berührung auszuweichen, oder sucht er vielleicht sogar deine Nähe? Wie verhält er sich, wenn sich eure Hände (zufällig) berühren? Zieht er seine Hand zurück, oder lässt er sie da, wo es wieder zu einer Berührung kommen kann? Greift er vielleicht sogar selbst nach deiner Hand? Dann sieht es sehr gut für dich aus.

Tipp:

Um beim Zucktest ein aussagekräftiges Ergebnis zu erhalten, solltest du vermeiden, den Mann mit der Berührung zu erschrecken. Wenn du dich unbemerkt von hinten näherst, oder ruckartig zupackst, wird jeder zurückzucken, ganz gleich, ob er dich mag oder nicht.

Berührungs-Tricks

Es ist kein Geheimnis: Einen anderen Menschen zu berühren, fällt viel leichter, wenn das Berühren Teil eines Rituals oder eines Spiels ist. Zum Beispiel ist es völlig unverdächtig, wenn du einem Mann, der sich dir vorstellt, zur Begrüßung die Hand schüttelst. Sitzt du ihm aber später in einer Kneipe gegenüber, fällt es schon deutlich schwerer, einfach ohne besonderen Anlass seine Hand zu ergreifen. Aus diesem Grund findest du im Folgenden einige mehr oder weniger originelle Berührungs-Tricks, die du als Vorwand oder einfach als Gelegenheit verwenden kannst, um deinen Flirt-Partner zu berühren.

Trick: Lesen aus der Hand

Ein noch nicht allzu abgegriffener Trick, um die Hand deines Date Partners testhalber zu ergreifen und ggf. zu halten, ist es, ihm angeblich aus der Hand lesen zu können. Damit das Ergreifen der Hand nicht zu plötzlich geschieht, kannst du einfach fragen: „Darf ich dir/Ihnen aus der Hand lesen?" Wenn der Mann auch nur einen Funken Interesse an dir hat, wird er nichts dagegen einzuwenden haben. Du kannst dann mit einem Finger zärtlich die Linien, Erhebungen und Täler in der Handfläche des Manns entlangfahren. Das kann schon eine sehr sinnliche Erfahrung sein.

Natürlich solltest du dann auch ein paar nicht zu ernst gemeinte Handleser-Sprüche parat haben.

> *Ich sehe, du hast dich heute mit einer wunderbaren Frau getroffen. Ein Moment ... sie heißt <Setze hier deinen Namen ein>.*

> *„Ich sehe, dass du ein gut aussehender Mann bist!"*

Improvisiere. Sage möglichst viele nette Sachen:

> *„Diese Linie zeigt, dass du ein total sympathischer Mensch bist."*

> *„Ich sehe, dass du ein Mann mit viel Humor bist."*

Wenn du dich ernsthafter mit dem Thema auseinandersetzen willst, google einmal nach dem Begriff „Cold reading". Darunter versteht man die Methode, zutreffende Aussagen über Menschen zu machen, ohne dass man wirklich etwas über sie weiß. Das kann sehr beeindruckend sein. Ich persönlich würde aber immer die humorvolle Variante vorziehen. Sie macht mehr Spaß und ist vor allem ehrlicher!

Wenn der Mann ablehnt, oder seine Hand zurückzieht, wenn du sie ergreifen willst, solltest du dir keine allzu großen Chancen ausrechnen. Allerdings kommt das gar nicht so oft vor. Denn nicht zuletzt sind die meisten Menschen neugierig. Und etwas Positives über sich selbst zu erfahren, reizt sie ganz besonders.

Trick: Nackenmassage

Eine relativ unverfängliche Methode, herauszufinden, ob dein Date Partner einer körperlichen Berührung gegenüber aufgeschlossen ist, besteht darin, eine Nackenmassage anzubieten, wenn er Kopfschmerzen hat. Sagt er ja, kannst du sicher sein, dass du auf dem richtigen Weg bist. Du solltest dann aber natürlich auch in der Lage sein, eine halbwegs akzeptable Nackenmassage zustande zu bringen. Dazu muss man kein Profi sein. Eine simple „Wohlfühlmassage" erfüllt den gleichen Zweck. Anleitungen dafür findest du zum Beispiel im Internet.

Trick: Handgröße vergleichen

Zugegeben, dieser Trick ist schon sehr alt und möglicherweise kennt dein Date Partner ihn auch schon. Aber das macht nichts. Es geht ja vor allem darum, herauszufinden, ob er dich mag oder nicht. Wenn er beim Handgrößenvergleich nicht mitmachen will, weißt du auf jeden Fall, woran du bist.

Trick: Puls fühlen

Spätestens, wenn die Rede darauf kommt, dass dein Date Partner nervös oder aufgeregt ist, ist die Gelegenheit, spielerisch seinen Puls mit deinen Fingern zu fühlen. Um glaubhafter zu wirken, kannst du auch gleichzeitig deine Armbanduhr im Auge behalten. Wie gesagt, es ist nur ein Spaß und es geht nur darum, ihn zu berühren und zu sehen, wie er darauf reagiert.

Altmodisch geht's auch

Zum Schluss noch ein "Trick", der gar keiner ist. Die Rede ist vom guten alten und altmodischen Tanzen. Das gemeinsame paarweise Tanzen war immer schon DIE Gelegenheit, dem anderen Geschlecht näher zu kommen. Tatsächlich liegt der Ursprung des Paartanzes genau in diesem Zweck. Leider ist gemeinsames Tanzen ziemlich aus der Mode gekommen. Ob diese Form des Näherkommens für dich brauchbar ist, hängt nicht zuletzt von deinem Alter ab. Während Paartanzen bei jungen Menschen eher “out” ist, stellt es für Erwachsene im fortgeschrittenen Alter eine gute Option da. Bleibt zum Schluss nur noch das Problem, dass du dazu einen Mann finden musst, der gerne tanzt. Die sind allerdings selten, und wenn du einen findest, solltest du ihn gut festhalten ;-)

Erste Berührungen nie im Beisein anderer

Bei den ersten Berührungen musst du dem Mann immer die Chance geben, die Berührung zurückzuweisen, ohne dass es für ihn peinlich ist. Das wäre zum Beispiel der Fall, wenn weitere Personen anwesend sind. Dabei spielt es keine Rolle, ob es sich dabei um deine Freunde, um die des Mannes, oder auch um Fremde handelt. Der Mann kann sich dabei unter Druck gesetzt fühlen, weil es ihm vielleicht unangenehm ist, deine Berührung im Beisein anderer zurückzuweisen.

Aufpassen im Job

Körperliche Berührungen können zum Beispiel im Büro durchaus üblich sein, wenn sich die Kollegen kennen und mögen. Anders sieht es aber aus, wenn hinter der Berührung eine besondere Zuneigung oder gar erotische Absicht steckt. So etwas solltest du im Job nur machen, wenn du dir wirklich sicher bist, dass es dem entsprechenden Mann nicht vielleicht unangenehm ist. Auch wenn sexuelle Übergriffe und Belästigungen im Job in den allermeisten Fällen von Männern ausgehen, kann dir so etwas auch als Frau vorgeworfen werden. Eine Abmahnung ist dann das Mindeste, mit dem du rechnen musst.

Schritt für Schritt zum Ziel

Männer haben den (schlechten) Ruf, beim Thema Berührungen oft zu forsch vorzugehen. Die meisten Frauen lehnen es ab, schon zu einem frühen Zeitpunkt der Kontaktaufnahme, überhaupt Berührungen zuzulassen. Sie wollen erst einmal abwarten, wie sich das Kennenlernen entwickelt. Dazu gehört auch, dass man womöglich einen netten Abend miteinander verbringt, ohne, dass es zu einer Berührung kommt. Ob das bei dir genauso ist, weißt du selbst natürlich am besten. Auf jeden Fall hast du jederzeit und in jeder Situation das Recht, Berührungen oder Küsse auch abzulehnen. Stelle von Anfang an freundlich aber deutlich klar, dass alle körperlichen oder gar erotischen Aktionen entweder in deinem Tempo oder gar nicht stattfinden.

Es kann aber auch der Fall eintreten, dass du auf eine körperliche Annäherung wartest, von dem Mann aber nichts kommt. Du solltest das dann nicht sofort als Desinteresse oder gar Ablehnung interpretieren. Es gibt eben einfach auch zurückhaltende oder schüchterne Männer. Für diese Männer ist einfach ganz normal, dass den ersten Berührungen eine Phase vorausgeht, in der man sich eben „nur“ unterhält und gegenseitig abcheckt, ob man miteinander harmoniert.

In dieser Phase nähert man sich an, ohne sich gegenseitig körperlich zu berühren. Mit welchen Mitteln das geschieht (zum Beispiel über Blickkontakt) weißt du ja bereits aus den vorhergehenden Kapiteln.

Schritt für Schritt kommst du ans Ziel

Grundsätzlich gilt: Nichts überstürzen! Wenn der Mann daran interessiert ist, dir auch körperlich näherzukommen, wird er dir das auch signalisieren. Dränge nicht und starte keine plötzlichen Übergriffe. Beides würde die Stimmung verderben und deine Chancen verringern.

Bleib locker:

Schau nicht wie das Kaninchen auf die Schlange, um eine Gelegenheit zu erwischen, wo du ihn berühren kannst. Versuche, alle Berührungen locker und natürlich wirken zu lassen. Es hilft sehr, wenn du dich nicht selbst unter Druck setzt. Es muss nicht unbedingt an diesem Abend geschehen. Wenn sich eine positive Beziehung zwischen dir und deinem Date Partner entwickelt, hast du genug Zeit. Es ist manchmal besser, in einem bestimmten Augenblick auf eine Berührung zu verzichten, als sie krampfhaft und linkisch erzwingen zu wollen.

Keine Berührung ohne Grund:

Deine Berührungen sollten optimalerweise ganz natürlich erfolgen. Also in Situationen, in denen du einen anderen Gesprächspartner auch berühren würdest. Das kann zum Beispiel der Fall sein, wenn ihr gemeinsam über einen Scherz lacht. Vermeide es, den Mann sozusagen „aus heiterem Himmel" anzufassen. Solche überraschenden Berührungen haben leicht den Charakter von „Grapschen" und können ihn im schlechtesten Fall sogar erschrecken. Man sollte es mit den Berührungen auch nicht übertreiben. Wenn du im Minutenabstand an deinem Date Partner herumfummelst, wird das nicht den gewünschten Eindruck machen.

Situationen, in denen eine Berührung natürlich wirkt:

+ etwas zeigen
+ Kompliment über etwas (Haare, Kleidung, starke Oberarme etc.) machen
+ ihn bedauern (streicheln des Oberarms oder der Wange)
+ bei Begrüßung und Verabschiedung umarmen, Küsschen
+ Zustimmung („Danke! Du sprichst mir aus der Seele!" und am Arm berühren)

+ bedanken (übertrieben: „Du bist meine Rettung!“, und umarmen)
+ scherzhaft empört: „Hey, ... „ und anstupsen

Tipp: Verhalten im Ausland

Andere Länder, andere Sitten. Das trifft auch auf die Art und Weise zu, in der Berührungen akzeptiert und ausgeführt werden. In manchen Kulturen gilt es generell als unanständig, wenn eine Frau und ein Mann sich in der Öffentlichkeit berühren, in anderen gilt die oben genannte Reihenfolge der Berührungen nicht.

Wenn du dich im Ausland aufhältst oder einen Mann aus einem fremden Kulturkreis kennenlernst, solltest du dich darüber informieren, welches Verhalten akzeptiert wird und womit du deinen Bekannten womöglich vor den Kopf stoßen würdest.

Gute Fragen, um einen Flirt-Partner besser kennenzulernen

Fragen ist immer gut. Ganz gleich, ob beim Flirten oder in jedem anderen Gespräch. Menschen lieben es, gefragt zu werden. Sie fühlen sich dann wichtig und ernst genommen. Vorausgesetzt natürlich, dass der andere auch zuhört, wenn sie antworten.

Fragen sind auch ein gut geeignetes Mittel, um dein Gegenüber (besser) kennenzulernen. Du kannst den Antworten auf die richtigen (!) Fragen Vieles entnehmen, was du über deinen Flirt- oder Date Partner wissen solltest und wissen willst.

Fragen sind auch ein probates Mittel, um unangenehme Gesprächspausen zu vermeiden oder doch zumindest abzukürzen. Solche Gesprächspausen entstehen einfach manchmal, wenn sich zwei Menschen treffen, die sich kaum oder gar nicht kennen. Nur in den seltensten Fällen wirst du an einen Gesprächspartner geraten, mit dem die Gespräche von Anfang an, wie von selbst laufen. Und wenn du so einen gefunden hast, solltest du ihn gut festhalten, denn das ist – wie gesagt – eher ein seltener Glücksfall.

Kurz: Fragen stellen gehört zum Flirten und Daten einfach dazu. Wie sonst willst du herausfinden, ob dir gegenüber gerade dein Traummann oder Mr. Jekyll persönlich sitzt? Nur, welche Fragen sind geeignet und welche solltest du dir besser für später aufbewahren?

Wenn du im Internet die einschlägigen Seiten mit Flirttipps aufrufst, findest du häufig auch Listen, wie die Folgende. Fragen, die man einem möglichen zukünftigen Partner stellen kann, um diesen besser kennenzulernen. Leider finden sich auf Seiten mit 100 oder gar 200 Fragen, die man beim Flirten stellen sollte, nur selten welche, die wirklich brauchbar sind. 95 % der dort vorgestellten Fragen fallen in die folgenden drei Kategorien:

a) Fragen, bei denen der andere mit Sicherheit lügen wird.

"Würdest du eine gefundene Geldbörse ehrlich zurückgeben?"

"Bist du nach irgendetwas süchtig?"

b) Fragen, die eher zu einer Verhandlung zwischen einer Prostituierten und einem Freier passen.

"Was macht dich am meisten an?"

"Welchen Körperteil von Frauen findest du am erotischsten?"

c) Fragen, die einfach nur saudumm sind und den Fragesteller dämlich aussehen lassen.

"Was ist deine liebste Kleidermarke?"

"Welchen Cocktail bestellst du dir am häufigsten?"

Kurz: 95 % der aufgeführten Fragen sind absoluter Mist und solche, die du als intelligente Frau niemals aus eigenem Antrieb stellen würdest. Stell dir bloß mal vor, jemand würde DIR solche Fragen stellen. Wahrscheinlich würdest du den Rest des Abends nur noch aus Höflichkeit sitzen bleiben und den Kontakt sofort nach Verlassen des Lokals von deinem Handy löschen.

Bleiben also die übrigen 5 Prozent. Fragen, die nicht den Eindruck erwecken, der Fragesteller sei debil oder sexsüchtig. Fragen, die vielleicht ein interessantes Gespräch in Gang bringen, und Fragen, die Antworten fordern, die dir tatsächlich etwas über die Persönlichkeit deines Gegenübers verraten.

Mit den folgenden 10 Fragen kannst du schon locker einen ganzen Abend bestreiten, an dessen Ende du eine Menge über deinen Gesprächspartner wissen wirst. Legen wir los ...

1. **Was ist dein Lieblingsbuch?**
   Sage mir, was du liest, und ich sage dir, wer du bist. Kaum etwas sagt so viel über einen Menschen und seine Gedankenwelt aus, wie das, was er liest. Zudem ergibt sich daraus immer eine interessante Diskussion. Denn, ob du das Buch kennst oder nicht, es ist auf jeden Fall interessant zu erfahren, worum es geht, und warum dein Gegenüber gerade dieses Buch besonders gut findet.
   Auch Antworten wie “Ich lese eigentlich nur Zeitschriften.” oder “Ich lese keine Bücher!” verraten dir viel über denjenigen, der sie äußert. Bei solchen Antworten hängt es dann vor allem von dir selbst ab, ob es sich für dich lohnt, weitere Anstrengungen zu unternehmen. Wenn du selbst ein Lesemuffel bist, kann es dir auch egal sein, ob dein zukünftiger Partner belesen ist. Wenn du aber selbst Literatur liebst, wird das Zusammenleben mit einem Bücher-Verweigerer sicher schwierig.
2. **Welche Filme magst du?**
   Hier gilt das gleiche, wie bei den Büchern. Man kann über Filme wunderbar diskutieren – vorausgesetzt der Gesprächspartner ist davon ebenso begeistert, wie man selbst. Auch beim Thema Filme ist es nicht ganz unwichtig, dass man zueinander

passt. Wenn du begeisterte Kinogängerin bist, wirst du mit einem Mann, der in seinem bisherigen Leben außer Rambo I – V auf VHS-Kassette noch keinen Film gesehen hat, wahrscheinlich nicht glücklich werden.

3. **Wie wichtig ist Geld für dich?**
   Das ist so eine von den Fragen, bei denen du in den Antworten möglicherweise ein wenig "zwischen den Zeilen" lesen musst. Denn kaum ein Mann wird so dumm sein und antworten, dass ihm Geld über alles geht. Nachdem du dir also die üblichen Phrasen über Gesundheit und Glück angehört hast, musst du dann vielleicht ein wenig nachfassen. Du kannst ihn einfach mal fragen, was für ein Auto er fährt und warum. Auch die Frage, was er an seinem Job wirklich liebt und warum er ihn macht, kann aufschlussreiche Antworten herauskitzeln.
   Und natürlich ist es auch bei diesem Thema nicht unwichtig, dass deine und seine Ansichten nicht kollidieren. Die Rolle, die Geld, Wohlstand und Luxus in eurem gemeinsamen Leben spielen soll, kann entscheidend dafür sein, ob du es dauerhaft mit ihm aushältst oder nicht.

4. **Magst du Musik, und wenn ja, welche?**
   Ohren kann man leider nicht wie Augen einfach verschließen. Man kann auch nicht einfach in eine andere Richtung schauen, um einer akustischen Katastrophe zu entgehen. Kurz: Wenn du auf Mozart-Arien stehst und dein Date Partner auf Heavy Metal, dann habt ihr ein Problem. Umgekehrt gilt natürlich das gleiche.
   Generell stellt sich die Frage, wie wichtig deinem Date Partner Musik überhaupt ist. Wenn du musikbegeistert bist und er noch

nicht einmal ein Radio besitzt, habt ihr zumindest schon einmal einen Lebensbereich, in dem euch nichts miteinander verbindet. Das muss kein Problem sein, kann aber eins werden. Je nachdem wie wichtig dem einen das Thema, und wie tolerant der andere ist.

Schließlich kann man auch aus dem Musikgeschmack eines Menschen manchmal etwas über seine Persönlichkeit herauslesen. Das wäre zum Beispiel der Fall, wenn dein Gegenüber auf Marschmusik oder auf rechte Krawallbands steht.

5. **Bist du sportlich?**

   Das ist eine Frage, die auch in der Rubrik "Fragen, auf die oft gelogen wird" auftauchen könnte. Ich habe sie hier trotzdem aufgelistet, weil ich meine, dass unterschiedliche Einstellungen zum Thema Sport in einer Beziehung durchaus Konfliktpotenzial bieten.

   Umgekehrt bieten gleiche oder ähnliche Interessen beim Thema Sport unendlich viele Möglichkeiten für gemeinsame Unternehmungen. Wenn du zum Beispiel gerne und regelmäßig läufst, könnte ein Couch-Potato-Partner für dich möglicherweise nicht der Richtige sein. Oder die häufige Abwesenheit eines Mannes, der an jedem Wochenende mit seinem Lieblingsverein in den Fußballstadien der Republik unterwegs ist, könnte dir sehr schnell auf die Nerven fallen.

6. **Reist du gerne?**

   Eine ganz wichtige Frage. Menschen, die gerne und oft verreisen und solche, die lieber ständig im eigenen Garten oder auf dem Sofa sitzen, passen nicht zueinander. Wenn sie nicht häufig getrennt sein wollen, bleiben nur zwei Möglichkeiten:

a) Die Couch-Potato reist widerwillig mit und verdirbt mit ihrer schlechten Laune auch dem anderen die Reise.
b) Der Reisefreudige verzichtet aufs Reisen zugunsten eines Aufenthalts auf Balkonien.
Beide Lösungen sind für eine funktionierende und glückliche Beziehung ungünstig. Also: Besser vorher klären!

7. **Magst du Tiere?**
   Wenn du selbst Tiere liebst, zeigt dir die Antwort auf diese Frage sofort, woran du bei deinem Flirt- oder Date Partner bist. Vielleicht hast du ein Haustier oder möchtest in der Zukunft eins haben? Dann solltest du dir einen Partner aussuchen, der das ähnlich sieht. Erfahrungsgemäß haben Tierfreunde und Menschen, die keine Tiere mögen, erhebliche Unterschiede in der Weltanschauung. Spätestens, wenn es darum geht, in einer gemeinsamen Wohnung ein Haustier zu halten, kommt es dann zum Konflikt.

   Und für den Fall, dass dein Flirt-Partner auf diese Frage mit "Ja, am liebsten gebraten." antwortet, weißt du auch Bescheid. Insbesondere, wenn du Veganerin bist ;-)

8. **Gehst du gerne aus, und wenn ja, wohin?**
   Mit dem Ausgehen ist es so ähnlich, wie mit dem Reisen. Wenn einer der beiden Partner den Abend am liebsten zu Hause verbringt und der andere jeden Abend ausgehen möchte, sind Konflikte vorprogrammiert. Auch das Ziel des abendlichen Ausgehens ist nicht unwichtig. Es ist eben ein großer Unterschied, ob man abends in der Kneipe um die Ecke ein Bier trinkt oder stattdessen eine Theateraufführung oder eine Kunstausstellung besucht. Und vielleicht will er abends auch gar nicht mit dir

ausgehen, sondern mit seinen Kumpels in seiner Lieblingskneipe abhängen. Wäre er zum Beispiel bereit, öfters zu deinen Gunsten darauf zu verzichten? Oder will er seine Freizeit unabhängig von deinen Wünschen gestalten?
Du siehst, es kann durchaus interessant sein, so etwas zu erfahren, bevor du dich auf eine engere Beziehung einlässt.

9. **Hast du ein Hobby, und wenn ja, welches?**
Hobbys sind ein dankbares Gesprächsthema. Jeder, der ein Hobby hat, redet gerne darüber, und manchmal mehr, als der Gesprächspartner wirklich erfahren will ;-)
Ein Hobby sagt auch viel über einen Menschen aus. Schon die Information, ob dein Date Partner überhaupt ein Hobby hat oder nicht, ist interessant. Menschen, die überhaupt kein Hobby haben, oder sich für nichts leidenschaftlich interessieren, sind in der Regel nicht gerade die Spannendsten. Nicht selten beschränken sich ihre Freizeitaktivitäten auf Fernsehen, Party und Shoppen. Wenn du selbst auch an diesen Dingen interessiert bist, ist alles gut. Wenn nicht, wirst du mit einem hobbylosen Partner vielleicht nicht glücklich.
Natürlich bedeutet kein Hobby zu haben, nicht zwangsläufig, dass dein Gegenüber sterbenslangweilig sein muss. Viele Menschen haben einfach neben Job und Privatleben kaum Zeit, anderen Interessen nachzugehen. Mancher missversteht auch, was mit einem Hobby gemeint ist. Ich habe zum Beispiel einmal einen Mann kennengelernt, der meinte, er habe keine Zeit für ein Hobby, weil er sich in seiner Freizeit meist um sein Pferd kümmert! Er empfand das nicht als Hobby, sondern als einfach "normal". Andere lesen ein Buch nach dem anderen, würde das aber nie als "Hobby" bezeichnen.

Du siehst auch hier: Du musst mit deinem Gegenüber reden, um herauszufinden, wie er tickt. Wenn du wirklich interessiert und aufmerksam zuhörst, wirst du alles erfahren, was du brauchst, um eine Entscheidung zu treffen.

10. **Gehst du gerne essen, und wenn ja, wohin?**
Banale Frage, aber nicht ohne Hintergedanken. Essen ist ein ziemlich elementarer Bestandteil des täglichen Lebens. Wenn du und dein möglicher Partner hier gut, oder vielleicht auch gar nicht, zusammenpasst, ist das nicht unwichtig.
Besonders wichtig ist das, wenn du selbst zum Beispiel überzeugte Vegetarierin oder Veganerin bist. Dann wirst du mit einem Mann, dessen Lieblingsessen Gyros komplett ist, mit großer Wahrscheinlichkeit nicht glücklich werden. Auch wenn solche Differenzen in der ersten Phase der Verliebtheit scheinbar keine große Rolle spielen, kann ich dir versichern, dass dies spätestens nach ein paar Wochen doch der Fall sein wird.
Auch wenn dein Gesprächspartner antwortet, dass er am liebsten in Sterne-Restaurants oder in seinem Golfklub zu Abend isst, solltest du dir gut überlegen, ob das wirklich zu dir passt, wenn du selbst eher der Pommesbuden-Typ bist. Umgekehrt gilt natürlich das Gleiche.

11. **Welche Pläne hast du für dein Leben?**
Je nachdem wie alt ihr seid, kann diese Frage eine mehr oder weniger große Rolle spielen. Auf einer Flirt-Ratgeberseite im Internet habe ich gelesen, dass Frau an dieser Stelle fragen sollten, ob er Kinder haben will oder nicht. Ich persönlich würde diese Frage so nicht stellen, zumindest nicht, bei einem ersten oder zweiten Date. Die Frage klingt doch schon sehr nach: “Ich will Kinder und suche einen Vater dazu.” oder “Ich suche einen

Vater für meine schon vorhandenen Kinder." Es soll Männer geben, die sich mit diesen Gedanken beim ersten Date leicht überfordert fühlen und schleunigst den Rückwärtsgang einlegen. Besser ist es, die Frage allgemeiner zu formulieren, so wie in der Überschrift zu diesem Punkt. Das lässt alle Optionen offen und du erfährst mit etwas Glück, wie sich dein Date Partner sein zukünftiges Leben so vorstellt. Und klar, je nach Lebensalter, spielen dann vielleicht auch Kinder eine Rolle in eurem Gespräch. Vielleicht erfährst du aber auch, dass für ihn die Karriere im Vordergrund steht und er Kinder überhaupt nicht mag. Auch wenn die meisten halbwegs intelligenten Männer das so nie zugeben würden, kannst du dabei auch zwischen den Zeilen lesen. Wer plant, einen Job zu verfolgen, der damit verbunden ist, ständig unterwegs und selten zu Hause zu sein, bei dem stehen wahrscheinlich Kinder und Familie nicht ganz oben auf der Agenda. Natürlich kann sich das gerade in jungen Jahren auch noch ändern, und auch der Wunsch nach Familie mit vier Kindern und Hund ist kein Garant dafür, dass das auch so kommt. Trotzdem kannst du hier in der Regel schon etwas über die grundlegenden Einstellungen deines Gesprächspartners erfahren.

Ein Gespräch ist kein Verhör!

Zum Schluss noch ein wichtiger Tipp: Klar, es geht bei einem Date oder beim Flirten auch darum, den anderen kennenzulernen. Trotzdem sollte so ein Gespräch nicht in eine Art Verhör ausarten, bei dem die Fragen in Form einer Liste abgearbeitet werden. Wenn die Chemie stimmt, können du und dein Partner ein lockeres Gespräch führen, ohne, dass ihr euch an einem Fragenkatalog entlanghangeln müsst.

Diese Gefahr besteht vor allem bei routinierten Datern, die zum Beispiel auf einem Dating-Portal nacheinander alle potenziellen Partner "abarbeiten". Die Gespräche laufen dann manchmal wie eine Art Bewerbungsgespräch ab, bei denen einer der beiden Gesprächspartner (oder beide abwechselnd) die Rolle des Personalchefs einnehmen, der eine Stelle zu besetzen hat.

Pass auf, dass du nicht in diese Falle tappst. Denn ein so strukturiertes Gespräch führt meist auch nur zu vorbereiteten und wenig spontanen Antworten auf beiden Seiten. Betrachte die möglichen Fragen also bitte nicht als Muss, sondern nur als Idee, worüber ihr sprechen könnt. Wie gesagt: Wenn die Chemie zwischen euch stimmt, funktioniert das auch ohne auswendig gelernte Phrasen, und wenn nicht, nützen auch die besten Fragen nichts.

Daran erkennst du, dass ein Mann auf dich steht

Flirtzeichen

Die sogenannten Flirtzeichen sind Signale, die ein Mann bewusst oder unbewusst aussendet, wenn er sich für eine Frau interessiert. Zeigt ein Mann gleich mehrere dieser Flirtzeichen, kannst du sicher sein, dass du sein Interesse geweckt hast. Bei den meisten Flirtsignalen oder Flirtanzeichen handelt es sich um Körpersprachensignale. Wenn du weißt, worauf du achten musst, kannst du diese leicht identifizieren:

Vertrau auf dein Gefühl!

Flirtsignale sind keine geheime Zeichensprache, die du als Frau erst mühselig erlernen müsstest. In der Regel handelt es sich um spontane körpersprachliche Reaktionen, die du als Mensch und erst recht als Frau automatisch erkennst und emotional einordnest. Du brauchst also eigentlich gar keine Anleitung, wie dieses oder jenes Verhalten zu deuten ist. Dein Gefühl sagt dir in den allermeisten Fällen schon sehr genau, woran du bist, wenn ein Mann dich auf die eine oder andere Art anlächelt.

Auf diese Art haben Frauen und Männer schon seit tausenden von Jahren ganz intuitiv herausgefunden, ob sie sich sympathisch sind. Das Gute daran: Menschen können ihren Körper und seine Signale nur mit sehr viel Aufwand dazu bringen, zu lügen. Im Gegensatz zu dem, was ein Mann zu dir sagt, kannst du seinem Verhalten und seiner Körpersprache in der Regel glauben. Nicht umsonst setzen Institutionen wie das FBI oder der CIA bei Verhören von Verdächtigen Spezialisten ein, die nur deren Körpersprache beobachten und daraus schließen können, ob sie die Wahrheit sagen oder nicht.

Als kleine Gedächtnisstütze, auf welche Signale, du bei einem Mann achten solltest, findest du im Folgenden die wichtigsten Körpersprachensignale, die Männer aussenden, wenn sie eine Frau sympathisch finden.

- Lächeln
  Das einfachste und häufigste Flirtzeichen. Beim Lächeln ist es allerdings manchmal schwierig, zwischen dem nur höflichen und einem ernst gemeinten Lächeln zu unterscheiden. Spätestens aber, wenn ein Mann dich außerhalb einer typischen Begrüßungssituation mehrfach anlächelt, kannst du davon ausgehen, dass du ihm nicht unsympathisch bist.
- Zuwenden
  Ein ganz elementares Flirtzeichen besteht darin, dass sich ein Mann während eines Gesprächs häufig zu dir hinwendet. Sind mehrere Gesprächspartner anwesend, achte darauf, wen der Mann direkt anspricht, bzw. wen er anschaut, wenn er spricht. Wenn er sogar zu dir hinschaut, wenn er mit anderen spricht, ist das schon ziemlich eindeutig.
- Blickkontakt
  Über die Bedeutung des Blickkontaktes haben wir ja bereits mehrfach gesprochen. Beim Blickkontakt ist es im Grunde ganz einfach: Je häufiger ein Mann dir direkt in die Augen schaut und je länger er den Blickkontakt dabei aufrechterhält, desto größer ist sein Interesse an dir. Ein Mann, der dich mag, wird den Blickkontakt immer ein wenig länger aufrechterhalten, als es normalerweise üblich und nötig wäre.
- Kopf schief legen
  Neigt ein Mann beim Sprechen seinen Kopf zur Seite, ist auch das häufig ein Flirtsignal, oder zumindest ein Zeichen für Interesse.

Achte auch darauf, wie er seinen Kopf hält, wenn du sprichst. Wenn er dir aufmerksam zuhört, wird er seinen Kopf ebenfalls häufig ein wenig zur ein oder anderen Seite neigen.

+ Blinzeln
  Blinzeln oder Zwinkern ist ein Zeichen von erhöhter Anspannung oder Nervosität. Beides kann ein positives Zeichen sein, wenn es zum Beispiel mit häufigem und intensivem Augenkontakt einhergeht. Achte dabei auch auf die Pupillen des Manns. Wenn sich diese im Gespräch mit dir weiten, ist dies ein weiteres Flirtsignal.
+ Berührungen
  Berührungen gehören zu den eindeutigsten Flirtsignalen überhaupt. Wenn ein Mann dich während eines Gesprächs häufiger berührt, sieht es sehr gut für dich aus! Schon kleine Berührungen mit der Hand am Arm oder der Schulter sind ein eindeutiges Zeichen für Interesse. Ein Mann, der nicht an dir interessiert ist, oder dich sogar nicht leiden kann, würde dich niemals mehr als notwendig oder versehentlich berühren. Übrigens: Auch ganz „unauffällige“ Berührungen zählen. So zum Beispiel, wenn der Mann einen Fussel von deiner Jacke oder von deinem Pullover entfernt o. ä.
+ Lachen
  Ist die Stimmung einigermaßen ausgelassen, kannst du es als Flirtzeichen verbuchen, wenn der Mann, mit dem du dich unterhältst, häufiger und lauter lacht als gewöhnlich. Wenn er zudem bereit ist, über jeden deiner Scherze zu lachen (auch über die mittelmäßigen), darfst du davon ausgehen, dass der Mann dich mag.
+ Spiegeln
  Wenn es sich häufiger ergibt, dass der Mann die gleiche Körperhal-

tung einnimmt, wie du selbst, kann das ebenfalls ein günstiges Zeichen sein. Wenn du zum Beispiel ein Bein über das andere schlägst und der Mann es dir kurz danach gleichtut, darfst du das als Flirtsignal werten.

+ Sprechen
  Ein hohes Sprechtempo deutet auf Anspannung und Nervosität hin. Das kann ein gutes Zeichen sein. Aber nur, wenn es in Verbindung mit weiteren Flirtsignalen auftritt. Auch wenn der Mann bewundernde Laute wie „Ohhh" oder „Ahhh" von sich gibt, ist das ein gutes Zeichen.
+ Hände
  Je mehr ein Mann seine Hände in deine Richtung bewegt, desto besser für dich. Nach oben weisende Handflächen sind ein Zeichen für Vertrauen und eine Hand, die über die Tischmitte hinaus zu dir hin geschoben wird, ist schon eine deutliche Aufforderung, die Hand zu ergreifen.
+ Arme hinter dem Kopf verschränkt
  Wenn ein Mann seine Arme hinter dem Kopf verschränkt, haben wir es ebenfalls mit einem typischen Flirtsignal zu tun.
+ Fußstellung
  Der Körper kann einfach nicht lügen. Menschen richten ihre Füße sehr oft in Richtung des- oder derjenigen aus, die ihnen sympathisch sind. Achte also auf die Fußstellung deines Flirt-Partners. Sind seine Füße zu dir hin ausgerichtet, ist das ein gutes Zeichen.
+ Sich selbst berühren
  Während flirtende Frauen häufig mit ihren Haaren spielen, ist es bei Männern eher der Bart oder das eigene Gesicht, das berührt

wird. Grundsätzlich ist alles, was darauf hindeutet, dass der Mann versucht, sein Äußeres in Form zu bringen, ein gutes Zeichen.

+ Der Mann sucht die körperliche Nähe
  Wenn der Mann dir ohne äußeren Anlass (z. B. Gedränge) sehr nahekommt, ist das ein eindeutiges Flirtsignal. Dazu gehört auch, wenn er dir zum Beispiel etwas ins Ohr flüstert. Auch wenn dir der Mann während des Gesprächs näherkommt, als es üblich oder notwendig ist, darfst du das als Flirtzeichen für dich verbuchen.
+ Der Mann ignoriert sein Handy
  Wenn ein Mann im Gespräch mit dir sein Handy klingeln lässt, ohne zu schauen, wer dran ist, ist das ein gutes Zeichen. Auch wenn er das Gespräch oder eine Textnachricht „wegdrückt", ohne zu checken, von wem der Anruf oder die Benachrichtigung kam, stehen deine Chancen gut.
+ Der Mann teilt Essen oder Getränke mit dir
  Wenn ein Mann dich sein Essen probieren oder an seinem Drink nippen lässt, darfst du das als Zeichen der Sympathie deuten.
+ Er fragt nach deinem Freund oder Ehemann
  Erkundigt sich der Mann ganz unschuldig nach deinem Beziehungsstatus, darfst du einen Punkt für dich verbuchen.
+ Er begleitet dich nach draußen zum Rauchen, obwohl er selbst nicht raucht. Sehr gut. Du darfst dich freuen. Dieser Mann ist definitiv an dir interessiert.

Schüchterne Männer

Nicht vergessen, es gibt auch schüchterne Männer! Auch wenn uns das immer und überall vorgebetet wird: Es muss nicht immer der Mann sein, der den ersten Schritt tut oder offensiv sein Interesse an einer Frau bekundet. Aus meiner eigenen Erfahrung kann ich sagen, dass es auch eine Menge zurückhaltender oder gar schüchterner Männer gibt, die einer Frau bestenfalls sehr subtil zu erkennen geben, dass sie an ihr interessiert sind.

Es gibt auch Situationen, in denen sich bestimmte Männer grundsätzlich gegenüber Frauen sehr zurückhaltend verhalten. Ich habe zum Beispiel bis vor einigen Jahren in einem Unternehmen gearbeitet, in dem romantische Kontakte zwischen Mitarbeitern nur sehr ungern gesehen wurden. Es gab sogar Abmahnungen, weil männliche Kollegen ein bisschen zu sehr geflirtet haben. Im Laufe der Zeit haben sich die klügeren der männlichen Kollegen so daran angepasst, dass sie nur noch sehr neutral gegenüber uns Frauen auftraten. Auch das kann also ein Grund sein, warum manche Männer nicht offen flirten.

Aber auch diese Männer senden natürlich Flirtsignale aus. Sie sind nur nicht immer so offensichtlich. Oft beschränken sie sich auf ein gelegentliches Lächeln und Blickkontakt. Wenn du Interesse an so einem Mann hast, liegt es dann an dir, aktiv zu werden. Auch wenn du unsicher bist, wie du sein Verhalten deuten sollst: Versuche es einfach. Mehr als einen Korb zu bekommen, kann dir nicht passieren. Und dass das nicht weiter schlimm ist, haben wir ja schon zu Beginn des Buchs besprochen.

Psychotricks, die dir beim Flirten helfen

In den letzten Jahren sind unzählige Bücher auf den Markt gekommen, die im Titel mit dem Versprechen von sogenannten "Psychotricks" werben. Gemeint sind damit meist Anleitungen, wie man durch eigene Handlungen das Verhalten anderer beeinflussen kann. Die Bandbreite reicht dabei von netten Tricks, mit denen man zum Beispiel einen Streit entschärfen kann, bis hin zu fiesen Manipulationen, mit denen man andere dazu bringt, etwas zu tun, was sie eigentlich gar nicht wollen. Oft ist dabei der eigene Vorteil das einzige Kriterium, ob so ein Psychotrick gut ist oder nicht. Auf dieses Niveau wollen wir uns hier natürlich nicht begeben.

Auf der anderen Seite sind die allermeisten Psychotricks aber auch nichts anderes als ganz normale Verhaltensweisen, die die wir üblicherweise schon ganz intuitiv und automatisch zeigen, wenn wir der richtigen Person gegenübersitzen. Anders ausgedrückt: Psychotricks können ehrlich sein und von Herzen kommen. Sie können aber auch der Täuschung und Manipulation dienen, nämlich immer dann, wenn wir dem anderen Menschen etwas vormachen, was wir tatsächlich gar nicht empfinden.

In diesem Sinne sollen dir die folgenden Vorschläge helfen, einen Mann, für den du tatsächlich etwas empfindest, für dich zu gewinnen. Sie sind nicht dazu gedacht, irgendeinen Kerl "rumzukriegen", an dem dir eigentlich gar nichts liegt. Das würde – wie alle anderen Psychotricks auch – wahrscheinlich sowieso nicht funktionieren. Denn wir können uns noch so anstrengen: Am Ende verraten unsere Sprache, unsere Körpersprache und unser Verhalten dem anderen doch, was wir wirklich denken. Andere wirklich zu täuschen und zu manipulieren, das schaffen nur Profis. Ob es erstrebenswert ist, so ein "Profi" zu werden, ist mehr als zweifelhaft und ein Thema für ein ganz anderes Buch.

You can't hide what's in your heart

(John Coffey im Film "The Green Mile")

Psychotrick 1: Gefahr verbindet

Wir hatten es ja bereits kurz angesprochen. Kaum etwas verbindet so sehr, wie eine gemeinsam überstandene Gefahr. Das heißt natürlich nicht, dass ihr euch gleich in einem Fass den nächsten Wasserfall herunterstürzen müsst. Trotzdem, ein bisschen Nervenkitzel beim ersten Date ist eine extrem gute Idee. Am besten macht ihr etwas, was ihr beide noch nie gemacht habt. Besucht eine wacklige Hängebrücke oder den nächsten Skywalk. Auch der Besuch eines Klettergartens oder einer Achterbahn ist eine gute Idee. Oder ihr mietet euch einen Segway oder macht irgendetwas anderes, was außergewöhnlich und ein kleines bisschen abenteuerlich ist.

Psychotrick 2: Augenfarbe

Schau dir die Augen deines Date Partners ganz genau an. Achte auf seine Augenfarbe und alle anderen Besonderheiten seiner Augen. Am besten bittest du ihn, das Gleiche bei dir zu tun. Experimente zeigen: Menschen, die sich sehr aufmerksam in die Augen schauen, verlieben sich deutlich häufiger ineinander als andere.

Psychotrick 3: Lachen verbindet

Lachen ist ansteckend und wirkt äußerst sympathisch. Du solltest also jede Gelegenheit nutzen, mit deinem Date Partner gemeinsam zu lachen. Das verbessert die Stimmung, die Sympathie nimmt zu und die Bereitschaft, sich zu verlieben, steigt.

Psychotrick 4: Du bist attraktiver, als du glaubst

Wenn du nicht gerade zu den wenigen super-selbstbewussten Menschen gehörst, ist die Wahrscheinlichkeit groß, dass du dich für weniger attraktiv hältst, als du tatsächlich auf andere wirkst. Behalte das im Hinterkopf, dann kannst du viel sicherer und sympathischer rüberkommen.

Psychotrick 5: Gemeinsam lästern verbindet

Interessanterweise verbinden Dinge, die man gemeinsam NICHT mag, mindestens genauso, wie gemeinsame Vorlieben. Du musst hier nur ein bisschen aufpassen: Permanentes Lästern über andere Menschen wirkt nicht wirklich sympathisch. Besser ihr regt euch gemeinsam über etwas anderes auf. Das kann ganz trivial (das Wetter) oder auch anspruchsvoller (Politik oder das neue Buch von John Irving) sein. Ich bin sicher, ihr werdet etwas finden. Dinge, über die man sich aufregen kann, gibt es ja genug ;-)

Psychotrick 6: Auch andere Mütter ...

Beim Flirten kann es manchmal ganz hilfreich sein, wenn der Mann nicht das Gefühl hat, dass es für dich nur ihn gibt. Wenn er das Gefühl bekommt, dass du vielleicht verzweifelt bist und ihn ganz dringend brauchst, ist das eher nachteilig. Sprich also zwischendurch auch mal mit anderen Männern. Wenn er wirklich an dir interessiert ist, wird ihn das aus der Reserve locken.

Psychotrick 7: Sympathie zeigen

Das klingt vielleicht simpel, ist es aber nicht immer. Es gibt ein Phänomen, das den schönen Namen "Akzeptanzresonanz" trägt. Gemeint ist damit, dass wir Menschen, die uns selbst sympathisch finden, mit großer Wahrscheinlichkeit ebenfalls mögen. Dazu ist es aber notwendig, dass wir dem anderen auch zeigen, dass wir ihn mögen und uns wie verrückt darüber freuen, ihn zu treffen. Mit ein bisschen Übung bekommst du das hin.

Psychotrick 8: Berührungen

Jeder hat es schon gehört: Bedienungen im Restaurant, die ihre Kunden leicht an der Schulter berühren, bekommen mehr Trinkgeld als andere. Der Effekt dahinter funktioniert auch beim Flirten. Aus irgendeinem Grund mögen wir Menschen, die uns berühren. Voraussetzung dafür ist sicher, dass die Berührung unaufdringlich erfolgt und eine gewisse Grundsympathie schadet sicher auch nicht. Wenn die aber da ist, solltest du diesen kleinen psychologischen Trick zu deinem Vorteil nutzen.

Psychotrick 9: Könntest du vielleicht ... ?

Klar, Menschen, denen wir geholfen haben, mögen uns ein bisschen mehr als vorher. ABER: Auch Menschen, die wir selbst um einen Gefallen bitten, mögen uns danach mehr. Dieses erstaunliche Phänomen ist auch als "Benjamin Franklin-Effekt" bekannt. Benannt nach dem amerikanischen Politiker und Wissenschaftler Benjamin Franklin. Dieser hatte den Effekt zufällig entdeckt, als er sich von einem Kollegen, der ihn ursprünglich nicht besonders mochte, ein seltenes Buch ausgeliehen hatte. Danach war der Kollege erstaunlicherweise viel freundlicher zu Franklin und wurde letztlich sogar zu dessen Freund. In der Folge wurde der Effekt in vielen wissenschaftlichen Untersuchungen immer wieder bestätigt. Man fand allerdings dabei heraus, dass er besser wirkt, wenn es sich um einen wirklich persönlichen Gefallen handelt, um den man den anderen bittet.

Psychotrick 10: Ende gut, alles gut ...

Menschen neigen dazu, ein Erlebnis vor allem nach den letzten Minuten des Ereignisses zu beurteilen. So haben zum Beispiel Patienten beim Zahnarzt eine viel positivere Erinnerung an die Behandlung, wenn der Arzt in den letzten Minuten einige schmerzfreie und angenehme Maßnahmen vornahm. Das gleiche Phänomen kennt man auch aus anderen

Bereichen. Das, was zum Schluss passiert, bleibt hängen. Alles, was davor passierte, ist weniger wichtig.
Für deine Flirts und Dates bedeutet das, dass du auf jeden Fall versuchen solltest, die letzten Minuten oder die Verabschiedung möglichst positiv zu gestalten. Denn das wird in der Erinnerung deines Partners haften bleiben.

Die schlimmsten Fehler beim Flirten und Daten

Es gibt beim Flirten und Daten einige Fehler, nach denen es in der Regel keine zweite Chance mehr gibt. Du solltest sie kennen und in jedem Fall vermeiden! Bitte betrachte es nicht als Beleidigung deiner Intelligenz, wenn ich im Folgenden alle (!) möglichen Fehler aufliste. Ich weiß, dass du die meisten davon nie machen würdest. Andererseits weiß ich natürlich nicht, wer alles dieses Buch lesen wird. Deshalb: Lies die Liste und amüsiere dich einfach darüber, was manche Frauen (und Männer natürlich auch) eben doch manchmal so alles falsch machen.

1. Mangelnde Körperpflege und Sauberkeit
   Mehrere große Umfragen haben es gezeigt: Mangelnde Körperpflege und Sauberkeit sind sowohl bei Männern als auch bei Frauen die Flirtkiller Nr. 1. So gut wie alle Befragten teilten mit, dass unangenehme Körpergerüche, fettige Haare, schmutzige Fingernägel etc. bei ihnen dazu führen, dass der entsprechenden Flirt-Partner sofort „aussortiert" wird und auch zukünftig keine Chance mehr bekommt.
2. Zum Date zu spät kommen
   Wie bereits erwähnt, gibt es außer einem Erdbeben oder einem Tsunami kaum eine Ausrede, um zu einem Date zu spät zu kommen. Unpünktlichkeit ist nicht nur eine unschöne Eigenschaft, sie erweckt bei dem Mann auch den Eindruck, dass er dir nicht besonders wichtig ist. Die Folge: Entweder ist er schon nicht mehr da, wenn du erscheinst, oder du hast zumindest von vornherein schlechte Karten.

3. Zu viel Alkohol
   Vor dem Essen ein Aperitif, zum Essen zwei, drei Gläser Wein, nach dem Essen einen Grappa, und in der Bar geht's dann weiter. Ruckzuck hat Frau einen gehörigen Schwips und wirkt plötzlich gar nicht mehr verführerisch, sondern eher peinlich. Noch schlimmer: Trinkt einer der Partner bei einem Date zu viel, entsteht bei dem anderen schnell der Verdacht, es mit einem Alkoholiker zu tun zu haben – KO in der ersten Runde!
4. Zu intime Fragen beim ersten Date
   Hüte dich vor allzu intimen Fragen beim Flirt oder bei den ersten Dates. Dazu gehören Fragen nach der Anzahl der bisherigen Sexualpartner genauso wie Fragen nach sexuellen Vorlieben oder danach, ob er Lust hat, bei den eigenen Sexspielchen mitzumachen. Auch beim Anflirten sollte die erste Frage nicht lauten: „Na, hast du eine Freundin?“ Zu intime Fragen führen zur Abwertung oder direkt zur Disqualifizierung.
5. Intime Geständnisse beim ersten Date
   Es gibt Dinge, die will dein Flirt-Partner lieber gar nicht wissen, insbesondere nicht beim ersten Date! Informationen über die sexuellen Vorlieben oder andere „schmutzige“ Details aus deinem Leben gehören nicht zu den Gesprächsthemen beim ersten Date. So etwas ist nur peinlich und ein absoluter Stimmungskiller.
6. Reden über den Ex- oder Noch-Partner
   Bei einem Date will ein Mann vieles hören. Ganz bestimmt aber nichts über deine Ex-Partner. Noch schlimmer: Du offenbarst beim Date, dass du noch in einer Beziehung steckst. Dann gibt es zwei Möglichkeiten:
   a) Der Mann hat keine Lust, als Absprunghilfe aus deiner noch

bestehenden Beziehung herzuhalten.
b) Ihm ist es egal.
Beide Möglichkeiten sind ungünstig für dich. Bei a siehst du ihn wahrscheinlich nicht mehr wieder. Bei b solltest du dir überlegen, ob du wirklich einen Mann willst, der ohne zu zögern, etwas mit einer gebundenen Frau anfängt.

7. Zu einem Date eine dritte Person mitbringen
Es kommt tatsächlich vor, dass Frauen zu einem Date eine Freundin oder (noch schlimmer) einen Freund mitbringen. Das ist natürlich ein No-Go! Dein Date will den Abend ja mit DIR verbringen und nicht mit deiner besten Freundin. Wenn es ein erstes Date ist und du Angst um deine Sicherheit hast, kannst du bestenfalls eine Freundin oder einen Freund irgendwo im Hintergrund platzieren, ohne (!) dass dein Date Partner das bemerkt. Ob du allerdings wirklich entspannt flirten kannst, wenn du weißt, dass du den ganzen Abend beobachtet wirst, musst du selbst entscheiden.

8. Keine Gnade für Quasselstrippen
Bei manchen ist es die Nervosität, andere meinen, dass das eigene Leben so spannend ist, dass sie ununterbrochen nur über sich selbst reden. Bei einem Date ist das keine gute Idee. Stattdessen lieber zuhören und sich dafür interessieren, was der Andere zu erzählen hat.

9. Nicht zuhören können
Ist oft in Verbindung mit dem Fehler „Quasselstrippe“ anzutreffen. Menschen mögen es gar nicht, wenn jemand nicht zuhören kann. Und zum Zuhören gehört mehr, als nur selbst nicht zu reden. Zeige durch Blickkontakt, gelegentliche Kommentare und Fragen, dass du voll und ganz bei der Sache bist.

10. Handy oder Smartphone-Junkies
    Wer sich während eines Dates von Anrufen oder Chat-Nachrichten ablenken lässt, hat keine guten Karten. Das Handy bleibt während des Dates auf lautlos gestellt (Ausschalten nur, wenn du dich zu 100 % sicher fühlst!). Was gar nicht geht, ist das Entgegennehmen von Anrufen sowie das Lesen oder gar Schreiben von Nachrichten, während der Date Partner am Tisch sitzt und sich langweilt.
11. Peinliche Textnachrichten versenden
    Schreibe nichts in einer Nachricht, das du nicht auch auf einer Postkarte verschicken würdest. Du weißt nie, wer die Chats auf dem Smartphone deines Flirt-Partners liest.
12. Plötzliche körperliche Annäherung (Kussattacke)
    Der Versuch, nach einem Abend ohne andere körperliche Berührungen zum Abschied plötzlich eine Kussattacke zu starten, ist nicht zielführend. Vermeide überhaupt jede Art von plötzlichen, unangekündigten körperlichen Übergriffen. Das kommt in der Regel nicht gut an.
13. Gerichte mit Zwiebeln oder Knoblauch bestellen
    Wahrscheinlich ist es nur Gedankenlosigkeit. Trotzdem wird jeder Mann es mit Erschrecken zur Kenntnis nehmen, wenn sich seine Date Partnerin im Restaurant für „Gyros komplett“ oder ein ähnliches Mundgeruch-intensives Gericht entscheidet. Wer hofft, danach noch einen Kuss oder gar mehr zu ergattern, muss schon eine hoffnungslose Optimistin sein!
14. Schlechte Essmanieren
    Mit jemandem auszugehen, der sich bei Tisch nicht benehmen kann, macht keine Freude. So sehen das zumindest die allermeisten Menschen. Wer also auf die Idee kommt, sein Messer

abzulecken oder sich in die Serviette zu schnäuzen, hat schon wichtige Sympathiepunkte verspielt. Das Gleiche gilt natürlich auch für gieriges Schlingen, beim Essen schmatzen oder mit fettigen Fingern das Weinglas vollschmieren.

15. Jammern und Wehklagen
    Moderne Männer wollen eine Partnerin, mit der sie auf Augenhöhe kommunizieren können, oder an die sie sich von Zeit zu Zeit auch einmal anlehnen können. Jammerlappen, die sich bei einem Date erst einmal ausweinen und sich über die Ungerechtigkeit der Welt beschweren, haben da keine Chance!

16. Zeitdruck
    „Du, ich habe nachher noch was vor ..." Oh, oh, das ist kein guter Einstieg. Ein Mann erwartet, dass seine Date Partnerin voll und ganz für ihn da ist. Abgesehen davon sabotierst du durch so ein Verhalten von vornherein jede Chance, dass sich aus dem gemeinsamen Dinner im Verlauf des Abends noch mehr entwickeln kann.

17. Ein Plüschtier oder eine Rose mitbringen
    Ähem, das ist peinlich, oder? Trotzdem kommt es gar nicht so selten vor. Wie bereits in einem der vorhergehenden Kapitel gesagt: Zu einem ersten Date bringt man entweder nichts mit oder eine nette Kleinigkeit, die weder peinlich noch in irgendeiner Form verpflichtend ist.

18. Über andere Männer sprechen
    Ein Mann will bei einem Date, dass die Frau sich nur für ihn interessiert. Gespräche über andere Männer (auch Väter, Brüder oder beste Freunde) haben dabei nichts zu suchen.

19. Kontroverse Diskussionen führen
    Ein Date dient dazu, sich näher kennenzulernen. Für dich bietet das Date die Möglichkeit, dich von deiner besten und attraktivsten Seite zu zeigen. Auf keinen Fall darf es während des Dates zu kontroversen Diskussionen oder gar zum Streit kommen. Aus diesem Grund scheiden auch alle potenziell problematischen Gesprächsthemen wie zum Beispiel Politik oder Religion zumindest für das erste Date generell aus.

Zum Schluss noch eine ...

... Hitliste von Sätzen, die ein Mann beim Date niemals hören möchte ;-)

"Du, eigentlich heiße ich nicht Andrea, sondern Andreas ... "

„Ich komme gerade aus dem Gefängnis, und ..."

„Wir können nicht zu mir, weil mein Mann ..."

„Mein Vater ist der wichtigste Mann in meinem Leben ..."

"Meine letzten beiden Männer starben an einer Pilzvergiftung ..."

"Mein Bruder ist Sizilianer. Er sollte uns besser nicht zusammen sehen ..."

"Eigentlich brauche ich gar keinen Mann, ich möchte nur so gerne ein Kind ... "

"Morgen kaufen wir dir erst mal vernünftige Klamotten ..."

Zum guten Schluss

Herzlichen Glückwunsch. Wenn du das Buch bis hierher gelesen und vielleicht sogar durchgearbeitet hast, bist du für das Flirten mit und das Kennenlernen von Männern gut vorbereitet. Vielleicht hast du sogar beim Lesen und Nachdenken das ein oder andere über dich selbst erfahren. Das würde mich ganz besonders freuen.

Ich hoffe, dir ist beim Lesen klar geworden, dass es bei der Suche nach einem Partner nicht darum geht, anderen gefallen zu müssen. Ganz im Gegenteil: Eine intelligente Frau, die weiß, was sie will, kann und soll gar nicht jedem gefallen. Wenn du ehrlich bist und zu dir stehst, wirst du ganz bestimmt auch auf Männer stoßen, denen das überhaupt nicht gefällt. Ich kann dir aber versichern, dass es auch mindestens genauso viele gibt, die das zu schätzen wissen und genau so eine Frau wie dich suchen.

Stehe zu dir selbst, verbiege dich nicht und sei stolz auf das, was du bist und geschafft hast. Lass dir die Zeit, die du brauchst, um den Richtigen zu finden. Es ist überhaupt nicht schlimm, auch mal eine Zeit lang ohne Mann oder ohne feste Beziehung zu leben. Das kann sogar Spaß machen und es gibt eine Menge anderer Frauen, denen es ähnlich geht.

Wenn der richtige Zeitpunkt und der richtige Mann für dich gekommen sind, wirst du es schon merken. Durch das Lesen dieses Buchs bist du dann auf jeden Fall sehr gut vorbereitet.

Ich wünsche dir für dich, dein Leben und auch für die Suche nach dem für dich richtigen Mann alles Gute und ganz viel Erfolg!

Deine Charlotte Caravetti

ANHANG

Kontakt

Haben Sie Anregungen, Ideen oder Vorschläge zum Buch? Haben Sie eine Frage? Wir freuen uns, von Ihnen zu hören und bemühen uns, alle Fragen zu beantworten.

Wenn Ihnen das Buch gefallen hat, freuen wir uns über eine kurze Rezension oder Bewertung bei Ihrem Buchhändler. Bewertungen sind für kleinere Verlage wichtig, damit wir uns gegen die Schwergewichte der Branche durchsetzen können.

Wenn Sie ein paar Minuten dafür erübrigen können, hilft uns das sehr. Wir lesen und freuen uns über jede Bewertung oder Rezension.

Schon im Voraus vielen Dank dafür :-)

Bitte senden Sie Ihre Fragen oder Vorschläge an:

Zebrabuch, Auf dem Kamp 15, 51645 Gummersbach

info@zebrabuch.de

Sie können auch der Autorin direkt schreiben:

charlotte.caravetti@zebrabuch.de

Weitere Titel aus unserem aktuellen Programm

Alle Titel erhalten Sie als E-Book oder als gedrucktes Buch bei ihrem Buchhändler.

Selbstbewusstsein kann man lernen!

von Alexander Stern

Es ist wirklich ungerecht. Die dümmsten Mitmenschen haben auch das größte Ego. Auf der anderen Seite zweifeln viele intelligente und begabte Menschen ständig an ihren Fähigkeiten. Während die einen vor Selbstbewusstsein strotzen, grübeln die anderen darüber nach, ob sie einer Herausforderung gewachsen sind und ob andere Menschen sie mögen oder nicht.

In diesem Buch finden Sie wertvolle Tipps für ein besseres Selbstbewusstsein, die sich schon bei vielen Menschen bewährt haben. Betrachten Sie die Tipps als Anregungen und setzen Sie einfach die um, am besten in Ihre aktuelle Lebenssituation passen oder die für Sie am besten funktionieren.

Glück für Einsteiger

von Alexander Stern

In diesem Buch geht es um Glück: Darum, wie man glücklich wird und es auch bleibt.

Sie werden sehen: Glück hat nur wenig mit materiellem Wohlstand zu tun. Ganz im Gegenteil, Untersuchungen zeigen, dass in den hoch entwickelten reichen Industrienationen erstaunlich viele Menschen unglücklich oder zumindest nicht glücklich sind. Auf der anderen

Seite gibt es Entwicklungsländer, in denen, entgegen jeder Erwartung, sehr viele glückliche Menschen anzutreffen sind.

Achtsamkeit kann man lernen!

von Alexander Stern

Der Begriff Achtsamkeit ist in aller Munde und das zu Recht! Achtsamkeit hat viele positive Effekte. Das Üben und Praktizieren von Achtsamkeit hilft erwiesenermaßen dabei Stress zu reduzieren und psychische Probleme wie Angst oder Depression zu überwinden.

Dieses Buch steht dem Suchenden mit Rat und Hilfe zur Seite. Nach dem Lesen des Buches kennen Sie alle wichtigen Fakten zum Thema Achtsamkeit und können sofort damit beginnen, Achtsamkeit auch in Ihr Leben zu integrieren.

Das Geheimnis glücklicher Menschen

von Alexander Stern

Umfragen zeigen: Nur jeder 10. Mensch ist mit seinem Leben wirklich rundum zufrieden. Die restlichen 90 % betrachten ihr Leben als unbefriedigend und sich selbst als nicht glücklich, oder gar als unglücklich.

Dabei ist der Weg zu einem glücklichen und erfolgreichen Leben gar kein Geheimnis. Längst hat man herausgefunden, welche Denk- und Handlungsweisen glückliche Menschen anwenden, um glücklich zu werden und zu bleiben. Manchmal sind es nur Kleinigkeiten, die aber einen großen Unterschied ausmachen, wenn man weiß, wie sie anzuwenden sind.

Damit Sie auf dem Weg zu einem besseren Leben sofort loslegen können, verzichtet das Buch auf langatmige Theorien. Stattdessen finden Sie mehr als 50 klar formulierte Handlungsanweisungen, die Ihnen konkret sagen, wie Sie sich verhalten können, um Ihr Leben glücklicher und zufriedener zu gestalten.

Das große Angstbuch

von Alexander Stern

Angst und Panik sind heilbar!

Angsterkrankungen können überwunden und aufgelöst werden. Die Chancen für eine vollständige Heilung sind bei Angsterkrankungen größer als bei allen anderen psychischen Störungen. Beginnen Sie sofort damit. Alle notwendigen Informationen finden Sie in diesem Buch.

Depressionen

Erkennen – Verstehen – Überwinden

von Alexander Stern

Auf über 300 Seiten erklärt Erfolgsautor Alexander Stern alles, was man als Betroffener, als Angehöriger oder Freund eines Erkrankten über Depressionen wissen muss. Sie erfahren, was eine Depression ist, welche Symptome auf eine Erkrankung hindeuten und wie es dazu kommt, dass Menschen an einer Depression erkranken. Stern erklärt ausführlich, was man tun kann, um wieder gesund zu werden oder gar nicht erst zu erkranken. Verschiedene Therapieformen zur Behandlung der Depression werden vorgestellt. Der Leser erfährt auch, wie er schnell zu einer Therapie kommt, und welche Schritte dafür notwendig sind. Ein Buch, das jeder Betroffene und jeder Angehörige eines depressiven Menschen lesen sollte.